Рик Уоррен

D0896410

ЦЕЛЕУСТРЕМЛЁННАЯ ЖИЗНЬ

ЗАЧЕМ Я ЗДЕСЬ?

Эта книга посвящается вам.

Бог задумал *этот самый момент* в вашей жизни задолго до вашего рождения. И вы совсем не случайно держите в руках эту книгу. Бог *жаждет*, чтобы вы открыли для себя ту жизнь, ради которой Он сотворил вас, — жизнь здесь, на земле, и в грядущей вечности, на Небесах.

*«Благодаря Ему нам выпало стать
Его народом; нам изначально было
предопределено, согласно замыслу
Того, Кто всё вершит по Своей воле и
намерению, стать хвалой Его славе»*

Еф. 1:11-12 (РВ)

Я благодарен сотням писателей и учителей, классиков и современников, которые сделали мою жизнь такой, какая она есть, и помогли мне усвоить эти истины. Я благодарю Бога и вас за то, что мне предоставлена честь поделиться всем этим с вами.

Уоррен Р.
Целеустремлённая жизнь / Пер. с англ. О. Лукмановой. —
Н. Новгород: «Центр Агапе», 2005. — 432 с.

«Целеустремлённая жизнь» — это пособие для христиан XXI века, описание образа
жизни, основанного на вечных Божьих целях, а не на модных течениях современной
культуры. С помощью более чем 1200 библейских цитат и ссылок на Писание она заставляет нас критически взглянуть на общепринятые определения поклонения, христианского общения, ученичества, служения и благовестия. Это книга полна надежды
и призыва к действию, и вы будете читать и перечитывать её ещё и ещё раз.

ISBN 1-4228-0174-8

СОДЕРЖАНИЕ

ПОЛЕЗНОЕ И НУЖНОЕ ПУТЕШЕСТВИЕ

Как извлечь из этой книги наибольшую пользу

Это не просто книга. Это приглашение к *духовному путешествию длиной в сорок дней,* которое переопределит вашу жизнь и поможет ответить на самый важный вопрос: зачем я здесь? Приближаясь к концу этого путешествия, вы увидите Божье предназначение для своей жизни и поймёте, как складываются в единый рисунок отдельные кусочки вашей жизненной мозаики. Благодаря такой перспективе у вас значительно уменьшится количество стрессовых ситуаций, прибавится радости и удовлетворения, вам станет легче принимать решения, а самое главное — вы подготовите себя к грядущей вечности.

Ближайшие сорок дней

На сегодняшний день средняя продолжительность человеческой жизни составляет 25 550 дней. Если вы обычный, средний человек, то проживёте приблизительно столько же. Так может, было бы полезно выделить сорок дней из всех отмеренных вам лет для того, чтобы понять, к чему Бог призывает вас всё остальное время?

Библия ясно даёт нам понять, что в Божьих глазах временной отрезок *в сорок дней* является довольно значительным в духовном отношении. Всякий раз, когда Бог подготавливал людей к свершению Своих замыслов, Он делал это в течение сорока дней.

- Жизнь Ноя преобразилась после сорока дней ливневых дождей.
- Моисей стал совсем другим человеком после сорока дней, проведённых на горе Синай.
- Соглядатаи изменились за те сорок дней, что они осматривали Обетованную Землю.
- За те сорок дней, когда Голиаф вызывал на бой израильских воинов, жизнь Давида круто переменилась.
- Илия преобразился после того, как в течение сорока дней вся его сила держалась на одном единственном обеде, которым накормил его Бог.
- Жители Ниневии изменились, когда Бог дал им сорок дней на то, чтобы покаяться.
- Иисус укрепился и получил силу на служение после сорока дней, проведённых в пустыне.
- Ученики полностью преобразились за те сорок дней, которые Иисус провёл с ними после Своего воскресения.

А ближайшие сорок дней переменят *вашу* жизнь.

Эта книга состоит из сорока коротких глав. Я настоятельно рекомендую вам *читать только по одной главе в день*, чтобы оставить себе время на *размышление* о том, как применить прочитанное на практике. В Библии сказано: «*Не сообразуйтесь с веком сим, но преображайтесь обновлением ума вашего*» (Рим. 12:2).

Порой книги не производят в нас желаемого плода именно потому, что мы торопимся прочесть следующую главу и не думаем о том, чтобы приостановиться и немного поразмышлять над тем, что уже прочли.

Я советую вам не просто *читать* эту книгу, а читать её *интерактивно, взаимодействовать* с нею. Подчёркивайте важные места. Записывайте на полях свои мысли. Пусть эта книга станет *по-настоящему вашей*. Мне больше всего помогли именно те книги, которые я не просто читал, а с которыми вот так активно «общался».

В помощь читателям

В конце каждой главы есть специальный раздел под названием «Размышляя о своём жизненном предназначении». Там вы найдёте:

- **Истину для обдумывания.** В этой кратко сформулированной истине будет содержаться сущность одного из принципов целеустремлённой жизни, над которым можно раздумывать в течение дня. Павел говорил Тимофею: «*Обдумай мои слова. Господь поможет тебе во всём разобраться*» (2 Тим. 2:7 [РВ]).

- **Стих для заучивания наизусть.** Этот стих также будет напоминать вам одну из истин прочитанной главы. Если вы всерьёз решили изменить свою жизнь к лучшему, одним из самых важных приобретений может стать привычка заучивать наизусть Писание. Вы можете сами выписывать эти стихи на небольшие карточки или, если есть такая возможность, приобрести уже готовые карточки в церкви или христианском книжном магазине[1].

· **Вопрос для размышления.** Такие вопросы помогут вам подумать о практическом применении прочитанного и о том, как всё это относится к вам лично. Я бы посоветовал вам записывать ответы на эти вопросы либо прямо на полях книги, либо в специальном блокноте. Кроме того, можно приобрести *«Дневник целеустремлённой жизни»* (*«The Purpose Driven Life Journal»*), рабочую тетрадь, специально созданную в качестве дополнения к этой книге. Лучший способ прояснить свои мысли — это записать их на бумаге.

В Приложении 1 мы поместили:

· **Вопросы для обсуждения.** Я настоятельно советую вам пригласить одного или нескольких друзей, чтобы в течение ближайших сорока дней прочесть эту книгу вместе с вами. Путешествовать всегда лучше *в хорошей компании.* Вместе с членами маленькой группы или с другом вы сможете обсуждать прочитанное, обмениваться мыслями и благодаря этому станете возрастать намного быстрее, да и перемены будут гораздо глубже. Подлинное духовное возрастание *никогда* не про-

---

[1] В церкви «Сэддлбэк» можно заказать такие карточки на английском языке, *«Purpose-Driven® Life Scripture Keeper Plus».* Вся информация о возможности заказать упоминающиеся в книге материалы церкви «Сэддлбэк» по теме «Целеустремлённая жизнь» размещена на сайте www.purposedrivenlife.com. Также см. Приложение 2.

исходит изолированно, в одиночку. Оно всегда идёт в контексте общения и взаимодействия.

Самый лучший способ помочь вам осознать своё жизненное предназначение — это позволить Библии говорить самой за себя. Поэтому в книге Библия цитируется довольно часто. Здесь содержится около тысячи разных стихов Писания. О том, почему в книге используются разные переводы Писания, поясняется в Приложении 3.

Я молился за вас

В процессе работы над книгой я часто молился за вас. Я молился о том, чтобы, размышляя над её страницами, вы ощутили невероятную надежду, прилив сил и радости, которые возникают в сердце человека, когда он вдруг понимает, зачем именно Бог поместил его на нашу планету. Это совершенно особенное чувство! Я очень рад за вас, потому что знаю, какие замечательные перемены произойдут в вашей жизни. Я и сам когда-то через это прошёл, и осознание Божьего предназначения для моей жизни изменило меня навсегда.

Поскольку я представляю, какие удивительные плоды ждут вас после этого путешествия, я очень прошу вас посвятить себя ему на ближайшие сорок дней и не пропускать ни одного дня. Ваша жизнь стоит того, чтобы специально о ней поразмышлять. Впишите время для чтения этой книги в своё расписание. Если вы твёрдо решились проделать это духовное путешествие, давайте вместе подпишем завет посвящения. Есть что-то особенно значимое в том, чтобы собственноручно подписаться под обязательством. Если вы будете читать эту книгу вместе с другом, пусть он тоже подпишет этот завет. Что ж, давайте начнём!

Мой завет посвящения

С Божьей помощью я посвящаю ближайшие сорок дней тому, чтобы открыть для себя Божье предназначение для моей жизни.

_____

Ваше имя

_____

имя Вашего друга

_____

Рик Уоррен

«Двоим лучше, нежели одному; потому что у них есть доброе вознаграждение в труде их: ибо если упадёт один, то другой поднимет товарища своего... И если станет преодолевать кто-либо одного, то двое устоят против него: и нитка, втрое скрученная, нескоро порвётся»

Еккл. 4:9-11

ЗАЧЕМ Я ЗДЕСЬ?

«Кто полагается на своё
богатство — падёт, а праведники будут
жить, как зеленеющее дерево»

Прит. 11:28 (РБО)

«Благословен человек, который надеется на Господа...
Ибо он будет как дерево, посаженное при водах и
пускающее корни свои у потока; не знает оно, когда
приходит зной; лист его зелен, и во время засухи оно не
боится и не перестаёт приносить плод»

Иер. 17:7-8

Всё начинается с Бога

«Им создано всё, что на небесах и что
на земле, видимое и невидимое:
престолы ли, господства ли, начальства ли,
власти ли, — всё Им и для Него создано»

Кол. 1:16

«Если с самого начала не предположить
существование Бога, вопрос о смысле жизни
становится бессмысленным»

Бертран Рассел [2], атеист

Всё дело совсем не в вас.

Смысл вашей жизни гораздо масштабнее, чем удовлетворение личных потребностей, душевное равновесие и даже ваше собственное счастье. Он куда значительнее и выше вашей семьи, карьеры и даже самых фантастических мечтаний и амбиций, которые вы лелеете. Если вы хотите узнать, с какой целью оказались на этой планете, начинать нужно с Бога. Вы родились по *Его* замыслу и ради исполнения *Его* предназначения.

Поиск смысла жизни озадачивает людей уже долгие тысячелетия. А всё потому, что чаще всего они отталкиваются от

---

[2] Бертран Рассел (1872 — 1970) — британский философ и математик, борец за мир, лауреат Нобелевской премии по литературе.

неверной точки отсчёта, а именно: от самих себя. Мы задаёмся чисто эгоистическими вопросами типа «Кем *я* хочу быть?», «Что бы *мне* хотелось сделать в своей жизни?», «Каковы *мои* цели, устремления и мечты на будущее?» Однако такая сосредоточенность на себе не способна помочь нам узнать своё предназначение. В Библии сказано: *«В Его руке душа всего живущего и дух всякой человеческой плоти»* (Иов 12:10).

Несмотря на уверения популярных книг, фильмов и учений, вы просто не сможете обрести смысл жизни, если будете искать его внутри самого себя. Скорее всего, вы уже пробовали это сделать. Но ведь сотворили себя не вы сами и потому никак не можете сказать, ради чего сотворены! Допустим, я принёс вам новое изобретение, которое вы до сих пор и в глаза не видели. Само это изобретение не сможет рассказать вам о том, для чего оно

Сосредоточенность на себе не поможет нам узнать своё предназначение.

сделано. Его предназначение можно узнать только от изобретателя или из написанной им инструкции.

Однажды я заблудился в горах. Когда я остановился спросить дорогу в свой лагерь, мне ответили: *«Отсюда вы не сможете туда добраться. Надо сначала перебраться на другую сторону горы».* Точно так же вы не сможете отыскать смысл своей жизни, если начнёте с самого себя. Начинать нужно с сотворившего вас Бога. Мы существуем только потому, что этого пожелал Бог. Мы сотворены *Богом* и *для Бога*, и, пока мы этого не поймём, жизнь так и будет оставаться бессмысленной и непонятной. Только в Боге мы можем узнать своё подлинное происхождение, обрести своё «я», отыскать смысл и

предназначение своей жизни, понять её значимость и конеч-
ную цель. Все иные пути заведут вас в тупик.

Множество людей пытается использовать Бога в качестве
средства для самореализации, но ведь это полностью противоположно естественному ходу событий и потому обречено на провал. Мы сотворены для Бога, а не наоборот, и жизнь заключается
в том, чтобы позволить Богу воплотить *Его* замыслы в нас и через нас, а не в том, чтобы пользоваться Им в своих интересах. В
Библии сказано: «*Жить устремлениями собственной природы значит смерть, Духа — жизнь и мир*» (Рим. 8:6 [РВ]).

Я прочёл уйму книг, предлагающих самые разные способы
отыскать смысл жизни. Все их можно назвать книгами типа
«помоги себе сам», потому что они подходят к этому вопросу с
эгоцентрической точки зрения. Все эти самоучители и пособия для самосовершенствования (даже христианские) обычно
описывают одни и те же вполне предсказуемые шаги, с помощью которых можно узнать своё жизненное предназначение.
Сформулируйте свои мечты. Чётко определите свои ценности.
Поставьте перед собой цели. Вспомните, что у вас получается
особенно хорошо. Не бойтесь метить высоко. Решительно при-
ступайте к делу. Будьте дисциплинированны. Верьте, что сможете достичь поставленных целей. Сотрудничайте с другими
людьми. Никогда не опускайте руки.

Конечно, такие советы нередко помогают достичь отлич-
ных результатов. Обычно мы успешно добираемся до цели, если
действительно серьёзно к ней стремимся. Однако достижение
успеха и исполнение своего жизненного предназначения — это
далеко не одно и то же! Можно осуществить все намеченные
цели, добиться сногсшибательного успеха по мирским меркам
и при этом *всё равно* упустить то предназначение, ради которого Бог сотворил вас. Мало прочесть рекомендации книг по

самосовершенствованию. В Библии сказано: «*Кто хочет спасти свою жизнь, тот её потеряет. А кто свою жизнь потеряет ради Меня, тот её обретёт*» (Мф. 16:25 [РВ]).

Эта книга — не пособие по самосовершенствованию. В ней не идёт речи о том, как найти подходящую работу, осуществить давние мечты и получше спланировать жизнь. Она не научит вас тому, как запихнуть ещё больше дел в уже переполненное расписание. Напротив, она научит вас, как делать в жизни *меньше*, уделяя внимание только самым важным вещам. Она посвящена тому, чтобы стать такими людьми, какими сотворил нас Бог.

Как же нам тогда определить, ради чего мы сотворены? Есть только два пути. Можно пуститься в догадки и умозрительные рассуждения. Кстати, так и поступает большинство людей. Они строят предположения, выдвигают гипотезы и теории. Когда кто-то говорит: «Я всегда считал, что смысл жизни заключается в том-то и том-то», обычно он имеет в виду примерно следующее: «Это самое лучшее из всего, что я могу предположить».

Мы сотворены Богом и для Бога, и пока мы этого не поймём, жизнь так и будет оставаться бессмысленной и непонятной.

Уже много тысяч лет самые блестящие умы человечества размышляют и спорят о смысле жизни. Философия — важный предмет и приносит людям немало пользы, но когда речь заходит о смысле и цели жизни, даже самые мудрые философы могут лишь строить догадки и выдвигать гипотезы.

Однажды д-р Хью Морхед, профессор одного из крупнейших университетов в Иллинойсе, написал 250 известным философам, писателям и интеллектуалам, задавая каждому из них один и тот же вопрос: «В чём смысл жизни?» Позднее он опубликовал их ответы отдельной книгой. Кое-кто из опрошенных послал ему свои наиболее удачные предположения, другие признались, что просто-напросто придумали себе цель жизни, а другие честно написали, что не имеют ни малейшего представления о подлинном смысле человеческого существования. Некоторые из этих знаменитых интеллектуалов даже попросили д-ра Морхеда непременно сообщить им, если он отыщет ответ на свой вопрос![3]

К счастью, кроме умозрительных предположений о смысле и предназначении жизни есть и другая альтернатива. Это *откровение*. Можно обратиться к тому, что рассказал нам о жизни Бог в Своём Слове. Чтобы узнать о предназначении того или иного изобретения, легче всего спросить об этом у его автора. То же самое можно сказать и о предназначении нашей жизни: легче всего спросить об этом Самого Бога.

Бог не оставил нас во тьме, на милость догадок и предположений. В Библии Он ясно открыл нам цели человеческой жизни, и из них я особенно выделяю пять, о которых, собственно, и пойдёт речь в этой книге. Библия — это инструкция, написанная нашим Творцом. Здесь объясняется, почему мы существуем, как устроена жизнь, чего лучше избегать и чего ждать в будущем. Здесь рассказывается о том, чего не могут поведать никакие самоучители и пособия. В Библии говорится про *«премудрость Божию, тайную, сокровенную, которую предназначил Бог прежде веков к славе нашей»* (1 Кор. 2:7).

**ДЕНЬ ПЕРВЫЙ:
ВСЁ
НАЧИНАЕТСЯ
С БОГА**

Бог — это не только единственный подлинный критерий осмысленности нашей жизни, но и её *источник*. Чтобы узнать своё жизненное предназначение, надо обратиться не к мирской

---

[3] Хью С. Морхед, *«Смысл жизни по мнению величайших писателей и мыслителей нашего века»* (Hugh S. Morehead, *«The Meaning of Life According to Our Century's Greatest Writers and Thinkers»*, Chicago: Chicago Review Press, 1988).

мудрости, а к Божьему Слову. Надо выстроить свою жизнь на вечных истинах, а не на популярной психологии, современных мотивационных приёмах или вдохновляющих рассказах о чужих достижениях. В Библии написано: «*В Нём мы и сделались наследниками, быв предназначены к тому по определению Совершающего всё по изволению воли Своей*» (Еф. 1:11). В этом стихе содержится три момента, помогающие нам увидеть смысл и цель человеческого существования.

1. Обрести своё «я» и узнать предназначение своей жизни можно посредством взаимоотношений с Иисусом Христом. Если у вас ещё нет с Ним никаких взаимоотношений, позднее я поясню, как их обрести.

2. Бог думал о вас намного раньше, чем вы впервые подумали о Нём. Предназначение для вашей жизни существовало задолго до того, как вы образовались в материнской утробе. Бог спланировал всё это до того, как вы появились на свет, *без вашего участия*. Вы можете сами выбирать себе работу, супруга или супругу, занятия по душе и многие другие аспекты своей жизни, но предназначение и смысл вашей жизни не в вашей власти. Всё это Бог уже решил Сам.

3. Смысл и цель вашей жизни является частью гораздо большего, всеобъемлющего Божьего замысла, простирающегося в вечность. Именно ему и посвящена эта книга.

Русский писатель Андрей Битов вырос во времена атеистического коммунистического режима. Но в один серый, скучный день Бог всё-таки завладел его вниманием. «На двадцать седьмом году жизни, — вспоминает он, — я ехал в ленинградском (теперь петербургском) метро, и меня внезапно охватило такое беспредельное отчаяние, словно жизнь остановилась и будущее просто исчезло, не говоря уже о какой-то его осмысленности. И вдруг сама собой возникла фраза: *«Без Бога жизнь лишена всякого смысла»*. В изумлении повторяя про себя эти слова, я вскочил на них, как на ленту эскалатора, поехал наверх, вышел из метро и вошёл в свет Божий»[4].

Быть может, вам тоже казалось, что смысл жизни кроется где-то во тьме и отыскать его невозможно. Что ж, поздравляю вас: вы вот-вот выйдете на свет!

День первый
Размышляя о своём жизненном предназначении

Истина для обдумывания: Всё дело совсем не во мне.

Стих для заучивания наизусть: *«Всё Им и для Него создано»* (Кол. 1:16б).

Вопрос для размышления: Несмотря на всю окружающую меня рекламу, как я мог бы ежедневно напоминать себе, что на самом деле живу не для себя, а для Бога?

---

[4] Цитируется в книге Дэвида Френда *«Смысл жизни»* (David Friend, *«The Meaning of Life»*, Boston: Little, Brown, 1991), стр. 194.

Вы появились на свет
не случайно

«Так говорит Господь, создавший тебя и
образовавший тебя, помогающий тебе
от утробы матерней...»

Ис. 44:2а

«Бог не играет в кости»

Альберт Эйнштейн

Вы родились не случайно.

Ваше появление на свет не было нечаянной ошибкой или несчастной случайностью. Быть может, родители и не планировали вашего рождения, но Бог ему ничуть не удивился, а напротив, поджидал его, потому что в Его замыслы вы входили всегда.

Задолго до вашего зачатия на земле вы появились в Божьем разуме. Он первым подумал о вас. И то, что вы сейчас живы и дышите, вовсе не перст судьбы, не случайная удача и не простое совпадение. Вы живёте потому, что Господь пожелал сотворить вас! В Библии сказано: *Господь совершит за меня!»* (Пс. 137:8а) — или, как эти слова переданы в одном из английских переводов Писания, *«Господь совершит то, что предначертал мне»*.

Бог предопределил каждую черту вашего физического облика. Он сознательно выбрал вашу расовую принадлежность, цвет кожи, цвет волос и всё остальное. Он сотворил вас уникальным и неповторимым, именно таким, каким хотел вас видеть. Кроме того, Он предопределил те природные способности, которыми вы обладаете, и наделил вас единственной в своём роде личностью. Писание говорит: «*Не сокрыты были от Тебя кости мои, когда я созидаем был в тайне, образуем был во глубине утробы*» (Пс. 138:15).

Поскольку Бог создал вас не просто так, а с особой целью, Он определил и *время* вашего рождения, и *продолжительность* вашей жизни. Он спланировал все дни вашего земного существования, заранее выбрав время вашего рождения и смерти. В Библии сказано: «*Зародыш мой видели очи Твои; в Твоей книге записаны все дни, для меня назначенные, когда ни одного из них ещё не было*» (Пс. 138:16).

Бог также заранее предусмотрел, *где* вы появитесь на свет и где будете жить ради исполнения Его замысла. Ваша национальность тоже не случайна. Бог не оставил на волю случая ни малейшей детали. Он сделал всё так, как это требовалось для *Его* целей. В Библии написано: «*...Он произвёл весь род человеческий для обитания по всему лицу земли, назначив предопределённые времена и пределы их обитанию*» (Деян. 17:26). В вашей жизни нет ничего неожиданного или нечаянного. Всё в ней устроено Богом для определённой цели.

Ещё более поразительно то, что Бог заранее решил, *как именно* вы появитесь на свет. Какие бы обстоятельства ни сопровождали ваше рождение, кем бы ни были ваши родители, Бог сознательно задумал и сотворил вас. Неважно, какими родителями были для вас мать и отец — замечательными, так себе или ужасными. Может быть, вы даже никогда их не знали. Всё равно, Бог знал, что именно у этих двоих есть *как раз такое* сочетание генетических особенностей, которое необходимо для того, чтобы сотворить такого уникального человечка, каким Он вас задумал. У ваших родителей были как раз такие ДНК, с помощью которых Бог вознамерился произвести вас на свет.

Хотя многие родители так и остаются не связанными узами брака, незаконнорожденных детей на свете просто нет. Многие дети не входили в планы своих мам и пап, но это не значит, что они не входили *в Божий замысел*. Потому что Божий замысел принимает в расчёт абсолютно всё, включая человеческие ошибки и даже грехи.

Задолго до того, как родители зачали вас на земле, вы появились в Божьем разуме.

Бог ничего не делает случайно и никогда не совершает ошибок. У Него есть прекрасный замысел и веские причины для всего на свете. У Него имеется цель для каждого растения, каждого камня и минерала, каждого животного и каждого человека. А вас Он сотворил из побуждений любви. В Писании говорится: *«Он избрал нас в Нём* [во Христе] *прежде создания мира, чтобы мы были святы и непорочны пред Ним в любви»* (Еф. 1:4).

Он думал о вас ещё *до того*, как сотворил мир! Более того, Он сотворил мир как раз для этого! Он создал нашу планету и всё, что её населяет, именно для того, чтобы мы могли на ней жить. Мы являемся *средоточием* Его любви, самой ценной частью всего творения. В Библии сказано: *«Он по Своей воле родил нас словом истины, чтобы сделать нас начатком*

Своего творения» (Иак. 1:18 [РВ]). Вот как сильно Бог любит и ценит вас!

Бог не действовал наугад. Он спланировал всё с величайшей точностью. Чем больше физики, биологи и другие учёные изучают вселенную, тем полнее они осознают, насколько идеально она приспособлена для нашего обитания, как *точно* всё рассчитано для того, чтобы в ней появилась и существовала человеческая жизнь. В Писании говорится: *«Он — Бог, образовавший землю и создавший её; Он утвердил её; не напрасно сотворил её: Он образовал её для жительства»* (Ис. 45:18).

Д-р Майкл Дентон, старший научный сотрудник одного из университетов Новой Зеландии, пришёл к выводу: «Все имеющиеся данные биологических наук поддерживают одну центральную мысль... о том, что космос является единым, намеренно созданным целым, специально предназначенным для жизни человечества. Именно в этом фундаментальном факте обретают свой смысл и цели все особенности нашей вселенной»[5]. В Библии то же самое было сказано уже несколько тысяч лет назад: *«Он — Бог, образовавший землю и создавший её; Он... не напрасно сотворил её: Он образовал её для жительства»* (Ис. 45:18).

Зачем Он всё это сделал? Зачем Ему было трудиться и создавать для нас вселенную? Всё дело в том, что Он — Бог

---

[5] Майкл Дентон, *«Судьба природы: Как законы биологии открывают смысл и предназначение вселенной»* (Michael Denton, *«How the Laws of Biology Reveal Purpose in the Universe»*).

любви. Трудно представить себе такую огромную любовь, но всё это правда. Вы появились на свет для того, чтобы Бог любил вас. Бог создал вас, чтобы любить. Именно на этой истине нам нужно строить свою жизнь.

В Библии сказано, что «*Бог есть любовь*» (1 Ин. 4:8). Там не говорится, что Он лишь *ощущает* её, ибо Он *Сам и есть* любовь! Любовь является главной сущностью Его природы. Внутри Небесной Троицы Бог-Отец, Бог-Сын и Бог-Святой Дух относятся друг к другу с совершенной любовью, так что Им вовсе *не нужно* было создавать нас. Бог не испытывал одиночества. Однако Ему захотелось сотворить нас для того, чтобы ещё раз выразить Свою любовь. Он говорит: Вы «...*принятые Мною от чрева, носимые Мною от утробы матерней: и до старости вашей Я тот же буду, и до седины вашей Я же буду носить вас; Я создал и буду носить, поддерживать и охранять вас*» (Ис. 46:3-4).

ДЕНЬ ВТОРОЙ:
ВЫ ПОЯВИЛИСЬ НА СВЕТЕ НЕ СЛУЧАЙНО

Без Бога мы бы все оказались лишь «случайностями», плодами беспорядочной космической «рулетки» колоссальных размеров. Будь оно так, читать эту книгу не имело бы никакого смысла, потому что при таком раскладе жизнь не предполагала бы ни цели, ни предназначения, ни значимости. В мире не было бы ничего плохого или хорошего, и помимо кратких лет земного существования у человека просто не было бы абсолютно никакой надежды.

Но Бог *есть*, Он сотворил нас не напрасно, и жизнь наша полна глубочайшего смысла. И мы откроем для себя этот смысл *только* в том случае, если Бог станет для нас точкой отсчёта. Один из английских переводов Писания передаёт слова Рим. 12:3 следующим образом: «*Единственный способ подлинно познать себя — это узнать Бога и то, что Он делает для нас».*

Стихотворение Рассела Кефлера прекрасно подытоживает всё сказанное:

Ты на свет появился любимым,
Чтобы жить вместе с Богом вовек.
Ты — единственный, неповторимый,
И назвали тебя человек.

Бог тебя терпеливо и тайно
В материнской утробе соткал
И семью, где ты рос, не случайно
Не кому-то — тебе даровал!

На кого бы ты ни был похожим,
В каждой чёрточке малой лица —
Воплотившийся замысел Божий,
Назначенье и воля Творца.

Да, Он помнит про годы страданья —
Но чтоб ты на Него уповал
И скорбями навык послушанью,
Он их в жизни твоей допускал.

Ты — такой, как ты есть, не напрасно!
Каждый день, каждый миг, каждый вздох
В своё время соделал прекрасным
Всемогущий и любящий Бог.

День второй
Размышляя о своём жизненном предназначении

Истина для обдумывания: Я появился на свет не случайно.

Стих для заучивания наизусть: «*Так говорит Господь, создавший тебя и образовавший тебя, помогающий тебе от утробы матерней...*» (Ис. 44:2а).

Вопрос для размышления: Я знаю, что Бог сотворил меня уникальным и неповторимым. Принимая это во внимание, какие аспекты своей личности, воспитания, своего прошлого или внешности мне всё же трудно принять?

Что является движущей силой вашей жизни?

*«Видел я также, что всякий труд и
всякий успех в делах производят
взаимную между людьми зависть»*

Еккл. 4:4

*«Человек без цели — что корабль без
штурвала: никчёмный бродяга, носимый
ветром, ничтожество, нечеловек»*

Томас Карлайл[6]

В жизни каждого из нас есть какая-то движущая сила. Большинство словарей определяет *движущую силу* как нечто такое, что «ведёт, контролирует, толкает вперёд или задаёт направление». Неважно, на что именно направлена эта движущая сила — на вбиваемый в стенку гвоздь, мячик для гольфа или автомобиль, — она ведёт и контролирует этот самый предмет, толкая его вперёд и придавая ему нужное направление. А что является движущей силой вашей жизни?

Возможно, в данный момент вами движет какая-нибудь насущная проблема, срочное и важное дело или последний срок

---

[6] Томас Карлайл (1795 — 1881) — шотландский писатель и политик.

сдачи того или иного проекта. Быть может, вами управляют воспоминания о прошлом, страх перед будущим или какие-то невысказанные убеждения, которые вы ещё никогда не пытались сформулировать сознательно. Буквально тысячи обстоятельств, ценностей и эмоций могут стать главными побуждениями нашей жизни. Здесь я перечислю лишь пять самых распространённых из них.

Многими людьми движет чувство вины. Всю свою жизнь они пытаются убежать от сожалений и получше спрятать свой стыд. Под напором воспоминаний люди, движимые чувством вины, позволяют прошлому довлеть над своим настоящим и будущим. Нередко они наказывают себя, сами того не понимая, бессознательно «подставляя» самих себя и срывая свой собственный успех. Когда Каин согрешил, его вина встала между ним и Божьим присутствием, и Бог сказал ему: *«Ты будешь изгнанником и скитальцем на земле»* (Быт. 4:12). То же самое можно сказать о большинстве наших современников: они бредут по жизни без какой-либо цели.

Мы действительно пожинаем плоды собственного прошлого, но это ещё не значит, что оно должно полностью поработить нас. Прошлое не может ограничить Божье предназначение. Если Бог способен превратить убийцу (Моисея) в предводителя целого народа и сделать труса (Гедеона) мужественным воином, Он может сотворить нечто совершенно удивительное и в вашей жизни. Бог только и делает, что даёт людям возможность начать всё заново. В Библии написано: *«Блажен, кому отпущены беззакония, и чьи грехи покрыты!»* (Пс. 31:1).

Многими людьми движет гнев и обида. Они таят в себе обиду и не хотят оставить её в прошлом. Вместо того, чтобы простить обидчика и тем самым отпустить от себя боль, они снова и снова прокручивают всю ситуацию у себя в голове. Люди, которыми движет обида, по-разному справляются со своим гневом. Одни прячутся в свою раковину и крепко *запирают* свои чувства внутри. Другие *взрываются* и изливают своё возмущение на окружающих. Но и то, и другое не только не помогает делу, а ещё и усугубляет возникшую проблему.

Непрощение всегда приносит больше боли нам самим, а не тем, на кого мы обиделись. Скорее всего, наш обидчик давным-давно позабыл о содеянном и живёт себе как ни в чём не бывало, а мы продолжаем кипеть от негодования, всё время возвращаясь в прошлое и продлевая его.

Послушайте: люди, когда-то вас обидевшие, смогут и дальше причинять вам страдания, *только в том случае,* если вы будете сами держаться за эту боль, упорно отказываясь их простить. Прошлого не вернёшь, и изменить его невозможно. Своим непрощением вы делаете хуже только самому себе. Хотя бы ради самого себя извлеките уроки из совершённых когда-то ошибок и оставьте прошлое позади! В Библии сказано: «*Глупца убивает гневливость, и несмысленного губит раздражительность*» (Иов 5:2).

Миллионами людей движет страх. Страхи могут быть последствиями травматического переживания, результатами завышенных требований и ожиданий, плодами воспитания в семье, где за детьми был установлен чрезмерно жёсткий контроль, или даже следствием генетической предрасположенности. Люди, движимые страхом, живут в постоянной тревоге. Они ценят безопасность, надёжность, статус кво и стараются как можно меньше рисковать. Нередко они упускают великолепные возможности, потому что не осмеливаются приниматься за что-то новое и неизвестное. Вместо этого они предпочитают действовать проверенными способами и играть наверняка.

Мы сами заключаем себя в темницу страха, и она мешает нам стать такими, какими задумал нас Бог. Вы *должны* идти наперекор своему страху и сражаться с ним верой и любовью. Писание говорит: «*В любви нет страха, но совершенная*

33

любовь изгоняет страх, потому что в страхе есть мучение. Боящийся несовершен в любви» (1 Ин. 4:18).

Многими людьми движет стремление к материальному благополучию. Желание приобретать и накапливать становится для них главным в жизни. Это стремление иметь всё больше и больше основано на ложном убеждении, что чем больше у человека имущества, тем он счастливее, тем значительнее он выглядит в глазах других и тем надёжнее обеспечено его будущее. Всё это неправда. Любое имущество приносит с собой лишь *временное* ощущение счастья. В конечном итоге вещи наскучивают нам, потому что никогда не меняются. И тогда нам хочется приобрести что-нибудь поновее, побольше, получше.

Некоторые ведут себя так, как будто богатство и благосостояние придают им большую значимость. Но это тоже миф. Подлинная человеческая ценность не измеряется деньгами и пожитками. Ваша личностная ценность вовсе не определяется тем, какими ценностями вы владеете, а Бог вообще говорит, что самые ценные вещи в жизни — это вовсе не вещи!

Самый распространённый миф насчёт денег гласит, что чем человек богаче, тем безопаснее и спокойнее он живёт. Но это не так. К примеру, любой из нас может в один момент лишиться здоровья из-за самых разных неподвластных нам факторов. Подлинную надёжность и безопасность можно обрести лишь в том, что никто в мире не может у вас отнять: во взаимоотношениях с Богом.

Многими людьми движут мнения и требования окружающих. Эти люди фактически отдают власть над своей жизнью в руки родителей, супругов, детей, учителей, друзей и множества других людей. Нередко, уже став взрослыми, они всё равно пытаются заслужить одобрение своих родителей, которым просто невозможно угодить. Некоторыми движет давление со стороны сверстников, им никогда не даёт покоя, что подумают о них окружающие. Но, к сожалению, люди, следующие за толпой, непременно в ней затеряются.

Я не знаю всех рецептов успеха, но главный ключ к верному поражению — это стремление угодить всем без исключения. А ещё одним гарантированным способом упустить Божье предназначение в своей жизни является постоянная зависимость от мнения других людей. Как сказал Иисус, *«никто не может служить двум господам»* (Мф. 6:24).

Нет ничего важнее, чем знать Божье предназначение для своей жизни, и ничто не сможет восполнить недостаток этого знания.

Есть и другие силы, которые могут двигать жизнью человека, но все они ведут в один и тот же тупик: неиспользованный потенциал, ненужный стресс и жизнь, не приносящая никакого удовлетворения.

Это сорокадневное путешествие покажет вам, как жить *целеустремлённой* жизнью, движущей и направляющей силой которой являются Божьи замыслы и цели. Нет ничего важнее, чем знать Божье предназначение для своей жизни, и ничто — никакой успех, богатство, слава или удовольствие — не сможет восполнить недостаток этого знания. Без цели жизнь превращается в бестолковое движение, беспорядочную деятельность и бессмысленные события. Без цели жизнь становится тривиальной, мелочной и лишённой определённого направления.

Преимущества целеустремлённой жизни

Можно назвать пять существенных преимуществ целеустремлённой жизни:

Осознание своего предназначения придаёт жизни смысл. Мы сделаны таким образом, что смысл нам просто необходим. Именно поэтому люди всячески пытаются постичь смысл жизни пусть даже весьма сомнительными способами вроде астрологии или экстрасенсорики. Когда жизнь полна смысла, человек способен вынести почти всё, что угодно, но если смысла в ней нет, всё вокруг становится невыносимым.

Один молодой человек двадцати с небольшим лет написал: «Я чувствую себя неудачником, потому что всё время пытаюсь

ДЕНЬ ТРЕТИЙ:

КАКАЯ СИЛА ДВИЖЕТ ВАШЕЙ ЖИЗНЬЮ?

кем-то стать, а сам даже не знаю, кем именно. До сих пор я занимался только выживанием. Но если только мне удастся открыть для себя смысл жизни, я почувствую, что начал жить».

Без Бога жизнь не имеет никакой цели, а без цели жизнь бессмысленна. В жизни, лишённой смысла, нет ни значимости, ни надежды. Многие герои Библии выражали похожее чувство безнадёжности. Исаия, к примеру, жаловался: *«Напрасно я трудился, ни на что и вотще истощал силу свою»* (Ис. 49:4). Иов восклицал: *«Дни мои бегут скорее челнока, и кончаются без надежды»* и *«Опротивела мне жизнь. Не вечно жить мне. Отступи от меня, ибо дни мои суета»* (Иов 7:6, 16). Самая страшная человеческая трагедия — это не смерть, а жизнь, лишённая смысла.

Надежда необходима нам ничуть не меньше, чем воздух и вода. Без неё нам просто не выжить. Д-р Берни Зигел обнаружил, что может предсказать, у кого из его раковых пациентов будет ремиссия, а у кого нет. Он задавал им всем один и тот же вопрос: «Хотите ли вы дожить до ста лет?» Больные с глубоким чувством жизненного смысла и предназначения отвечали «да», и вероятность выжить была у них гораздо выше, чем у остальных. Надежда появляется благодаря осознанию цели и предназначения.

Если последнее время вам кажется, что надежды нет, держитесь! В вашей жизни непременно произойдут чудесные перемены, если вы начнёте жить сознательно и целеустремлённо.

Бог говорит: «*Я знаю намерения, какие имею о вас,.. намерения во благо, а не на зло, чтобы дать вам будущность и надежду*» (Иер. 29:11). Может быть, вам кажется, что из создавшейся ситуации просто нет выхода, но в Библии написано, что Бог «*действующею в нас силою может сделать несравненно больше всего, чего мы просим, или о чём помышляем*» (Еф. 3:20).

Осознание своего предназначения упрощает жизнь. Оно определяет, чем нам стоит заниматься, а чем не стоит. Цель и предназначение становятся мерилами, с помощью которых мы оцениваем, какие дела являются важными и существенными, а какие нет. Нужно просто задать вопрос: «Будет ли данное конкретное дело способствовать выполнению одной из Божьих целей в моей жизни?»

Без чёткой цели в жизни у нас не будет основания для принятия решений, распределения времени, а также использования наших внутренних способностей и дополнительных ресурсов. В таком случае человек чаще всего принимает решения на основании сложившихся обстоятельств, давления внешних факторов или сиюминутного настроения. Люди, не знающие своей цели, пытаются делать слишком много и добиться всего сразу. *Именно это* приводит к повышению уровня стресса, усталости и конфликтам с окружающими.

Делать всё, чего хотят и требуют от нас другие, просто невозможно. У нас есть время только на то, чтобы исполнять Божью волю. Если вы не успеваете выполнять всё, что запланировали, это значит, что вы взяли на себя куда больше того, что предназначил вам Бог (или, может быть, это значит, что вы проводите слишком много времени перед телевизором). Целеустремлённая жизнь приведёт вас к большей простоте и гораздо более разумному расписанию. Один из современных английских переводов Библии так передаёт стих в Книге Притчей: *«Показная и претенциозная жизнь пуста, а жизнь простая и незамысловатая — полна и богата»* (Прит. 13:7 [«The Message»]). Кроме того, она ведёт к душевному спокойствию: *«Твёрдого духом Ты хранишь в совершенном мире; ибо на Тебя уповает он»* (Ис. 26:3).

Осознание своего предназначения придаёт жизни чёткий фокус. Оно позволяет нам сосредоточить свои усилия и энергию на том, что воистину важно. Наш труд станет по-настоящему эффективным, если мы будем действовать избирательно.

Человеческой природе свойственно отвлекаться на незначительные мелочи. Мы проводим свою жизнь в погоне за неважными и ненужными фактами, словно стремимся стать победителями в телепередаче «Своя игра»[7]. Генри Дэвид Торо[8] заметил, что люди проводят всю свою жизнь *в «тихом отчаянии»*, однако сегодня точнее было бы сказать, что наши дни проходят в *«бесцельном развлечении»*. Жизнь многих людей похожа на волчок, крутящийся с бешеной скоростью, но так и не двигающийся с места.

Не имея ясной цели, мы будем беспрестанно изменять направление своей жизни, искать другую работу, менять друзей, церкви и другие внешние факторы, всякий раз надеясь, что благодаря очередной перемене наше внутреннее смятение нако-

---

[7] Впервые телепередача, известная сейчас в России как «Своя игра», появилась в 1980-х годах в США и называлась «Trivial Pursuit». В самом этом названии есть игра слов. «Trivia» можно перевести как «несущественные мелочи» или как «подробные факты, связанные с нынешними или прошлыми событиями, известными людьми» (см. лингвострановедческий словарь «Американа», Полиграмма, 1996). Таким образом, Рик Уоррен обыгрывает название этой викторины: с одной стороны, она требует знания подробных фактов, с другой стороны, эти факты действительно являются тривиальными, несущественными.

[8] Генри Дэвид Торо (1817 — 1862) — философ, писатель, один из основателей американской литературы, лидер движения трансценденталистов. Жизненный поиск этого мыслителя, высоко ценил Л. Толстой.

нец-то уляжется. *«Может быть, на этот раз всё будет иначе»,* — думаем мы, но это всё равно не разрешает главной проблемы: отсутствия цели и смысла.

В Библии сказано: *«Итак, не будьте нерассудительны, но познавайте, что есть воля Божия»* (Еф. 5:17).

> *Если вы хотите, чтобы ваша жизнь оставила заметный след, у неё должен быть чёткий фокус!*

Какой силой обладает сфокусированная энергия, можно ярко увидеть на примере света. Рассеянный свет не оказывает заметного воздействия на окружающую среду. Но силу его можно сконцентрировать, сведя все световые волны в одну точку. С помощью увеличительного стекла можно так сфокусировать солнечные лучи, что они подожгут лист бумаги или стебли травы. А когда свет концентрируется ещё сильнее, в виде лазерного луча, он способен разрезать даже сталь.

Нет ничего более могущественного и влиятельного, чем сфокусированная, сосредоточенная жизнь с сознательной целью. Люди, оказавшие самое значительное влияние на историю, отличались редкой сосредоточенностью и целеустремлённостью. Например, апостол Павел почти в одиночку распространил христианство по всей Римской империи. Секрет его успеха состоял в том, что жизнь его имела чёткий, направленный фокус. Он писал: *«Я не почитаю себя достигшим; а только, забывая заднее и простираясь вперёд, стремлюсь к цели»* (Фил. 3:13-14).

Если вы хотите, чтобы ваша жизнь оставила заметный след, у неё должен быть *чёткий фокус!* Перестаньте играть в бирюльки и по-дилетантски заниматься всем подряд. Перестаньте браться за всё, что подворачивается под руку. Делайте меньше. Откажитесь даже от вполне достойных дел и занятий и делайте только самое важное. Никогда не путайте активность с продуктивностью. Можно быть занятым, не имея при этом цели, но какой в том прок? Павел говорил: «*Я стрелой лечу к цели — за призом. А приз этот — новая жизнь, к которой призвал нас Бог через Иисуса Христа*» (Фил. 3:14-15 [РВ]).

Осознание своего предназначения даёт нам нужную жизненную мотивацию. Оно производит в нас страстное стремление достичь желаемого. Ничто не придаёт нам столько энергии, как чётко обозначенная цель. И напротив, страсть эта угасает, рассеивается, когда такой цели нет. Нам становится тяжко даже вылезти утром из постели. Обычно мы устаём и лишаемся силы и радости не от чрезмерного количества работы, а от её бессмысленности.

Вы оказались на земле не для того, чтобы о вас вспоминали после смерти. Вы здесь для того, чтобы подготовиться к вечности.

Джордж Бернард Шоу писал: «Вот истинная радость в жизни: знать, что живёшь не напрасно, осознавать своё могущество, ощущать себя природной силой, а не мелким себялюбивым комком болезней и обид, вечно жалующимся на то, что мир не желает посвящать себя тому, чтобы обеспечить его счастливое существование».

Осознание своего предназначения позволит вам оставить после себя вечное наследие. Многие тратят всю свою жизнь на то, чтобы оставить после себя долговечное наследие, желая, чтобы о них помнили после смерти. Однако в конечном итоге, по-настоящему важно не то, что скажут о нашей жизни другие, а то, что скажет о ней *Бог*. Люди не понимают, что рано или поздно кто-нибудь непременно превзойдёт любые их достижения, побьёт поставленные ими рекорды; слава поблекнет, и былые почести окажутся забытыми. Ещё студентом Джеймс Добсон[9] поставил перед собой цель: стать чемпионом колледжа по теннису. Он упорно тренировался и почувствовал законную гордость, когда выигранный им кубок с почётом поместили в специальный зал, где хранились все другие победные трофеи университета. Спустя много лет он неожиданно получил этот кубок по почте. Оказывается, во время ремонта его нашли в мусорном ведре. Вспоминая об этом, Джеймс Добсон заметил: *«Рано или поздно кто-нибудь обязательно выбросит все наши призы и награды на помойку»*.

Жить ради того, чтобы оставить после себя хоть какое-то наследие на земле, весьма недальновидно. Гораздо мудрее будет потратить отпущенное нам время на то, чтобы своей жизнью оставить в истории *вечный* след. Вы оказались на земле не для того, чтобы о вас вспоминали после смерти. Вы оказались здесь для того, чтобы подготовиться к вечности.

Однажды вы предстанете перед Богом, и Он проведёт ревизию вашей жизни, последний экзамен перед тем, как вы войдёте в вечность. В Библии написано: *«Все мы предстанем на суд Христов... Каждый из нас за себя даст отчёт Богу»* (Рим. 14:10б и 12). К счастью, Он очень хочет, чтобы мы сдали этот экзамен успешно, и потому заранее сообщил нам все вопросы. На основании Библии мы можем сделать вывод, что нам будут заданы два главных вопроса:

Во-первых, *«Как ты относишься к Моему Сыну, Иисусу Христу?»* Бог не станет спрашивать о наших религиозных корнях или доктринальных убеждениях. Его будет интересовать только одно: приняли ли мы то, что Иисус сделал для нас? Научились ли мы любить Его и доверять Ему? Сам Иисус сказал: *«Я есмь путь и истина и жизнь; никто не приходит к Отцу, как только через Меня»* (Ин. 14:6).

---

[9] Джеймс Ч. Добсон — современный американский психолог-христианин, автор многих книг и радиопередач, руководитель благотворительной организации «В фокусе — семья».

Второй вопрос будет звучать так: «*Что ты сделал со всем тем, чем Я наделил тебя?*» Что вы сделали со своей жизнью — со всеми дарами, талантами, возможностями, энергией, взаимо-отношениями и другими ресурсами, которые вве-рил вам Бог? Потратили всё это на себя или использовали для достижения тех целей, ради которых Он сотворил вас?

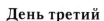

Цель этой книги — подготовить вас к тому, чтобы вы могли ответить на эти вопро-сы. Ответ на первый вопрос определит, *где* вы проведёте вечность. Ответ на второй вопрос оп-ределит, *чем вы будете заниматься* в вечности. К концу кни-ги вы будете готовы ответить на оба из них.

День третий

Размышляя о своём жизненном предназначении

Истина для обдумывания:
Целеустремлённая жизнь — это путь к душевному покою.

Стих для заучивания наизусть: «*Твёрдого духом Ты хранишь в совершенном мире; ибо на Тебя уповает он*» (Ис. 26:3).

Вопрос для размышления: Что ответят мои родные и друзья, если их спросят, какая сила движет моей жизнью? Что бы я хотел видеть движущей силой своей жизни?

42

Созданные для вечности

«Вложил Он в сердца людей и вечность»

Еккл. 3:11 (РБО)

«Уж конечно, Бог не мог сотворить такое существо, как человек, на один день! Нет, нет, человек был создан для бессмертия»

Авраам Линкольн

Земная жизнь — это ещё не всё.

Земная жизнь — это всего лишь генеральная репетиция перед настоящим спектаклем. Вы проведёте гораздо больше времени по другую сторону смерти — *в вечности,* — нежели здесь, в нынешнем мире. Земное существование — это лишь тренировочная база, детский сад, пробное испытание перед жизнью в вечности. Это предварительная разминка перед всамделишной игрой, подготовительное упражнение перед началом состязания. Нынешняя жизнь — это подготовка к жизни грядущей.

На земле мы проживём самое большее сто лет, но в вечности нас ожидает бесконечность. По выражению сэра Томаса Броуна, наши земные годы — это лишь «краткий эпизод в вечности»[10]. Мы созданы для того, чтобы жить вечно.

---

[10] Сэр Томас Броун (1605 — 1682) — английский писатель-прозаик, врач, знаток древностей, автор известной книги «Религия врача» («Religio Medici»).

В Библии сказано: «*Вложил Он* [Бог] *в сердца людей и вечность*» (Еккл. 3:11 [РБО]). У нас есть врождённый инстинкт — жажда бессмертия. А всё из-за того, что Бог создал нас по Своему образу и предназначил для вечной жизни. Хотя мы прекрасно знаем, что рано или поздно всем нам придётся умереть, смерть всё равно кажется нам неестественной и несправедливой. Но мы чувствуем в себе стремление жить вечно именно потому, что Бог с самого начала вложил это желание к нам в душу!

Однажды ваше сердце перестанет биться. Вашему земному телу придёт конец, закончится срок, отпущенный вам на земле, но вы сами существовать не перестанете. Нынешнее физическое тело — это лишь временное пристанище вашего духа. Наше нынешнее тело Библия называет «хижиной» или «шалашом», но будущее тело она зовёт уже «домом». В Писании говорится: «*Мы знаем: если рухнет шалаш — наше земное жилище, у нас есть дом. Его нам даст Бог. Это нерукотворный, вечный дом на Небесах*» (2 Кор. 5:1).

Если земная жизнь предлагает нам множество разных дорог, то в жизни будущей есть лишь две альтернативы: Небеса или преисподняя. Ваши взаимоотношения с Богом здесь на земле определят ваши с Ним отношения в вечности. Если уже здесь вы будете учиться любить Божьего Сына Иисуса Христа и доверять Ему, Он пригласит вас провести вместе с Ним всю грядущую вечность. С другой стороны, если вы отвергнете Его любовь, прощение и спасение, то и в вечности навсегда останетесь без Бога.

Кл. Льюис[11] говорил: «Все люди на земле делятся на две категории. Одни говорят Богу: «*Да будет воля Твоя*», а другим Бог

---

[11] Клайв С. Льюис (1898 — 1963) — профессор литературы Оксфордского университета, известный английский писатель, автор многих христианских трактатов и художественных книг.

говорит: *«Ладно, пусть будет так, как хотите вы»*. К несчастью, множеству людей придётся всю вечность мучиться без Бога, потому что они отказались жить вместе с Ним на земле.

Стоит вам полностью осознать, что жизнь не ограничивается здешним сиюминутным существованием, что годы на земле являются лишь подготовкой к вечности, и вы непременно начнёте жить

Нынешняя жизнь — это подготовка к жизни грядущей.

по-другому. Вы начнёте жить *в свете вечности*, и это придаст совершенно иную окраску всем вашим взаимоотношениям, обстоятельствам и делам, за которые вы берётесь. Внезапно те занятия, цели и даже проблемы, которые раньше казались безмерно важными, покажутся вам тривиальными, мелкими и недостойными внимания. Чем ближе вы подходите к Богу и Его предназначению для вашей жизни, тем более незначительным кажется всё остальное.

Когда мы живём в свете вечности, меняются наши ценности. Мы начинаем мудрее тратить время и деньги. На первое место мы ставим характер и взаимоотношения с людьми, а не богатство, славу, достижения или даже просто весёлое времяпровождение. Происходит перестановка приоритетов. Нам уже не так важно следовать за новомодными течениями, популярными мнениями и ценностями. Павел писал: *«Что для меня было преимуществом, то ради Христа я почёл тщетою»* (Фил. 3:7).

Если бы наша жизнь ограничивалась годами земного существования, я, наверное, предложил бы вам брать от неё всё, что только можно ухватить. Можно было бы напрочь позабыть все разговоры о добре и этических принципах. Можно было бы не обращать внимания на результаты наших действий и удариться в самый что ни на есть махровый эгоизм: всё равно наши поступки не повлекут за собой долговременных последствий! Но — *и как раз в этом-то всё и дело!* — со смертью наше существование не прекращается. Смерть — это не конец, а переход в вечность, и любой земной поступок имеет *вечные* последствия. Каждое сегодняшнее действие словно эхом отзывается в грядущем.

> *Когда мы живём в свете вечности, меняются наши ценности.*

Самая опасная черта нынешней жизни — это краткосрочное, недальновидное мышление. Чтобы сделать свою жизнь как можно более плодотворной, нам нужно постоянно держать перед глазами вечность и хранить её ценность у себя в сердце. Жизнь — это не только «здесь и сейчас». Сегодняшний день — это верхушка айсберга, которую видно на поверхности, а вечность — вся остальная его глыба, скрывающаяся под водой.

На что будет похожа вечность рядом с Богом? Откровенно говоря, человеческое сознание просто неспособно объять и осознать величие и чудеса Небес. Это всё равно, что попытаться объяснить муравью, что такое интернет. Совершенно бесполезно. Человечество ещё не придумало таких слов, чтобы передать, на что будет похожа вечность. В Библии говорится: *«Не видел того глаз, не слышало ухо, и не приходило то на сердце человеку, что приготовил Бог любящим Его»* (1 Кор. 2:9).

Однако в Своём Слове Бог всё же позволил нам одним глазком заглянуть в то, что ожидает нас потом. Мы знаем, что сейчас Бог приготавливает для нас вечный дом. На Небесах мы воссоединимся с теми родными и близкими, которые были верующими, навсегда освободимся от боли и страданий, а Бог вознаградит нас за верность, проявленную на земле, и поручит нам такое дело, которое непременно придётся нам по душе. Не беспокойтесь, мы *не будем* возлежать на облаках, распространяя сияние и наигрывая на арфах! Мы будем радоваться тому, что наконец-то можно беспрепятственно общаться с Богом, а Он будет радоваться нам безгранично, бесконечно, всегда. Настанет день, когда Иисус скажет: *«Придите, благословенные Отца Моего, наследуйте Царство, уготованное вам от создания мира»* (Мф. 25:34).

Кл. Льюис очень точно выразил сущность вечности на последней странице своей знаменитой серии сказочных повестей для детей под названием «Хроники Нарнии»: «Для нас это завершение всех историй... Но для них это было только началом настоящей истории. Вся их жизнь в нашем мире... была только обложкой и титульным листом; теперь, наконец, началась Глава Первая Великой Истории, которую не читал ни один человек на земле; Истории, которая длится вечно; Истории, в которой каждая глава лучше предыдущей»[12].

ДЕНЬ ЧЕТВЁРТЫЙ: СОЗДАННЫЕ ДЛЯ ВЕЧНОСТИ

У Бога действительно есть цель для нашей земной жизни, но этим всё не кончается. Его замысел включает в себя куда больше тех нескольких десятилетий, что вы проведёте на земле. Он предлагает нам не только самую лучшую возможность, какая бывает лишь раз в жизни, а возможность, простирающуюся *далеко за пределы* земного существования. В Библии написано: *«Совет же Господень стоит вовек; помышления сердца Его — в род и род»* (Пс. 32:11).

Большинство людей думает о вечности исключительно на похоронах, но даже тогда мысли их часто бывают поверхностными, сентиментальными и основанными на самых невежественных

---

[12] Кл. Льюис, *«Последняя битва»*, Собр. соч. в 8 томах, том 6 (Москва, 2000), стр. 325.

представлениях. Возможно, вам кажется, что размышления о смерти присущи лишь болезненно-восприимчивому сознанию, но на самом деле жить, отрицая реальность смерти и не думая о том, что неизбежно ожидает каждого из нас, вредно и неразумно (Еккл. 7:2). Только глупец будет идти по жизни, нимало не готовясь к тому, что, как известно, рано или поздно произойдёт. О вечности нужно думать не меньше, *а больше!*

Те девять месяцев, что вы провели в утробе своей матери, были не самоцелью, а подготовкой к земной жизни. Точно так же нынешняя жизнь является подготовкой для жизни грядущей. Если у вас есть личные взаимоотношения с Богом во Христе Иисусе, вам не нужно бояться смерти, ведь она будет для вас вратами в жизнь. Она разрушит ваше физическое тело, но не вас, и станет не окончанием всякого существования, а днём вашего рождения в жизнь вечную. В Писании говорится: «[Мы] *не имеем здесь постоянного града, но ищем будущего*» (Евр. 13:14).

По сравнению с вечностью время нашего земного странствования подобно мгновению ока, но его последствия останутся с нами навсегда. Дела нынешней жизни определят нашу будущую участь. Мы должны осознать, что «*пока мы живём дома, в собственном теле, мы на чужбине, не у Господа*» (2 Кор. 5:6 [РВ]). Несколько лет назад нас то и дело призывали проживать каждый день так, как будто он — «первый день всей оставшейся жизни». На самом деле, было бы куда мудрее проводить каждый день так, будто он самый последний в жизни. Мэтью Генри[13] сказал: «Каждый день своей жизни мы должны готовиться к её последнему дню».

---

[13] Мэтью Генри (1662 — 1714) — английский священник, автор известных комментариев к Библии.

День четвёртый

Размышляя о своём жизненном предназначении

Истина для обдумывания: Жизнь — это не только «здесь и сейчас».

Стих для заучивания наизусть: *«И мир проходит, и похоть его, а исполняющий волю Божию пребывает вовек»* (Ин. 2:17).

Вопрос для размышления: В свете того, что я создан для вечности, чем мне нужно немедленно прекратить заниматься, а чем стоит заняться не откладывая?

Глядя на жизнь Божьими глазами

«Что такое жизнь ваша?»

Иак. 4:14б

«Мы видим реальность не такой, какова она в действительности. Всё зависит от того, какими глазами мы на неё смотрим»

Анаис Нин[14]

Наша жизнь *определяется* тем, как мы на неё *смотрим*. От того, как вы определяете свою жизнь, зависит ваша судьба. От вашего о ней представления будет зависеть то, на что вы расходуете своё время и деньги, куда применяете свои таланты и насколько цените взаимоотношения с другими людьми.

Один из лучших способов понять другого человека — это спросить его: *«Какой ты представляешь себе свою жизнь?»* Вы обнаружите, что у каждого человека есть свой неповторимый взгляд на земное существование. Разные люди считают, что жизнь похожа на цирковое представление, на минное поле, на «американские горки», на разобранную мозаичную картин-

---

[14] Анаис Нин (1903 — 1977) — американская писательница, известная своими «Дневниками» и авангардными романами в стиле французского сюрреализма.

ку, на симфонию, на путешествие, на танец. «Жизнь похожа на карусель, — говорили мне. — То вверх, то вниз, а иногда всё по кругу, да по кругу!» Или: «Жизнь похожа на десятискоростной велосипед, причём половиной скоростей мы никогда не пользуемся» Или: «Жизнь — это как карточная игра. Приходится играть теми картами, которые достались».

Если бы я задал вам тот же вопрос, какой образ появился бы у вас перед глазами? Этот образ можно назвать вашей *жизненной метафорой*. Именно такое представление о жизни вы, сознательно или бессознательно, храните в своём разуме. В нём заключается описание того, как устроена жизнь и чего от неё можно ожидать. Люди часто выражают свои жизненные метафоры посредством того, как они одеваются, какие носят украшения, какую машину водят, как причёсываются, какие выбирают наклейки, плакаты и даже татуировки.

Эта невысказанная жизненная метафора влияет на вас гораздо больше, чем можно предположить. Она определяет ваши ожидания и требования, ваши ценности, взаимоотношения, цели и приоритеты. Например, если вы полагаете, что жизнь — это сплошной праздник, тогда вашей главной целью будет *хорошенько повеселиться*. Если жизнь представляется вам в виде спортивного забега, больше всего вы будете ценить *скорость* и, скорее всего, постоянно будете куда-то торопиться. Если жизнь кажется вам марафоном, вы станете вырабатывать в себе *выносливость*. Если она видится вам как игра или битва, то самым важным для вас будет *победить*.

ДЕНЬ ПЯТЫЙ: СМОТРЕТЬ НА ЖИЗНЬ БОЖЬИМИ ГЛАЗАМИ

Какой вы видите свою жизнь? Возможно, вы основываетесь на весьма ошибочной жизненной метафоре. Чтобы исполнить то, для чего предназначил вас Бог, вам придётся поставить под сомнение общепринятую точку зрения и заменить её на *библей-ские* жизненные метафоры. В Библии сказано: «*Не сообразуйтесь с веком сим, но преобразуйтесь обновлением ума вашего, чтобы вам познавать, что есть воля Божия, благая, угодная и совершенная*» (Рим. 12:2).

Библия предлагает три метафоры, с помощью которых мы узнаём, какой видит нашу жизнь Сам Бог. Жизнь — это *испытание*; жизнь — это *имущество, вверенное нам на определённый срок*; жизнь — это *временное поручение*. Эти образы являются основанием целеустремлённой жизни. Сейчас мы рассмотрим первые два из них, а третьему посвятим следующую главу.

Земная жизнь — это испытание. Эту жизненную метафору можно проследить в самых разных библейских историях. Бог постоянно испытывает людской характер, веру, послушание, любовь, честность и преданность. Такие слова, как *испытание, искушение, очищение* и некоторые другие, им подобные, повторяются в Библии более 200 раз. Бог испытывал Авраама, когда повелел ему принести в жертву своего сына Исаака. Он проверял Иакова, когда тому пришлось работать лишние семь лет, чтобы заслужить себе жену.

Адам с Евой не выдержали испытания, поддавшись искушению. То же самое произошло и с Давидом. Однако Библия показывает нам и множество примеров того, как люди с честью выдерживали свои испытания — взгляните, к примеру, на Иосифа, Руфь, Есфирь и Даниила.

Характер человека развивается и проверяется именно посредством испытаний, да и *вся жизнь* — это непрерывная проверка. Нас *всё время* испытывают. Бог постоянно наблюдает за тем, как мы реагируем на людей, на проблемы, на успех, на конфликты, на болезнь, на разочарование и даже на погоду! Он отмечает даже самые, казалось бы, незначительные и простые поступки: как мы открываем дверь перед другими людьми, поднимаем с земли брошенный кем-то мусор и вежливо обращаемся к официантке или кассиру.

Мы не знаем всех предназначенных нам испытаний, но, основываясь на Библии, можем предсказать кое-какие из них. Бог будет испытывать вас посредством крупных перемен, неразрешимых проблем, незаслуженной критики, бессмысленных трагедий; иногда вам придётся долго ожидать исполнения обещанного, а некото-

Характер человека развивается и проверяется именно посредством испытаний, да и вся жизнь — это непрерывная проверка.

рые ваши молитвы так и останутся без ответа. На собственном опыте я заметил, что прочность моей веры Бог испытывает с помощью проблем и трудностей, крепость моей надежды — посредством материального избытка или недостатка, а истинность моей любви — с помощью других людей.

Очень важной проверкой является то, как мы ведём себя в те минуты, когда *не ощущаем* в своей жизни Божьего присутствия. Иногда Бог намеренно отступает в сторону, и мы не чувствуем Его близости. Царю по имени Езекия тоже пришлось перенести нечто подобное. В Библии говорится: «*Оставил его Бог, чтоб испытать его и открыть всё, что у него на сердце*» (2 Пар. 32:31). До той поры у Езекии были близкие отношения с Богом, но в самый критический момент царствования Бог оставил его ради того, чтобы испытать его характер, обнаружить в нём слабую сторону и подготовить Езекию к новой, ещё большей ответственности.

Стоит нам понять, что жизнь — это испытание, как сразу становится ясно, что *ничего незначительного* в ней просто нет.

Даже самые тривиальные события оказывают своё влияние на наш характер. Важным становится *каждый* день, и каждая секунда даёт нам возможность подрасти, укрепить характер, проявить любовь или положиться на Бога. Некоторые испытания кажутся непреодолимыми, а другие мы просто не замечаем, однако все они имеют далеко идущие последствия.

Замечательно то, что Бог с самого начала хочет, чтобы мы успешно выдержали все эти проверки, и потому никогда не посылает нам таких испытаний, которые превышали бы вложенную в нас силу и способность с ними справиться. В Писании говорится: *«Вас постигло искушение не иное, как человеческое; и верен Бог, Который не попустит вам быть искушаемыми сверх сил, но при искушении даст и облегчение, так чтобы вы могли перенести»* (1 Кор. 10:13).

Всякий раз, когда вы с честью преодолеваете испытание, Бог замечает это, чтобы потом обязательно вознаградить вас на Небесах. Апостол Иаков говорит: *«Блажен человек, который переносит искушение, потому что, быв испытан, он получит венец жизни, который обещал Господь любящим Его»* (Иак. 1:12).

Земная жизнь — это имущество, вверенное нам на определённый срок. Это вторая жизненная метафора, взятая из Библии. Бог наделяет нас теми или иными дарами и средствами, вверяя их нашей заботе и попечению. Всё это не принадлежит нам; мы всего лишь пользуемся доверенными нам благами в течение определённого срока. Это понятие управления, распоряжения вверенным нам имуществом начинается с признания того, что всё и все на земле принадлежат Богу. В

Библии написано: «*Господня земля и что наполняет её, вселенная и всё живущее в ней*» (Пс. 23:1).

Живя на земле, мы так никогда и *не владеем* ничем по-настоящему. Бог просто *даёт нам взаймы* кое-какое имущество на тот срок, пока мы здесь. До нашего рождения оно принадлежало Богу, а после нашей смерти Он отдаст его кому-то ещё. Нам же предоставляется возможность попользоваться им во время земной жизни.

Когда Бог сотворил Адама и Еву, Он вверил им владычество над всей тварью и назначил их опекунами и управляющими всего Своего имущества. В Писании сказано: «*И благословил их Бог, и сказал им Бог: плодитесь и размножайтесь, и наполняйте землю, и обладайте ею, и владычествуйте...*» (Быт. 1:28).

Первое дело, порученное Богом людям, заключалось в том, чтобы распоряжаться и управлять всем тем, что Он создал на земле. Это задание никогда не отменялось и остаётся частью нашего нынешнего предназначения. Мы должны воспринимать всё вокруг как дар от Бога или как нечто, данное нам взаймы. Все те блага, которые нас окружают, следует рассматривать как *Божье имущество, временно вверенное в наше пользование*. В Библии говорится: «*Что ты имеешь, чего бы не получил? А если получил, что хвалишься, как будто не получил?*» (1 Кор. 4:7б).

Много лет назад одни наши знакомые пригласили меня с женой на время отпуска пожить в их совершенно замечательном доме прямо на берегу океана на Гавайях. Сами мы никогда не смогли бы позволить себе такого роскошного отдыха и потому наслаждались от души. «Чувствуйте себя как дома, — сказали нам хозяева. — Пользуйтесь всем, что здесь есть, как своим собственным». Так мы и поступили. Мы плавали в бассейне, съели всё, что нашлось в холодильнике, пользовались банными полотенцами и посудой из шкафа и даже прыгали на кровати от радости! Но всё это время мы знали, что *на самом деле* дом принадлежит не нам, и потому старались обращаться со всеми вещами очень аккуратно. Видите, мы пользовались всеми этими благами, хотя они нам и не принадлежали.

Чем больше вам дано, тем большей ответственности ожидает от вас Бог.

Современное общество утверждает, что человек никогда не станет заботиться о том, что ему не принадлежит. Однако христиане живут по более высокому принципу: «Поскольку это имущество принадлежит *Богу*, я должен заботиться о нём самым наилучшим образом». В Библии сказано: *«От домостроителей же требуется, чтобы каждый оказался верным»* (1 Кор. 4:2). Иисус часто говорил, что жизнь дана нам на время, и рассказывал множество притч, чтобы показать ответственность человека перед Богом. В притче о талантах (Мф. 25:14-29) некий купец, отбывая по делам, вверил своё богатство слугам. Возвратившись, он посмотрел, насколько ответственно они себя вели, и наградил каждого из них по заслугам. *«Хорошо, добрый и верный раб! — сказал он. — В малом ты был верен, над многим тебя поставлю; войди в радость господина твоего»* (Мф. 25:21).

В конце жизни вас тоже оценят и вознаградят согласно тому, насколько ответственно вы распоряжались тем, что доверил вам Господь. Как видите, *всё*, что мы делаем, даже элементарные повседневные обязанности, имеют последствия, простирающиеся в вечность. Если вы ко всему на земле будете относиться как к *доверенному вам имуществу*, Бог обещает вам три непреходящие награды. Во-первых, вас ждёт Его *похвала*. «Молодец! — скажет Он. — Хорошо потрудился!» Во-вторых, в вечности вы получите *новое, более ответственное назначение*: «Над многим тебя поставлю». И, наконец, вас наградят великим *празднованием*, устроенным в вашу честь: «Войди в радость господина своего!»

Большинство людей так и не понимают, что деньги одновременно являются и *испытанием*, и *временно вверенным нам имуществом*. С их помощью Бог учит нас доверять Ему, и для очень многих именно деньги являются самым серьёзным и трудным испытанием. Бог следит за тем, как мы тратим свои средства, чтобы посмотреть, насколько мы надёжны и верны. Писание гласит: «*Если вам нельзя доверить земное богатство, кто доверит вам истинное?*» (Лк. 16:11 [РВ]).

Это исключительно важная истина. Бог говорит, что существует прямая взаимосвязь между тем, как я расходую свои деньги, и качеством моей духовной жизни. От того, как я распоряжаюсь своими средствами («*земным богатством*»), зависит, может ли Бог доверить мне духовные благословения («*богатство истинное*»). Подумайте: а вдруг ваше отношение к деньгам мешает Богу сделать в вашей жизни гораздо больше? Можно ли спокойно доверить вам духовные богатства?

Иисус говорил: «*От всякого, кому дано много, много и потребуется, и кому много вверено, с того больше взыщут*» (Лк. 12:48). Жизнь — это и проверка, и временно вверенное нам имущество, и чем больше нам дано, тем большей ответственности ожидает от нас Бог.

День пятый

Размышляя о своём жизненном предназначении

Истина для обдумывания: Жизнь — это и испытание, и временно вверенное нам имущество.

Стих для заучивания наизусть: *«Верный в малом и во многом верен»* (Лк. 16:10а).

Вопрос для размышления: Подумайте, какие недавние происшествия в вашей жизни на самом деле были испытанием от Господа. Перечислите самые важные и ответственные дела и вещи, которые вверил вам Бог.

Жизнь — это временное поручение

Земная жизнь — это временное поручение.

В Библии содержится множество образов, передающих краткость, бренность и неустойчивость земного существования. Жизнь сравнивается с *туманом*, с *быстроногим гонцом*, с *дыханием*, с *дуновением ветра*. «*Мы — вчерашние и ничего не знаем*, — говорится в Библии, — *потому что наши дни на земле — тень*» (Иов 8:9).

Чтобы сделать свою жизнь как можно более плодотворной, нужно постоянно помнить две важные истины. Во-первых, по сравнению с вечностью жизнь коротка. Во-вторых, земля — это лишь временное пристанище. Мы будем здесь недолго, так что не следует слишком уж привязываться к нынешнему жилищу. Попросите Бога помочь вам увидеть земную жизнь такой, какой видит её Он. Давид молился: «*Скажи мне, Господи, кончину мою и число дней моих, какое оно, дабы я знал, какой век мой*» (Пс. 38:5).

Библия снова и снова сравнивает земное существование с временным странствованием по чужой стране. Земля не является для нас постоянным домом или конечным пунктом назначения. Мы здесь только проездом, в гостях. Описывая наше краткое пребывание на земле, Библия называет нас «*странниками*», «*чужими*», «*гостями*», «*скитальцами*». «*Странник я на земле*», — восклицает Давид (Пс. 118:19), а Пётр увещевает: «*Если вы называете Отцом Того, Который нелицеприятно судит каждого по делам, то со страхом проводите время странствования вашего*» (1 Пет. 1:17).

В Калифорнии, где я живу, есть множество людей, перебравшихся туда на работу из других стран, но сохранивших своё прежнее гражданство. Они должны иметь при себе специальную регистрационную карточку для иностранцев, позволяющую им работать в нашей стране, не являясь её гражданами (это так называемая «зелёная карта»). Христиане должны иметь при себе *духовную* «зелёную карту», напоминающую им о том, что их подлинное гражданство — на Небесах. Бог призывает Своих детей относиться к жизни совсем не так, как относятся к ней неверующие. «*Они мыслят о земном. Наше же жительство — на небесах, откуда мы ожидаем и Спасителя, Господа нашего Иисуса Христа*» (Фил. 3:19-20). Подлинные верующие понимают, что жизнь не ограничивается теми краткими годами, что мы проводим на земле.

Ваше «я» привязано к вечности, и родина ваша — Небеса. Когда вы уясните себе эту истину, то уже не будете так сильно стремиться к обладанию всеми земными благами. Бог весьма недвусмысленно говорит о том, как опасно жить исключительно ради *нынешнего и сиюминутного благополучия*, усвоив ценности, приоритеты и образ жизни окружающего нас мира. Заигрывая с ценностями и искушениями мира, мы предаём, обманываем Бога, совершаем духовное прелюбодеяние. В Библии говорится: «*Прелюбодеи и прелюбодейцы! не знаете ли, что дружба с миром есть вражда против Бога? Итак, кто хочет быть другом миру, тот становится врагом Богу*» (Иак. 4:4).

Ваше «я» привязано к вечности, и родина ваша — Небеса.

Представьте себе, что правительство поручило вам стать послом во вражеской стране. Наверное, для этого вам придётся выучить чужой язык и приспособиться кое к каким обычаям, культурным особенностям того народа, чтобы соблюдать учтивость и исполнять свою миссию. Будучи послом, вы не сможете изолировать себя от вражеской нации. Для того, чтобы выполнить данное вам поручение, вам придётся вступить в контакт с тамошними людьми и поддерживать с ними отношения.

Но что будет, если в этой самой чужой стране вы почувствуете себя настолько уютно, что полюбите её и предпочтёте её своей родине? Ваша преданность и посвящение будут принадлежать ей, а не родному государству, и вы уже не сможете оставаться послом. Вместо того, чтобы быть представителем своей страны, вы начнёте вести себя как неприятель. Вы станете предателем.

В Библии написано: «*Мы — посланники от имени Христова*» (2 Кор. 5:20). К сожалению, многие христиане предали своего Царя и Его Царство. По неразумию они решили, что поскольку живут пока на земле, то это и есть их дом. На самом деле это не так. В Писании ясно говорится: «*Возлюбленные! прошу вас, как пришельцев и странников, удаляться от плотских похотей, восстающих на душу»* (1 Пет. 2:11). Бог предупреждает нас, чтобы мы не слишком привязывались к миру вокруг, потому что он бренный, преходящий: *«Пользующиеся миром сим* [должны быть] *как не пользующиеся; ибо проходит образ мира сего»* (1 Кор. 7:31).

ДЕНЬ ШЕСТОЙ:
ЖИЗНЬ — ЭТО
ВРЕМЕННОЕ
ПОРУЧЕНИЕ

По сравнению с предыдущими столетиями, значительная часть мира живёт в относительном благополучии и довольстве. Нас постоянно веселят, развлекают и ублажают. Сейчас нас окружает невероятное множество интересных увлечений, манящей рекламы, фильмов, книжек и самых разнообразных способов приятно провести время, и нам легко забыть, что стремление к личному счастью — далеко не самое главное в жизни. Только в том случае, если мы будем помнить, что жизнь — это, во-первых, испытание, во-вторых, — нечто вверенное нам на определённый срок, и, в-третьих, — временное поручение, притяжение земного благополучия утратит для нас свою силу. Мы готовимся к чему-то неизмеримо лучшему. *«Мы смотрим не на видимое, но на невидимое: ибо видимое временно, а невидимое вечно»* (2 Кор. 4:18).

Уже тот факт, что земля не является нашим подлинным и вечным домом, объясняет, почему последователи Иисуса испытывают в мире трудности, скорбь и отвержение со стороны других (Ин. 16:33, Ин. 16:20, Ин. 15:18-19). Кроме того, становится понятно, почему, на первый взгляд, некоторые Божьи обещания кажутся невыполненными, некоторые молитвы так и остаются без ответа, а обстоятельства часто бывают несправедливыми. Земная жизнь — это ещё не всё, это ещё не конец.

Чтобы мы не слишком привязывались к земле, Бог позволяет нам ощущать заметное чувство неудовлетворённости, давая нам желания, которые *никогда* не утолить по эту сторону вечности. Здесь мы никогда не достигнем полного счастья, потому что и не должны его достигнуть! Земля не будет нашим домом навечно, мы сотворены для чего-то неизмеримо лучшего.

Рыбе никогда не будет по-настоящему хорошо на суше, потому что создана она для воды. Орлу будет плохо, если ему не позволят летать. Вам никогда не будет по-настоящему хорошо на земле, потому что вы сотворены для чего-то большего. Конечно, счастливые мгновения будут и здесь, но это ничто по сравнению с тем, что приготовил и задумал для вас Господь.

Осознание того, что жизнь на земле — лишь временное поручение, должно радикально изменить наши ценности. Не сиюминутные, а вечные ценности должны стать

Земля не будет нашим домом навечно, мы сотворены для чего-то неизмеримо лучшего.

главным определяющим фактором наших решений. Как заметил Кл. Льюис, «всё, что не является вечным, остаётся бесконечно бесполезным». В Библии сказано: «*Мы устремляем взор не на видимое, а на невидимое. Ведь видимое — временно, невидимое — вечно*» (2 Кор. 4:18 [РВ]).

Было бы роковой ошибкой считать, что Божьи цели для нашей земной жизни подразумевают прежде всего материальное благополучие или популярность и успех, как определяет их мир. Жизнь с избытком не имеет ничего общего с *материальным* изобилием, а преданность Богу не является гарантией удачного продвижения по службе или даже успеха в служении. Нам никогда не следует стремиться к преходящим, тленным венцам (1 Пет. 2:11).

Павел оставался верным и угодил в тюрьму. Иоанн Креститель оставался верным и лишился головы. Миллионы верных христиан закончили жизнь мученической смертью, потеряли всё, что имели, или подошли к финишной черте без каких-либо особых достижений или свершений. *Однако конец жизни — это ещё не конец!*

В Божьих глазах величайшие герои веры — это вовсе не те, кто добился процветания, успеха и власти здесь и сейчас, а те, кто относится к теперешнему существованию как к временному поручению и преданно служит Богу, уповая на обещанную Им небесную награду. Вот что сказано в Библии о небесной Галерее Славы[15]: «*Все сии* [герои веры] *умерли в вере, не получив обетований, а только издали видели оные, и радовались, и говорили о себе, что они странники и пришельцы на земле... Но они стремились к лучшему, то есть к небесному; посему и Бог не стыдится их, называя Себя их Богом: ибо Он приготовил им город*» (Евр. 11:13 и 16). Срок вашего пребывания на земле не является полной историей вашей жизни. Чтобы прочесть все остальные её главы, придётся подождать до Небес. Для того, чтобы жить на земле пришельцем и странником, необходима вера.

И сейчас ещё нередко пересказывают давнюю историю о пожилом миссионере, который возвращался назад в Америку на одном корабле с президентом США. В порту президента встречала ликующая толпа, для него был развёрнут красный ковёр, играл военный оркестр; повсюду развевались флаги, сновали репортёры. Граждане торжественно встречали своего президента, вернувшегося домой, а миссионер незаметно сошёл по трапу и затерялся в толпе. В сердце у него поднялась обида и жалость к себе, он начал изливать свою досаду Богу, и вдруг Господь мягко напомнил ему: «*Но ведь ты ещё не дома, дитя Моё!*»

---

[15] Галерея Славы — общенациональная американская организация, ставящая целью увековечение памяти выдающихся граждан страны.

Стоит вам провести на Небесах всего несколько мгновений, и вы наверняка воскликнете: «*Ну зачем я придавал такое значение столь временным и преходящим вещам? О чём я только думал? Почему потратил столько времени, сил и забот на то, что было таким непрочным и недолговечным?*»

Когда жизнь тяжко давит вам на плечи, когда вас одолевают сомнения, когда вы видите, что зло процветает, и спрашиваете себя, стоит ли следование за Христом всех тех усилий, что вы в него вкладываете, помните, что вы ещё не дома. И в момент смерти вы не покинете свой дом, а впервые *обретёте* его по-настоящему.

День шестой

Размышляя о своём жизненном предназначении

Истина для обдумывания: Этот мир не является моим домом.

Стих для заучивания наизусть: «*Мы смотрим не на видимое, но на невидимое: ибо видимое временно, а невидимое вечно*» (2 Кор. 4:18).

Вопрос для размышления: Каким образом должно измениться моё нынешнее существование, если земная жизнь является всего-навсего временным поручением?

Первопричина всего на свете

«Ибо всё из Него, Им и к Нему. Ему слава во веки»

Рим. 11:36

«Всё сделал Господь ради Себя»

Прит. 16:4

Всё существует ради Бога и для Него.

Конечная и высшая цель вселенной заключается в том, чтобы явить Божью славу. Это и есть первопричина всего существующего, включая вас самих. Бог сотворил *всё на свете* ради Своей славы. Без Божьей славы не было бы ничего.

Что такое Божья слава? Это сама Божья природа. Это сущность Его натуры, вес Его значимости, сияние Его великолепия, проявление Его силы и атмосфера Его присутствия. Божья слава — это выражение Его благости и всех неотъемлемых, изначально вечных черт Его характера.

Где можно увидеть Божью славу? Оглянитесь вокруг. *Всё*, созданное Богом, хотя бы отчасти отражает Его славу. Увидеть её можно повсюду, от микроскопических живых клеток до гигантского Млечного Пути, в рассветах, звёздах, бурях и временах года. Творение отражает славу своего Творца. От природы мы узнаём, что Бог могуществен, что Ему нравится разнообразие, красота и порядок, что Он обладает великой мудростью и изобретательностью. В Библии написано: *Небеса проповедуют славу Божию* (Пс. 18:2).

На протяжении истории Бог открывал людям Свою славу в самых разных ситуациях. Сначала Он явил её в Эдемском саду, затем Моисею, потом в скинии и храме, далее — через Иисуса, а сегодня — через Церковь (Быт. 3:8, Исх. 33:18-23, Исх. 40:33-38, 3 Цар. 7:51, 8:10-13, Ин. 1:14, Еф. 2:21-22, 2 Кор. 4:6-7). Славу эту описывали как всепожирающий огонь, как облако, гром, дым и ослепительный свет (Исх. 24:17, Исх. 40:34, Пс. 28:1, Ис. 6:3-4, Ис. 60:1). На Небесах не нужны никакие иные источники света: Божья слава освещает всё вокруг. Библия говорит: *«И город не имеет нужды ни в солнце, ни в луне для освещения своего, ибо слава Божия осветила его, и светильник его — Агнец»* (Откр. 21:23).

Жизнь ради Божьей славы — это самое лучшее свершение, которое только можно себе представить.

Лучше всего Божья слава видна в Иисусе Христе. Он, Свет мира, освещает для нас Божью природу, Его характер. Благодаря Иисусу нам не нужно бродить во тьме, пытаясь угадать, каков наш Бог. В Библии сказано: *«Сын есть сияние Божьей славы»* (Евр. 1:3 [РВ]. См. также 2 Кор. 4:6б). Иисус пришёл на землю, чтобы мы могли понять Божью славу во всей её полноте. Писание говорит: *«И Слово стало плотью, и обитало с нами, полное благодати и истины; и мы видели славу Его, славу, как Единородного от Отца»* (Ин. 1:14).

Изначально присущая Богу, *неотъемлемая* от Него слава принадлежит Ему, потому что Он — Бог. Слава является Его природой. Мы не можем ничего к ней добавить, как не можем заставить солнце светить ярче. Однако нам заповедано *признавать* Его славу, *почитать* её, *провозглашать, восхвалять, отражать* и *жить* ради неё (1 Пар. 16:24, Пс. 28:1, Пс. 65:2,

Пс. 95:7, 2 Кор. 3:18). Почему? Потому что Бог этого заслуживает! Мы должны воздать Ему всю честь, о какой только способны помыслить. Поскольку Господь сотворил всё на свете, Он заслуживает всей славы. В Библии написано: *«Достоин Ты, Господи, принять славу и честь и силу: ибо Ты сотворил всё, и всё по Твоей воле существует и сотворено»* (Откр. 4:11).

Во всей вселенной лишь два Божьих творения не приносят Богу должной славы: падшие ангелы (бесы) и мы (люди). Всякий грех в корне своём — это нежелание воздать Богу славу. Это стремление любить что-то иное больше Бога. Отказ вознести Богу славу — это гордыня и неповиновение, и именно этот грех стал причиной падения сатаны и человека. Каждый из нас в той или иной мере живёт для себя, а не ради Божьей славы. В Библии говорится: *«Ибо все согрешили и лишены славы Божьей»* (Рим. 3:23).

Ни один из нас не воздаёт Богу всю славу, которая по праву принадлежит Ему в нашей жизни. Это самый страшный грех и самая губительная ошибка. С другой стороны, жизнь ради Божьей славы — это самое лучшее свершение, которое только можно себе представить. Бог говорит о тех, кто *«называется Моим именем, кого Я сотворил для славы Моей, образовал и устроил»* (Ис. 43:7). Так что жить ради Его славы должно быть нашей первоначальной и главной целью.

Как я могу воздать славу Богу?

Иисус сказал Отцу: *«Я прославил Тебя на земле, совершил дело, которое Ты поручил Мне исполнить»* (Ин. 17:4). Иисус воздал честь Отцу, исполнив Своё жизненное предназначение. Мы можем почтить Его точно таким же образом. Всякий раз, когда любое Божье творение исполняет своё предназначение, оно возносит славу своему Творцу. Птицы прославляют Бога, когда летают, распевают песни, строят гнёзда и занимаются всеми остальными птичьими делами, назначенными для них Богом. Даже скромный трудяга муравей приносит Богу славу, когда исполняет то, ради чего был создан. Бог сотворил муравьёв для того, чтобы они были муравьями, а вас — для того, чтобы вы были собой. Святой великомученик Ириней сказал: «Божья слава — это по-настоящему живой человек!»

Всякий раз, когда любое Божье творение исполняет своё предназначение, оно возносит славу своему Творцу.

Есть множество способов принести Богу славу, но их можно подытожить, определив Божьи цели для нашей жизни. Все остальные главы книги посвящены тому, чтобы рассмотреть эти цели в подробностях, но для начала мы лишь кратко их обозначим:

Мы приносим Богу славу, поклоняясь Ему. Поклонение — наша первая обязанность перед Богом. Мы поклоняемся Богу, когда радуемся Ему. Как писал Кл. Льюис, «когда Господь велит нам хвалить Его, Он велит нам Ему радоваться»[16]. Бог хочет, чтобы наше поклонение исходило не из чувства долга, а из любви, благодарности и восхищения.

Джон Пайпер[17] заметил, что «больше всего Бог прославляется в нас тогда, когда мы получаем в Нём больше всего удовлетворения».

Поклонение — это не только хвала, песнопения и молитвы, обращённые к Богу. Поклонение — это образ жизни, которому

---

[16] Кл. Льюис, «Размышление о псалмах». Собр. соч. в 8 томах, том 8, стр. 315.

[17] Джон Пайпер — современный американский богослов, проповедник, писатель.

присущи *радость* от Бога, *любовь* к Богу и стремление *отдать себя* ради свершения Его замыслов. Когда человек живёт ради Божьей славы, всё, что он делает, может превратиться в поклонение. В Библии сказано: «*Отдайте себя — умерших и обретших жизнь — Богу и всё своё существо Богу как орудие добра*» (Рим. 6:13 [РВ]).

Мы приносим Богу славу, когда с любовью относимся к другим верующим. Родившись свыше, мы стали частью Божьей семьи. Следование за Христом подразумевает не только веру, но и *причастность, принадлежность*. Мы учимся любить членов Божьей семьи. Иоанн писал: «*Мы знаем, что перешли от смерти к жизни, потому что любим братьев*» (1 Ин. 3:14 [РВ]), а Павел говорил: «*Принимайте друг друга, как и Христос принял вас в славу Божию*» (Рим. 15:7).

ДЕНЬ СЕДЬМОЙ:
ПЕРВОПРИЧИНА
ВСЕГО НА СВЕТЕ

Одна из наших обязанностей на земле состоит в том, чтобы научиться любить так, как любит Бог, потому что Бог есть любовь и потому что этим самым мы возносим Ему честь. Иисус говорил: «*Как Я возлюбил вас, так и вы да любите друг друга. По тому узнают все, что вы Мои ученики, если будете иметь любовь между собою*» (Ин. 13:34-35).

Мы приносим Богу славу, уподобляясь Христу. Если мы родились в Божьей семье, Бог хочет, чтобы мы возрастали и достигали духовной зрелости. На что это похоже? Духовная зрелость — это уподобление Христу в мыслях, чувствах и делах. Чем больше мы уподобляемся Христу, тем больше прославляем Бога. В Библии сказано: «*Мы же все открытым лицом, как в зеркале, взирая на славу Господню, преображаемся в тот же образ от славы в славу, как от Господня Духа*» (2 Кор. 3:18).

Бог дал нам новую жизнь и новую сущность, когда мы предали себя Христу. Теперь до конца наших дней на земле Бог хочет последовательно и постоянно изменять нас изнутри. Согласно Писанию, Он желает, «*чтобы, познавая лучшее, мы были чисты и непреткновенны в день Христов, исполнены плодов праведности Иисусом Христом, в славу и похвалу Божию*» (Фил. 1:10-11. См. также Ин. 15:8).

Мы приносим Богу славу, служа другим людям своими дарами. Каждого из нас Бог создал совершенно уникальным образом, наделив талантами, дарами, умениями и способностями. Вы не случайно сделаны именно так, а не иначе. Бог даровал вам способности не для того, чтобы вы использовали их исключительно для себя. Они были даны вам для того, чтобы принести пользу другим, точно так же, как другие были наделены определёнными способностями для того, чтобы принести пользу вам. В Библии сказано: «*Служите друг другу, каждый тем даром, какой получил, как добрые домостроители многоразличной благодати Божией. Говорит ли кто, говори как слова Божии; служит ли кто, служи по силе, какую даёт Бог, дабы во всем прославлялся Бог через Иисуса Христа*» (1 Пет. 4:10-11. См. также 2 Кор. 8:19б).

Мы приносим Богу славу, рассказывая о Нём другим. Бог не хочет, чтобы Его цели и замыслы для каждого из нас оставались тайной. Как только мы сами познаём истину, Он призывает нас поделиться ею с другими людьми. Это великая честь — знакомить окружающих людей с Иисусом, помогать им открыть для себя Его предназначение и подготавливать их к жизни в вечности. В Писании апостол говорит, что всё делается ради того, чтобы «*Божья доброта, умножаясь, достигла многих сердец и хлынула из них потоком благодарности во славу Бога*» (2 Кор. 4:15 [РВ]).

Ради чего вы намереваетесь жить?

Чтобы прожить остаток своей жизни ради Божьей славы, нам понадобится изменить свои приоритеты, своё расписание и планы, свои взаимоотношения, да и всё остальное. Иногда вместо лёгкого пути придётся выбирать дорогу потруднее. Из-за этого бывало тяжело даже Иисусу. Зная, что Его ждёт распятие, Он воскликнул: *«Душа Моя теперь возмутилась; и что Мне сказать? Отче! избавь Меня от часа сего! Но на сей час Я и пришёл. Отче! прославь имя Твоё!»* (Ин. 12:27-28а).

Иисус стоял на распутье. Исполнит ли Он своё предназначение, тем самым прославив Божье имя, или отшатнётся от него, избрав спокойную жизнь ради Самого Себя? Нам предстоит сделать точно такой же выбор. Будете ли вы жить ради достижения собственных целей, ради собственного удобства и удовольствия? Или посвятите оставшиеся годы жизни Божьей славе, зная, что Он обещал вам вечную награду? В Библии сказано: *«Любящий душу свою погубит её; а ненавидящий душу свою в мире сём сохранит её в жизнь вечную»* (Ин. 12:25).

Настало время решить этот вопрос раз и навсегда. *Ради кого* вы собираетесь жить: ради себя или ради Бога? Возможно, вы не решаетесь ответить, сомневаясь, хватит ли у вас силы жить для Бога. Не беспокойтесь. Иисус даст вам всё необходимое для жизни ради Бога, если вы решительно вступите на Его путь. В Писании говорится: *«Его Божественная сила одарила нас всем необходимым для жизни и богопочитания — через познание Того, Кто призвал нас Своей драгоценной славой и добродетелью»* (2 Пет. 1:3 [РВ]).

И сейчас Бог призывает вас к тому, чтобы до конца своих дней вы жили ради Его славы, исполняя то предназначение, для которого Он сотворил вас. Это и есть подлинная жизнь. Всё иное — просто *существование*. Настоящая жизнь начинается с полного посвящения Иисусу. Если вы не уверены, что посвятили себя Ему, всё, что нужно для этого сделать, — это *поверить* и *принять*. Библия обещает: *«Тем, которые приняли Его, верующим во имя Его [Бог] дал власть быть чадами Божиими»* (Ин. 1:12). Откликнетесь ли вы на Божье приглашение?

Во-первых, надо поверить. Поверьте, что Бог любит вас и сотворил вас для Себя. Поверьте, что родились вы не случайно. Поверьте, что вы созданы для вечности. Поверьте, что Бог предназначил вас для того, чтобы вы сами лично познали Иисуса Христа, умершего ради вас на кресте. Поверьте, что, несмотря на все прошлые проступки и огрехи, Бог хочет простить вас.

Иисус даст вам всё необходимое, чтобы вы могли жить ради Него.

Во-вторых, примите. Примите Иисуса в свою жизнь как Господа и Спасителя. Примите Его прощение за свои грехи. Примите Его Духа, Который даст вам силу исполнить Божье предназначение в вашей жизни. Библия говорит: *«Верующий в Сына имеет жизнь вечную»* (Ин. 3:36а). И прямо сейчас, когда вы читаете вот эти строки, я приглашаю вас склонить голову и тихо прошептать молитву, которая изменит всю вашу вечность: *«Иисус, я верю в Тебя и принимаю Тебя»*. Не бойтесь и произнесите её прямо сейчас!

Если вы произнесли эту молитву искренне, от всего сердца, позвольте мне вас поздравить! Добро пожаловать в Божью семью! Теперь вы готовы к тому, чтобы узнать Божье предназначение для своей жизни и начать жить согласно Божьим целям. Я очень прошу вас рассказать кому-нибудь о том решении, которое вы сегодня приняли. Поддержка никогда не бывает лишней. Если вы напишете мне (см. Приложение 2), я пришлю вам небольшую брошюрку *«Ваши первые шаги к духовному росту»* (*«Your First Steps to Spiritual Growth»*).

День седьмой

Размышляя о своём жизненном предназначении

Истина для обдумывания: Всё существует ради Него и для Него.

Стих для заучивания наизусть: *«Всё из Него, Им и к Нему. Ему слава во веки»* (Рим. 11:36).

Вопрос для размышления: Каким образом я могу больше осознавать и видеть Божью славу в своей повседневной жизни.

ЦЕЛЬ ПЕРВАЯ

ВЫ СОЗДАНЫ
НА РАДОСТЬ БОГУ

*«...И назовут их сильными правдою,
насаждением Господа во славу Его»*

Ис. 61:3б

Сотворённые на радость Богу

*«Ты сотворил всё, и всё по Твоей воле
существует и сотворено»*

Откр. 4:11б

«Благоволит Господь к народу Своему»

Пс. 149:4

Вы были сотворены для того, чтобы доставлять Богу удовольствие.

Когда вы впервые появились на свет, Бог был незримым тому свидетелем и *радостно улыбался,* глядя на вас. Он хотел дать вам жизнь, и ваше прибытие в мир принесло Ему огромное удовлетворение. Богу вовсе *не нужно* было создавать нас, но Он решил сделать это ради собственного удовольствия. Вы существуете для Него, для Его славы, для исполнения Его целей и для того, чтобы приносить Ему радость.

Жить ради того, чтобы угождать Богу и приносить Ему радость — это первая цель нашего существования. Когда вы полностью осознаете эту истину, то уже никогда не будете чувствовать себя незначительным. Ведь это доказывает, как вы дороги для Него. Если вы *настолько* важны Богу и Он считает вас достаточно значимым, чтобы удерживать рядом с Собой в вечности, можно ли представить себе бо́льшую ценность? Вы — дитя Божие и приносите Богу такую радость, какой не может принести ему никакое иное Его творение. В Библии сказано: «*Он нас предназначил через Иисуса Христа стать Его сыновьями. Вот Его цель и добрая воля!*» (Еф. 1:5 [РВ]).

Один из величайших Божьих даров людям — это способность ощущать удовольствие. Для этого Бог наделил нас пятью чувствами и разнообразными эмоциями. Он хочет, чтобы мы радовались жизни, а не просто шли по ней, стиснув зубы. И этой способностью ощущать удовольствие мы обладаем потому, что Бог сотворил нас *по Своему образу и подобию.*

Мы часто забываем, что Богу тоже не чужды эмоции. Он обладает глубокими чувствами. В Библии можно увидеть, что Бог огорчается, ревнует, сердится, исполняется состраданием, жалостью, скорбью и сочувствием, а также счастьем, радостью и довольством. Бог любит, ликует, веселится, благоволит, утешается, получает удовольствие и даже смеётся! (Быт. 6:6, Исх. 20:5, Втор. 32:36, Суд. 2:20, 1 Пар. 16:27, 3 Цар. 10:9, Пс. 2:4, Пс. 5:5, Пс. 17:20, Пс. 34:27, Пс. 36:23, Пс. 102:13, Пс. 103:31, Иез. 5:13, 1 Ин. 4:16).

Именно угождение Богу и называется «поклонением». Это первая и главная цель нашей жизни. В Библии написано: «*Благоволит Господь к боящимся Его, к уповающим на милость Его*» (Пс. 146:11).

Любое наше дело, приносящее Богу удовольствие, является поклонением. Подобно дорогому бриллианту, поклонение *многогранно.* Понадобилась бы не одна книга, чтобы описать *всё*, что можно сказать и узнать о поклонении, и в этой главе мы посмотрим только на самые важные его аспекты.

Антропологи заметили, что люди любой культуры инстинктивно чему-то поклоняются. Это стремление универсально. Бог до основания пропитал все фибры нашей души врождённой потребностью общения с Ним. Для человека поклоняться — так же естественно, как есть или дышать. Если мы не поклоняемся Богу, то непременно находим Ему замену — даже если ею оказываемся мы сами. Бог сотворил нас с этим желанием потому, что ищет Себе поклонников! Об этом говорил Иисус: *«Отец Себе ищет таких — тех, что так Ему поклоняются»* (Ин. 4:23 [РВ]).

Любое наше дело, приносящее Богу удовольствие, является поклонением.

Возможно, в зависимости от своего религиозного воспитания и опыта, вам понадобится расширить своё понимание «поклонения». Может быть, слыша это слово, вы тут же представляете себе церковные служения с пением, молитвами и непременной проповедью. Или сразу вспоминаете торжественные ритуалы, свечи и таинство причащения. Или начинаете думать об исцелении, чудесах и экстатических переживаниях. Поклонение может включать в себя все эти элементы, но само по себе является чем-то *гораздо большим*, чем все они, вместе взятые. Поклонение — это образ жизни.

Поклонение — это нечто гораздо большее, чем просто музыка. Для многих людей поклонение — это лишь ещё одно слово, обозначающее музыкальное служение. Они говорят: «У нас в церкви сначала идёт поклонение, а потом учение». Это признак того, что они совсем неверно представляют себе суть поклонения. *Каждый* элемент церковного служения является поклонением. Мы можем молиться, читать Писание, петь, повторять исповедание веры, каяться в грехах, молчать, слушать проповедь и записывать самые важные её моменты, приносить десятину и пожертвования, принимать крещение или причащение, брать на себя какое-то обещание перед Богом или даже приветствовать других верующих, и всё это — часть поклонения.

Вообще, поклонение существовало ещё до того, как появилась музыка. Адам поклонялся Богу в Эдемском саду, но музыка впервые упоминается только в 4 главе Книги Бытие (ст. 21), когда речь заходит о рождении Иувала. Если бы поклонение состояло только из музыки и пения, те из нас, кто лишён каких бы то ни было музыкальных способностей, вообще не могли бы поклоняться.

Бывает и ещё хуже. Порой под «поклонением» подразумевается какой-то определённый *стиль* музыки: «Сначала мы спели гимн, а потом — песни *хвалы и поклонения*». Или: «Мне нравятся песни хвалы, но больше всего я люблю медленные песни поклонения». Если следовать этой логике, то песня, которая исполняется быстро, громко или с использованием духовых инструментов, считается песней хвалы. Но если она поётся медленно, негромко и задушевно, под одну гитару, то автоматически становится поклонением. Такое неверное употребление слова «поклонение» является сейчас довольно распространённым.

Поклонение — это нечто гораздо большее, чем просто музыка.

Но поклонение никак не зависит от стиля, громкости или темпа той или иной песни. Богу нравится любая музыка, потому что Он Сам является автором всех её видов и стилей — быстрых и медленных, громких и тихих, старых и новых. Быть может, вам лично не нравятся все её разновидности, но Бог не таков. Если человек приносит свою музыку Богу в духе и истине, это и есть поклонение.

Христиане часто спорят о том, какой именно стиль музыки следует использовать для поклонения, страстно отстаивая то, что предпочитают сами, как самое что ни на есть библейское поклонение, более других угодное Богу. Однако такого понятия, как библейский музыкальный стиль, просто не существует! В Библии нет нотных записей, да и многих инструментов, на которых люди играли в библейские времена, уже не существует.

Сказать по правде, тот стиль музыки, который вы предпочитаете, больше говорит не о Боге, а о *вас самих,* об особенностях вашей личности и воспитания. Излюбленная музыка одного народа может показаться бессмысленным шумом людям другой национальности. Но Богу нравится разнообразие, и любая музыка приносит Ему радость.

«Христианской музыки» вообще не существует. Бывают только христианские слова к песням. Именно слова, а не мелодия делают то или иное музыкальное произведение духовным. Изначально духовных мелодий просто нет. Если бы я сыграл вам песню без слов, вы никак не смогли бы определить, «христианская» она или нет.

ДЕНЬ ВОСЬМОЙ:
СОТВОРЁННЫЕ
НА РАДОСТЬ БОГУ

Поклонение предназначено не для нас. Будучи пастором, я периодически получаю вот такие записки: «Мне очень понравилось сегодняшнее поклонение. Я очень много из него получил». Это ещё одно ошибочное представление о поклонении. Ведь поклонение предназначено не для нас! Мы поклоняемся Богу и, поклоняясь, стремимся принести радость не самим себе, а Ему.

Если вы когда-нибудь говорили: «Сегодня я ничего не получил от поклонения», то знайте, что в тот день вы поклонялись из неверных побуждений. Поклонение предназначено не для вас, а для Бога. Конечно, большая часть воскресных служений включает в себя элементы общения, назидания и благовестия, и поклонение *действительно* приносит нам немало пользы, но поклоняемся мы вовсе не для того, чтобы угодить себе. Нашим главным побуждением должно быть стремление прославить и порадовать Творца.

В 29 главе Книги пророка Исайи Бог сетует на то, что люди поклоняются Ему лицемерно и равнодушно. Израильтяне приходили к Нему с избитыми молитвами, неискренней хвалой, пустыми словами и самодеятельными церемониями, даже не помышляя о глубинном смысле происходящего. В нашем поклонении Богу важны не вековые традиции, а пылкость и посвящение. В Библии сказано: «*Этот народ приближается ко Мне устами своими, и языком своим чтит Меня, сердце же его далеко отстоит от Меня, и благоговение их предо Мною есть изучение заповедей человеческих*» (Ис. 29:13).

Поклонение — это не *часть* нашей жизни, это *сама* жизнь. Мы поклоняемся не только на церковных богослужениях. Нам заповедано «*искать лица Его всегда*» (Пс. 104:4) и прославлять имя Господне «*от восхода солнца до запада*» (Пс. 112:3). В Библии люди славили Бога за работой, дома, в битве, в темнице и даже в постели! Хвала должна начинаться с того момента, когда мы утром открываем глаза, и заканчиваться тогда, когда вечером мы снова закрываем их, чтобы заснуть (Пс. 118:147, Пс. 5:4, Пс. 62:7, Пс. 118:62). «*Благословлю Господа во всякое время* (Пс. 33:2), — сказал однажды Давид.

Любое дело может превратиться в поклонение, если мы занимаемся им ради похвалы, славы и радости Господней. В Библии написано: «*Итак, едите ли, пьёте ли, или иное что делаете, всё делайте во славу Божию»* (1 Кор. 10:31). Как говорил Мартин Лютер, «доярка может доить коров во славу Господа».

Как же нам совершать все свои дела во славу Бога? Мы добьёмся этого, если начнём делать всё, *как для Самого Иисуса Христа,* и при этом будем поддерживать с Ним постоянный разговор. В Библии сказано: *«Всё, что делаете, делайте от души, как для Господа, а не для человеков»* (Кол. 3:23).

Вот в чём заключается тайна жизни, исполненной поклонения: делать всё, как для Господа. Работа становится поклонением, когда мы посвящаем её Богу и исполняем её, постоянно ощущая Его присутствие. Изложение стиха Рим. 12:1 в современном английском переводе Библии «The Message» звучит следующим образом: *«Возьмите свою повседневную, обычную жизнь — ежедневные дела, то, как вы спите, едите, ходите на работу, — и вознесите это как жертву перед Богом».*

Когда я только-только влюбился в свою будущую жену, я не переставал о ней думать. Всё время, что бы я ни делал — завтракал, ехал в колледж, сидел на уроках, стоял в очереди в магазине, заправлял машину, — я постоянно думал об этой удивительной женщине! Я часто разговаривал о ней сам с собой, мысленно перебирая всё, что мне в ней нравилось. Благодаря этому я ощущал её близость, хотя мы жили за сотни миль друг от друга и учились в разных колледжах. Постоянно думая о ней, я *пребывал в её любви.* Жизнь, которая сама по себе является поклонением, — это просто *влюблённость в Иисуса Христа.*

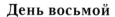

День восьмой

Размышляя о своём жизненном предназначении

Истина для обдумывания: Я сотворён на радость Богу.

Стих для заучивания наизусть: «*Благоволит Господь к народу Своему*» (Пс. 149:4).

Вопрос для размышления: Какое из своих повседневных дел я могу начать исполнять таким образом, словно делаю это непосредственно для Иисуса?

Что приносит Богу радость и удовольствие?

«Да призрит на тебя Господь светлым лицом Своим...»

Чис. 6:25

«Осияй раба Твоего светом лица Твоего и научи меня уставам Твоим»

Пс. 118:135

Цель нашей жизни состоит в том, чтобы радовать Бога.

Поскольку приносить Богу радость является первостепенной целью нашей жизни, самое главное — узнать, как именно это делать. В Писании говорится: *«Старайтесь дознаться, что приятно Богу»* (Еф. 5:10 [РВ]). К счастью, в Библии есть прекрасный пример человека, чья жизнь была угодна Богу. Звали его Ной.

В дни Ноя весь мир погрузился в нравственное разложение. Каждый жил для собственного удовольствия, а не для того, чтобы угодить Господу. Бог не мог отыскать на земле *ни одного человека*, который стремился бы радовать Его, поэтому огорчался и жалел, что вообще сотворил людей. Всеобщая распущенность была Ему так омерзительна, что Он даже подумывал стереть людей с лица земли. Но потом Он заметил одного человека, от которого в Его сердце встрепенулась радость. В Библии написано: *«Один лишь Ной был угоден Господу»* (Быт. 6:8 [РБО]).

«Этот парень Мне нравится, — подумал Бог. — На него приятно смотреть. Начну-ка Я всё заново, с него и его семьи!» Мы с вами живём сегодня на земле благодаря тому, что Ной доставлял Богу радость. А его жизнь позволяет нам выделить пять способов выразить поклонение Богу, которые вызывают у Господа довольную и радостную улыбку.

Бог улыбается, когда мы любим Его больше всего остального. Ной любил Бога больше всего на свете, любил Его даже тогда, когда всем вокруг не было до Господа *никакого дела*. В Библии сказано, что среди людей своего времени *«один только Ной был праведен и непорочен; его жизнь шла с Богом»* (Быт. 6:9б [РБО]).

Вот чего Богу хочется больше всего: чтобы у нас были с Ним личные, близкие взаимоотношения! Это самая поразительная истина на свете: Творец вселенной хочет с нами общаться! Бог сотворил вас, чтобы любить, и хочет, чтобы вы отвечали Ему взаимностью. *«Я милости хочу, а не жертвы, —* говорит Он, — *и Боговедения более, нежели всесожжений»* (Ос. 6:6).

Чувствуете ли вы Божью страсть, Его горячее желание быть с вами, когда читаете эти строки? Разве можно отвернуться и уйти прочь, когда к тебе взывают так пылко? Бог глубоко любит вас и *жаждет* вашей любви. Он *страстно желает*, чтобы вы знали Его и проводили с Ним время. Он радуется вам. Углублять свои взаимоотношения с Богом, учиться любить Его и принимать Его любовь — вот что должно стать главным стремлением нашей жизни. Ничто другое не идёт с этим ни в какое сравнение. Иисус назвал это первой и величайшей заповедью: *«Возлюби Господа Бога твоего всем сердцем твоим и всею душою твоею и всем разумением твоим: сия есть первая и наибольшая заповедь»* (Мф. 22:37-38).

Бог улыбается, когда мы полностью Ему доверяем.
Во-вторых, Ной угодил Богу тем, что доверял Ему даже в те моменты, когда не вполне понимал Его действия. В Библии сказано: *«Верою Ной, получив откровение о том, что еще не было видимо, благоговея приготовил ковчег для спасения дома своего; ею осудил он весь мир и сделался наследником праведности по вере»* (Евр. 11:7).

На самом деле больше всего Богу хочется, чтобы у нас были с Ним личные, близкие взаимоотношения.

Представьте себе такую картину: однажды Бог приходит к Ною и говорит: «Я жестоко разочаровался в людях. Во всём мире никто, кроме тебя, обо Мне не думает. Но знаешь, Ной, Я всегда улыбаюсь от радости, глядя на тебя. Я доволен твоей жизнью и потому собираюсь потопить весь мир и начать всё заново с тебя и твоего семейства. Поэтому Я и попрошу тебя построить огромный корабль, чтобы спасти себя и животных».

В той ситуации было три момента, которые могли вызвать у Ноя сомнения. Во-первых, Ной не знал, что такое дождь, потому что до потопа Бог орошал природу снизу, от земли (Быт. 2:5-6). Именно поэтому радуга тоже оказалась для людей в новинку. Во-вторых, Ной жил в сотнях миль от ближайшего океана. Даже если ему удалось бы построить корабль, как дотащить его до воды? В-третьих, ему надо было как-то собрать всех животных вместе, а потом ещё и заботиться о них. Однако Ной не стал жаловаться и искать отговорки. Он полностью доверял Богу, и Господу это очень нравилось.

Полностью доверять Богу — значит верить в то, что Он знает, что для нас лучше. Мы полагаемся на то, что Он исполнит Свои обещания, поможет нам в трудностях и при необходимости сотворит невозможное. В Библии сказано: *«Благоволит Господь к боящимся Его, к уповающим на милость Его»* (Пс. 146:11).

Чтобы построить ковчег, Ною понадобилось 120 лет. Наверное, он не раз впадал в отчаяние. Шли годы, а дождя всё не было и не было, и его наверняка жестоко дразнили, называли «чокнутым» — надо же, вообразил себе, что с ним разговаривает Сам Бог! Должно быть, его дети не раз стыдились и чувствовали себя неловко из-за того, что прямо возле их дома строится огромный корабль. Однако Ной продолжал верить Богу.

Есть ли в вашей жизни такие моменты, где вам нужно полностью довериться Богу? Доверие — это тоже поклонение. Родители всегда счастливы, когда дети полагаются на их мудрость и любовь. Так же и Бог: наша вера приносит Ему несказанную радость. Писание говорит: *«Без веры угодить Богу невозможно»* (Евр. 11:6).

Бог улыбается, когда мы повинуемся Ему всем сердцем. Чтобы спасти земную фауну от всемирного потопа, Ной должен был уделить пристальное внимание материально-технической базе и многочисленным деталям всей этой операции. Надо было сделать всё *именно так*, как повелел Господь. Бог не сказал: «Знаешь, Ной, построй какую-нибудь лодчонку по своему усмотрению». Напротив, Он дал Ною весьма подробные указания о том, каких размеров, какой формы и из какого материала должен быть ковчег, а также каких именно животных и в каком количестве надо загрузить на борт. И Ной выполнил все Его повеления *в точности*. В Библии говорится: *«И сделал Ной всё: как повелел ему Господь Бог, так он и сделал»* (Быт. 6:22. См. также Евр. 11:7б).

Обратите внимание, что Ной повиновался Богу *полностью*. Он «*сделал всё* (не упуская ни одной мелочи), *как повелел ему Господь Бог*» (именно таким образом и в те сроки, что были ему указаны). Вот что значит повиноваться всем сердцем. Неудивительно, что, глядя на Ноя, Бог довольно улыбался!

Если бы Бог попросил вас построить гигантский корабль, наверное, у вас тоже появились бы кое-какие вопросы, возражения и сомнения. А вот у Ноя их не было. Он повиновался Богу от всего сердца. Такое беззаветное послушание означает, что мы исполняем Божьи указания без сомнений и отговорок. Не откладываем послушание в долгий ящик. Не говорим: «Я об этом помолюсь», а просто незамедлительно делаем то, что нам сказали. Любой родитель знает, что отсроченное послушание — это самое настоящее непослушание.

Бог вовсе не обязан объяснять вам суть и причину всех Своих повелений. Понимание можно отложить и на потом, а вот послушание не терпит отлагательств. Немедленное послушание поможет вам узнать Бога лучше, чем долгие годы библейских чтений и дискуссий. Более того, некоторые заповеди вы так никогда и не поймёте, пока не начнёте их соблюдать. Послушание отпирает дверь пониманию.

Полностью доверять Богу — значит верить в то, что Он знает, что для нас лучше.

Довольно часто мы пытаемся повиноваться Богу лишь *отчасти*. Нам хочется самим выбирать те Его повеления, которые мы не прочь соблюдать. Мы составляем себе список любимых заповедей и исполняем их, не обращая внимания на те, что кажутся нам неразумными, слишком трудоёмкими, обременительными или не пользующимися особой популярностью. Хорошо, я буду ходить в церковь, но не стану приносить десятину. Я согласен читать Библию, но не собираюсь прощать тех, кто меня обидел. Однако частичное послушание — это тоже непослушание.

Повинуясь Богу от всего сердца, мы исполняем Его заповеди с радостным энтузиазмом. «*Служите Господу с веселием*» (Пс. 99:2), — говорит нам Библия. Именно так поступал Давид: «*Укажи мне, Господи, путь уставов Твоих, и я буду держаться его до конца. Вразуми меня, и буду соблюдать закон Твой и хранить его всем сердцем*» (Пс. 118:33-34).

Обращаясь к людям, которые уже являются христианами, апостол Иаков писал: «*Бог оправдывает человека за дела, а не за одну только веру*» (Иак. 2:24 [РВ]). Божье Слово очень ясно даёт нам понять, что заслужить спасение невозможно. Оно даётся нам не усилиями, а благодатью. Однако, будучи чадом Божьим, вы можете доставлять удовольствие Небесному Отцу, радуя Его своим послушанием. Любое послушно исполненное дело может быть поклонением. Почему Богу так приятно, когда мы Ему повинуемся? Потому что послушание доказывает, что мы действительно любим Его. Иисус сказал: «*Если любите Меня, соблюдите заповеди Мои*» (Ин. 14:15).

Бог улыбается, когда мы славим и благодарим Его. Каждому приятно, когда его хвалят, благодарят, признают и оценивают по достоинству. Мало что приносит нам большее удовольствия, чем искренняя похвала и уважение от окружающих нас людей. Богу тоже нравится, когда Его хвалят и благодарят. Он улыбается, когда мы выражаем Ему своё восхищение.

Жизнь Ноя доставляла Богу удовольствие, потому что его сердце было переполнено хвалой и благодарением. Ной поклонялся Богу даже тогда, когда этого не делал никто другой на земле. И после потопа он прежде всего выразил свою признательность Богу и вознёс хвалу, принеся Ему жертвы: «*И уст-роил Ной жертвенник Господу; и взял из всякого скота чи-стого и из всех птиц чистых и принёс во всесожжение на жертвеннике*» (Быт. 8:20).

Благодаря смерти Иисуса мы уже не приносим в жертву жи-вотных, как это делал Ной. Вместо этого нам велено приносить Богу «*жертву хвалы*» (Пс. 115:8), «*плод уст, прославляющих имя Его*» (Евр. 13:15). Мы славим Бога за то, *какой Он*, и бла-годарим Его за то, *что Он для нас сделал*. Как сказал Давид, «*Я буду славить имя Бога моего в песни, буду превозносить Его в славословии, и будет это благоугоднее Господу, нежели вол, нежели телец с рогами и с копытами*» (Пс. 68:31-32).

В то время, как мы славим Бога и воздаём Ему благодаре-ние, происходит нечто поразительное: когда мы делаем Ему приятно, наши сердца тоже наполняются радостью!

Моя мама обожала для нас готовить. Даже после женить-бы, когда я навещал родителей, она непременно устраивала са-мые настоящие пиршества. Для неё одним из главных наслаж-дений было сидеть и смотреть, как её дети за обе щеки уплетают то, что она для них приготовила. И чем больше нам нравилась её стряпня, тем приятнее ей было.

Но кроме этого, нам нравилось хвалить маму и благодарить её за то удовольствие, которое доставляла нам приготовленная пища. Так что радость была взаимная и обоюдная. С наслажде-нием уписывая испечённый ею пирог, я без конца нахваливал и его, и мамины искусные руки. При этом мне хотелось не толь-ко как следует покушать, но и порадовать маму. Так что все были счастливы.

Поклонение тоже является делом обоюдным. Нам нравит-ся то, что сделал для нас Бог, и, когда мы говорим Ему об этом, наша похвала и благодарность доставляет Ему удовольствие — одновременно умножая и *нашу* радость. Псалмопевец говорит: *«Праведники да возвеселятся, да возрадуются пред Богом и восторжествуют в радости»* (Пс. 67:4).

Бог улыбается, когда мы пользуемся своими дарами и способностями. После потопа Бог дал Ною вот такие простые повеления: *«Плодитесь и размножайтесь, и наполняйте землю и обладайте ею; да страшатся и да трепещут вас все звери земные, и весь скот земной, и все птицы небесные, всё, что движется на земле, и все рыбы морские: в ваши руки отданы они; всё движущееся, что живёт, будет вам в пищу; как зелень травную даю вам всё»* (Быт. 9:1-3).

«Пора жить дальше! — сказал Бог. — Так что начинайте делать то, ради чего Я и создал человека. Занимайтесь любовью с супругами. Рожайте детей. Пусть у вас будут семьи. Сажайте растения и готовьте еду. Будьте людьми! Ведь Я сотворил вас именно такими!»

Быть может, вы считаете, что Бог доволен вами лишь тогда, когда вы занимаетесь исключительно «духовными» делами: читаете Библию, приходите на церковное служение, молитесь, делитесь своей верой с другими людьми. Возможно, вам кажется, что остальные аспекты вашей жизни Бога просто не интересуют. Однако на самом деле Богу нравится наблюдать даже за самыми незначительными мелочами нашей жизни.

Богу нравится наблюдать даже за самыми незначительными мелочами нашей жизни.

Он не упускает ни единого вашего движения. В Библии написано: *«Господом утверждаются стопы такого человека* [т.е. праведника]*, и Он благоволит к пути его»* (Пс. 36:23).

Любая человеческая деятельность (кроме греха) может совершаться на радость Богу, если мы занимаемся ею с хвалой и благодарностью в сердце. Ради Божьей славы можно мыть посуду, чинить машину, продавать молоко, писать компьютерную программу, выращивать пшеницу, воспитывать детей — и так далее.

Как Отцу, гордящемуся Своими детьми, Богу особенно приятно смотреть, как мы пользуемся теми дарами и способностями, которыми Он нас наделил. Бог специально одарил нас всех по-разному. Некоторых он сделал спортсменами, а другим дал особые умственные способности. У вас может быть талант к математике, к музыке, к механике или к тысяче других вещей. И если вы станете использовать то уникальное сочетание даров, которыми наделил вас Бог, Он непременно будет улыбаться от радости. В Библии сказано:
«Он создал сердца всех их и вникает во все дела их» (Пс. 32:15).

ДЕНЬ ДЕВЯТЫЙ: ЧТО ПРИНОСИТ БОГУ РАДОСТЬ?

Вы не сможете принести Богу славу или удовольствие, если зароете в землю дарованные Им таланты или попытаетесь подражать кому-то другому. Мы порадуем Бога лишь тогда, когда будем именно самими собой. Всякий раз, когда мы отвергаем ту или иную часть своей личности, мы отвергаем мудрость и верховную волю сотворившего нас Бога. *«Горе тому, кто препирается с Создателем своим, — говорит Господь — Черепок из черепков земных! Скажет ли глина горшечнику: "Что ты делаешь?" и твоё дело скажет ли о тебе: "У него нет рук?"»* (Ис. 45:9).

В фильме *«Огненные колесницы»* участник олимпийских состязаний по бегу, Эрик Лиддел, говорит: «Я верю, что Бог создал меня с какой-то целью. Однако кроме всего прочего Он дал мне быстрые ноги, и когда я бегу, то чувствую, что Ему это нравится». Чуть позднее он говорит: «Для меня отказаться от бега значило бы отнестись к Богу с презрением». На свете не бывает *недуховных* способностей, бывают только способности, не использованные по назначению. Так что начинайте использовать свои дары на радость Богу.

Кроме того, Богу приятно, когда вы *получаете удовольствие* от Его творения. Он даровал вам глаза, чтобы вы радовались красоте, и уши, чтобы вы вбирали в себя многоразличные звуки и музыку. Он дал вам нос и вкусовые рецепторы, чтобы вы могли получать наслаждение от сотен запахов и вкусов, а под кожу поместил нервные окончания, чтобы вы знали удовольствие прикосновения. Мы поклоняемся Богу всякий раз, когда наслаждаемся Его творением и благодарим Его за это. Более того, в Библии сказано, что «*Бог щедро снабжает нас всем необходимым для довольства*» (1 Тим. 6:17 [РВ]).

Богу нравится смотреть на вас, даже когда вы спите! Мне тоже доставляло несказанное удовольствие смотреть, как спят мои маленькие дети. Бывало, что весь день до этого они не слушались и доставляли нам одни хлопоты, но во сне они казались такими мирными, довольными и безмятежными, что я снова вспоминал, как сильно их люблю.

Моим детям не нужно было как-то добиваться моего расположения. Я блаженствовал, просто глядя на то, как они *дышат*, потому что бесконечно любил их. Я видел, как подымаются и опускаются их маленькие грудки, и счастливо улыбался, а иногда глаза мои даже наполнялись слезами умиления. Когда вы спите, Бог смотрит на вас с любовью, потому что Он Сам придумал и сотворил вас и любит вас так сильно, как будто на этом свете больше нет ни единого человека.

Чтобы радоваться своим детям, родителям вовсе не нужно сначала увидеть в них совершенство или хотя бы крепкий, установившийся характер. Они восхищаются своими детьми на каждом этапе их развития. Бог знает все ваши грехи и проступки, всю вашу слабость и незрелость, но вы — *Его* дитя и Ему это нравится. Он любит вас на каждой ступени вашего духовного становления.

Быть может, в детстве у вас были родители или учителя, которым было просто невозможно угодить. Пожалуйста, не думайте, что Бог такой же. Он знает, что вы неспособны жить безукоризненной, безгрешной жизнью. В Библии сказано: *«Он знает состав наш, помнит, что мы — персть»* (Пс. 102:14).

Прежде всего, Бог смотрит на настрой и расположение вашего сердца: Живёт ли в вас стремление угодить Ему? Возобладает ли оно над всеми иными желаниями? Именно этого жаждал апостол Павел: *«Потому и желаем больше всего — живём ли дома или на чужбине — понравиться Ему»* (2 Кор. 5:9 [РВ]). Когда живёшь в свете вечности, то перестаёшь задавать себе вопрос: «Много ли удовольствия я получаю от жизни?» и вместо этого начинаешь спрашивать: «Много ли удовольствия получает от моей жизни Бог?»

В XXI веке Бог ищет людей, подобных Ною: людей, готовых и желающих жить ради Его радости. В Писании говорится: *«Господь с небес призрел на сынов человеческих, чтобы видеть, есть ли разумеющий, ищущий Бога»* (Пс. 13:2).

Будете ли вы жить ради того, чтобы угождать Богу? А уж Бог ничего не пожалеет для человека, полностью поглощённого этой целью.

День девятый

Размышляя о своём
жизненном предназначении

Истина для обдумывания: Богу нравится,
когда я доверяю Ему.

Стих для заучивания наизусть:
*«Благоволит Господь к боящимся Его, к
уповающим на милость Его»* (Пс. 146:11).

Вопрос для размышления: Поскольку Бог
знает, что для меня лучше, в каких аспектах
своей жизни мне нужно больше всего Ему
довериться?

96

Сердце поклонения

*«Представьте себя Богу, как оживших
из мёртвых, и члены ваши Богу
в орудия праведности»*

Рим. 6:13

Сердце поклонения — это полное посвящение, подчинение, своего рода безоговорочная капитуляция.

«Капитулировать», «сдаться» — эти слова и понятия весьма непопулярны и вызывают в нас неприязненные чувства, почти так же, как слово «подчиниться», потому что под ними подразумевается, что мы должны что-то утратить, чего-то лишиться, а это не нравится никому. С ними связаны неприятные ассоциации — признание поражения в битве, проигрыш в спортивном матче или уступка более сильному противнику. Это слово почти всегда используется в негативном контексте. Арестованные преступники тоже *сдаются* властям.

В мире, где правит конкуренция, нас учат никогда не опускать руки, не оставлять попытки добиться успеха и никогда не уступать, поэтому мы нечасто слышим о том, чтобы сдаваться. Если главное в жизни — побеждать, то вести речь о капитуляции или прекращении борьбы просто *немыслимо*. Даже христиане предпочитают говорить о победах, успехе, преодолении и завоеваниях, нежели о покорности, уступках, подчинении и послушании. Однако полное подчинение, предоставление себя

97

Богу и есть сердце всякого поклонения. Мы отдаём Ему себя не из страха или чувства долга, но из любви, потому что *«Он первым полюбил нас»* (1 Ин. 4:9-10, 19 [РВ]).

После того, как на протяжении одиннадцати глав Послания к римлянам апостол Павел объяснял нам невероятную Божью благодать, он начинает призывать нас полностью отдать себя Богу в поклонении Ему: *«Представьте тела ваши в жертву живую, святую, благоугодную Богу, для разумного служения вашего»* (Рим. 12:1).

Истинное поклонение — то есть угождение Богу — начинается с того момента, когда мы полностью отдаём себя Ему. Обратите внимание, что в этом стихе речь идёт о *принесении жертвы*.

Принесение себя в жертву Богу и есть настоящее поклонение.

Христиане называют этот шаг по-разному: посвятить себя Богу, сделать Иисуса своим Господом, взять на себя свой крест, умереть для себя, подчиниться Духу. Главное не в том, как мы

Принесение себя в жертву Богу и есть настоящее поклонение.

называем для себя это действие, а в том, чтобы каждый из нас его совершил. Бог хочет, чтобы вся ваша жизнь принадлежала Ему. Вся до конца. Даже девяноста пяти процентов — и то будет мало.

Есть три преграды, которые мешают нам полностью предать себя Богу: страх, гордыня и невежество. Мы не осознаём, как сильно Бог любит нас, хотим самостоятельно управлять своей жизнью и плохо понимаем сущность такого посвящения.

Можно ли доверять Богу? Для того, чтобы предать, посвятить себя кому-то или чему-то, необходимо доверие. Мы не можем отдать себя Богу, пока не научимся доверять Ему, а доверять Ему не получится, пока не узнаешь Его получше. Страх мешает нам полностью посвятить себя Богу, но *«совершенная любовь изгоняет страх»* (1 Ин. 4:18). Чем больше мы понимаем, как сильно Бог любит нас, тем легче нам отдать себя на Его милость.

Как мне увериться в том, что Бог любит меня? Он предоставляет тому множество доказательств. Бог Сам говорит, что относится к нам с любовью (Пс. 144:9). Он никогда не выпускает нас из поля Своего зрения (Пс. 138:3). Ему небезразличны все мелочи нашей жизни (Мф. 10:30). Он наделил нас способностью ощущать самые разные удовольствия (1 Тим. 6:17б). У Него самые благие намерения для нашей жизни (Иер. 29:11). Он прощает нас (Пс. 85:5). Он относится к нам с терпением (Пс. 144:8). Бог любит вас неизмеримо больше, чем вы можете себе представить!

Самым великим выражением этой любви стала жертва Божьего Сына ради нас. *«Бог Свою любовь к нам доказывает тем, что Христос умер за нас, когда мы были ещё грешниками»* (Рим. 5:8). Если вы хотите узнать, насколько дорожит вами Бог, посмотрите на Христа. Он висит на кресте с распростёртыми руками, словно говоря: «Вот как сильно Я возлюбил тебя! Я лучше умру, чем буду жить без тебя!»

Бог — это не жестокий работорговец и не злобный тиран, добивающийся подчинения грубой силой. Он не стремится сломить нашу волю, но нежно и призывно уговаривает, умоляет нас прийти к Нему, чтобы мы сами, по собственному желанию, принесли Ему своё сердце. Он протягивает нам любовь и освобождение, и, подчинившись Ему, мы не попадаем в рабство, а, напротив, обретаем свободу. Полностью предав себя Иисусу, мы обнаруживаем, что перед нами не деспот, а спаситель, не начальник, а брат, не диктатор, а друг.

Признавая свои слабости. Вторая помеха полной посвящённости Богу — это наша гордыня. Мы не хотим признаваться в своей тварности и неспособности держать бразды правления в своих руках. Это самое древнее искушение: *«И вы будете как боги!»* (Быт. 3:5). Это устремление привносит в нашу жизнь неимоверное количество напряжения и стресса. Жизнь — это борьба, но большинство людей не осознаёт, что на самом деле мы, подобно Иакову, боремся с Богом! Мы сами хотим быть Богом, но выиграть эту битву у нас нет никакой возможности.

ДЕНЬ ДЕСЯТЫЙ:
СЕРДЦЕ
ПОКЛОНЕНИЯ

Э. У. Тозер[18] сказал: «Многие из нас всё ещё мечутся, ищут и почти не продвигаются вперёд именно потому, что ещё не исчерпали, не истощили своих собственных ресурсов, не дошли до точки полного отчаяния. Мы всё ещё пытаемся отдавать приказания и вмешиваться в то, что Бог хочет сделать внутри нас».

Мы — не Бог и *никогда* Им не будем. Мы люди. Именно в те минуты, когда мы пытаемся «играть в Бога», мы более всего похожи на сатану, который тоже пытался вознестись выше всех.

Умом мы понимаем свою тварную человеческую природу, но принять эту истину на уровне эмоций нам нелегко. Натыкаясь на свои слабости и ограничения, мы тут же начинаем сердиться, обижаться, раздражаться. Мы хотим быть выше (или ниже) ростом, умнее, сильнее, талантливее, красивее, богаче. Нам хочется владеть всем миром и делать всё на свете, и, когда этого не происходит, нас охватывает злость. А если потом мы замечаем, что других людей Бог наделил именно теми качествами, которых у нас нет, то начинаем ревновать, завидовать им и жалеть себя.

---

[18] Эйден Уилсон Тозер (1897 — 1963) — известный американский богослов, писатель, проповедник.

Что такое полное подчинение? Полное подчинение Богу — это не пассивная покорность перед неизбежностью, не фатализм и не повод для лени. Это не безропотное принятие установившегося положения вещей. В некоторых случаях оно требует чего-то совершенно противоположного: например, пожертвовать своей жизнью в борьбе против зла и несправедливости. Или пострадать ради того, чтобы добиться необходимых перемен. Бог часто призывает посвящённых Ему людей вступить в битву от Его имени. Посвящение Богу — вовсе не для тру`сов или безвольных тюфяков, покорно позволяющих другим вытирать о себя ноги. Для того, чтобы подчиниться, вовсе не обязательно выключать мозги и отказываться от всякого рационального мышления. Зачем Богу выкидывать на ветер разум, который Он Сам же в нас вложил? Он не хочет, чтобы Ему служили механически послушные роботы.

Подчинение не означает подавления личности. Бог хочет действовать именно посредством того уникального сочетания качеств, которым Он наделил вас. Вместо того, чтобы умалять личность, подчинение напротив углубляет её, делает её ещё более полной и настоящей. Кл. Льюис однажды заметил: «Чем больше мы подчиняемся Богу, тем больше становимся похожими на подлинных себя — потому что это Он сотворил нас. Именно Он придумал нас с вами такими разными... И только тогда, когда я обращаюсь ко Христу и отдаю себя Ему, у меня впервые начинает появляться своё собственное лицо».

Подчинение лучше всего проявляется в послушании. В том, чтобы отвечать: *«Хорошо, Господи!»* всякий раз, когда Он о чём-нибудь нас просит. Вообще, слова *«Нет, Господи!»* сами по себе являются противоречием. Нельзя называть Иисуса Господом и при этом отказываться Ему повиноваться. Лучше всего мы видим такое подчинение на примере Петра, когда после длинной и бесплодной ночи на озере Иисус повелел ему снова сесть в лодку и забросить сети: «Наставник! мы трудились всю ночь и ничего не поймали, *но по слову Твоему* закину сеть» (Лк. 5:5). Люди, посвятившие и подчинившие себя Христу, повинуются Божьему Слову даже тогда, когда это кажется им непонятным и бессмысленным.

Ещё одним аспектом полного подчинения является доверие. Аврааму пришлось последовать Божьему водительству, не понимая, *куда* оно ведёт. Анна ожидала наступления Божьих сроков, не ведая, *когда* они исполнятся. Мария ждала чуда, не представляя, *как* оно произойдёт. Иосиф доверял Божьим замыслам, не зная, *почему* обстоятельства складываются именно так, а не иначе. Каждый из них полностью отдал себя Богу.

Вы поймёте, что покорились Господу, когда заметите, что уже начали полагаться на Его силу и мудрость и перестали манипулировать другими людьми, навязывать им свои планы и контролировать ситуацию. Вы выпускаете вожжи из рук, чтобы дать Богу возможность Самому совершать Своё дело. Вам уже не нужно непременно удерживать бразды правления при себе. В Библии сказано: «*Покорись Господу и надейся на Него*» (Пс. 36:7а). Вместо того, чтобы прилагать всё новые усилия и старания, вы начнёте больше доверять Богу. Кроме того, вы поймёте, что покорились Ему, когда перестанете резко реагировать на критику и уже не будете рьяно от неё защищаться. Лучше всего послушное сердце проявляется во взаимоотношениях. Вы перестаёте думать только о себе, не вытесняете других и не настаиваете на своих правах.

Для многих людей труднее всего посвятить Богу свои деньги. Они думают примерно так: «Мне хотелось бы жить для Бога, но кроме этого, я хочу зарабатывать достаточно для того, чтобы жить безбедно и комфортно и в один прекрасный день спокойно уйти на пенсию». Однако, хорошая пенсия не может быть целью жизни, посвящённой Богу, потому что деньги нередко становятся соперником Самого Бога, безраздельно завладевая человеческим вниманием. Иисус сказал: *«Не можете служить Богу и маммоне»* (Мф. 6:24б) и *«Где сокровище ваше, там будет и сердце ваше»* (Мф. 6:21).

Наивысший пример самоотречения и посвящения — это Иисус. Накануне распятия Он полностью предал Себя ради исполнения Божьего замысла искупления. Он молился так: *«Отче! всё возможно Тебе; пронеси чашу сию мимо Меня; но не чего Я хочу, а чего Ты»* (Мк. 14:36).

Лучше всего подчинение проявляется в послушании и доверии.

Иисус не говорил: «Боже, *если можешь*, избавь Меня от этого страдания!» Он начал Свою молитву именно с утверждения, что Богу всё возможно. И молился так: «Боже, если только это послужит *Твоим* самым лучшим интересам, прошу, убери от Меня чашу страдания. *Но* если Моя смерть исполнит *Твои* замыслы, Я тоже выбираю то, чего желаешь Ты».

Подлинное подчинение говорит: «Отче, если эта проблема, болезнь, страдание или сложившиеся обстоятельства необходимы для того, чтобы исполнить Твои замыслы и принести славу в мою жизнь или в жизнь кого-нибудь другого, прошу Тебя, *не забирай* это от меня!» Такой уровень духовной зрелости даётся нелегко. Сам Иисус так мучился, размышляя о смысле и значении Божьего замысла, что на лбу у Него проступил кровавый пот. Подчинение и посвящение — это тяжкий труд.

В нашем случае — это упорная, напряжённая борьба против нашей собственной эгоистичной натуры.

Подчинение как благословение. Библия очень ясно говорит о том, какие благословения появляются в нашей жизни, когда мы поклоняемся Богу, посвящая и подчиняя себя Ему. Во-первых, у нас в душе наступает покой: «*Не враждуй с Ним, помирись, и тогда придёт к тебе благо*» (Иов 22:21 [РБО]). Затем мы обретаем свободу: «*Посвятите пути свои Богу, и свобода никогда не покинет вас... Его заповеди освобождают вас для открытой жизни в Его свободе*» (Рим. 6:17 [«The Message»]). В-третьих, в нашей жизни начинает проявляться Божья сила. Христос побеждает упрямые искушения и неодолимые трудности, когда мы отдаём всё это в Его руки.

Накануне величайшего сражения своей жизни Иисус Навин пришёл пред лицо Божье (Нав. 5:13-15), пал перед Ним в поклонении и отдал Ему все свои планы и намерения. Это подчинение привело к поразительной победе над Иерихоном. Подчинение не отнимает у нас силы, а напротив, укрепляет нас. Отдав себя Богу, мы можем не бояться, что придётся подчиняться кому-то или чему-то ещё. Уильям Бут, основатель Армии Спасения, сказал: «Сила человека измеряется степенью его послушания».

Могущественнее всего Бог действует именно через тех людей, что безраздельно предали себя Ему. Бог избрал именно Марию для того, чтобы она стала матерью Иисуса, не потому, что она была как-то особенно талантлива, красива или богата, но потому, что она полностью посвятила, отдала себя Богу. Когда ангел разъяснил ей невероятный Божий замысел, она спокойно ответила: «*Я во власти Господа. Пусть всё будет так, как ты сказал*» (Лк. 1:38 [РВ]). Нет ничего более могущественного, чем человеческая жизнь, преданная в руки Бога. «*Итак, покоритесь Богу!*» (Иак. 4:7).

Это самый лучший образ жизни. Каждый из нас отдаёт, посвящает себя кому-то или чему-то. Если вы не предадите себя Богу, то непременно подчинитесь общественному мнению, деньгам, обиде или страху, собственной гордыне, похоти или самолюбию. Мы сотворены для поклонения, и если не преклоняемся перед живым Богом, то обязательно создаём себе иных богов (идолов), которым можно было бы покориться. Вы вольны выбирать, кому покоряться, но не освобождаетесь от последствий своего выбора. Илай Стэнли Джонс [19] сказал: «Если не подчинишься Христу, придётся подчиниться хаосу».

Подчинение Богу — это не только *самый лучший* образ жизни; это *единственно возможный* жизненный путь. Всё остальное тщетно. Все иные дороги неизбежно закончатся смятением, разочарованием и саморазрушением. В синодальном переводе Библии такое посвящение Богу называется *«разумным служением»* (Рим. 12:1). В современном переводе «Радостная Весть» эта же мысль передаётся так: «Только такое служение *истинно духовно*». Посвящение своей жизни Богу —

Подчинение Богу — это не только самый лучший образ жизни; это единственно возможный жизненный путь. Всё остальное тщетно.

это не бездумный эмоциональный порыв, а рациональный, осмысленный поступок, самое дельное и разумное решение, которое человек способен принять в своей жизни. Вот почему Павел говорил: *«Потому и желаем больше всего — живём ли дома*

---

[19] Илай Стэнли Джонс (1884 — 1973) — известный американский миссионер и евангелист.

или на чужбине — понравиться Ему» (2 Кор. 5:9 [РВ]). Наиболее мудрыми моментами вашего земного существования являются именно те, когда вы сознательно подчиняете себя Богу.

Быть может, вам понадобятся на это долгие годы, но однажды вы поймёте, что самое серьёзное препятствие для Божьих благословений в вашей жизни — это не окружающие, а вы сами: ваше своеволие, упрямая гордыня и личные амбиции. Невозможно исполнить Божье предназначение для своей жизни, если постоянно думаешь только о своих собственных намерениях и планах.

Если вы хотите, чтобы Бог совершил в вас по-настоящему глубокие внутренние перемены, начинать придётся именно с этого. Так что отдайте Ему всё: свои сожаления о прошлом, нынешние проблемы и планы на будущее, свои страхи, мечты, слабости, обиды, привычки и комплексы. Уберите руки со штурвала своей жизни, и пусть место капитана займёт Христос. Не бойтесь: если Он берёт что-то в Свои руки, хаоса и бесконтрольности уже точно не будет! Если вас учит и ведёт за собой Сам Христос, вы способны превозмочь всё, что угодно. И тогда, подобно апостолу Павлу, вы сможете сказать: *«Всё могу в укрепляющем меня Иисусе Христе!»* (Фил. 4:13).

Для апостола Павла момент полной капитуляции и подчинения настал по дороге в Дамаск, после того, как ослепительный свет сбил его с ног. Для того, чтобы завладеть вниманием других людей, хватает и менее драматических событий. Как бы то ни было, такая капитуляция никогда не совершается раз и навсегда. Павел писал: *«Я каждый день умираю»* (1 Кор. 15:31). Одно дело — *момент* подчинения и посвящения, а другое — его *практика*, которая совершается изо дня в день до конца жизни. С живой жертвой нелегко, потому что она всё время норовит сползти с жертвенника, так что, возможно, вам придётся посвящать себя Богу раз по пятьдесят в день. Это должно стать вашей повседневной привычкой. Иисус говорил: «*Кто хочет следовать за Мной, пусть забудет о себе и каждый день несёт свой крест — тогда он будет следовать за Мной*» (Лк. 9:23 [РВ]).

Позвольте мне предупредить вас: если вы приняли решение жить в полном посвящении и подчинении Богу, ваша решимость не раз будет подвергаться испытаниям. Временами вам надо будет выполнять обременительные, незавидные, трудоёмкие или на первый взгляд невозможные задания. Часто вам придётся поступать совершенно вразрез с собственными желаниями.

Одним из величайших лидеров-христиан двадцатого века был Билл Брайт, основатель международной организации «Кампус для Христа». Благодаря её сотрудникам, небольшой брошюрке «Четыре духовных закона» и фильму «Иисус» (который уже посмотрело более четырёх миллиардов человек) свыше ста пятидесяти миллионов людей пришли ко Христу и, значит, пребудут в вечности с Богом.

Однажды я спросил у Билла: «Скажи, почему Бог так могущественно использовал и благословил твою жизнь?» «Ещё в молодости, — ответил он, — я подписал с Богом один договор. Я в буквальном смысле написал его на листе бумаги и поставил под ним свою подпись. Там было сказано: "С сегодняшнего дня я становлюсь рабом Иисуса Христа"».

А вы подписали такой договор? Или всё ещё препираетесь и боретесь с Богом, не желая признавать Его право распоряжаться вашей жизнью по Его усмотрению? Пришло время отдать, посвятить, подчинить себя — Божьей благодати, любви и мудрости.

День десятый

Размышляя о своём жизненном предназначении

Истина для обдумывания: Сердце поклонения в том, чтобы полностью отдать себя Богу.

Стих для заучивания наизусть: *«Отдайте себя... и всё своё существо Богу как орудие добра»* (Рим. 6:13 [РВ]).

Вопрос для размышления: Какой из аспектов своей жизни я упорно не желаю отдавать Богу?

Стать Богу близким другом

«Если, будучи врагами, мы примирились с Богом смертью Сына Его, то тем более, примирившись, спасёмся жизнью Его»

Рим. 5:10

Бог хочет стать для вас лучшим Другом.

Наши взаимоотношения с Богом многогранны. Бог — наш Творец и Создатель, Господин и Учитель, Судия, Отец, Спаситель и многое, многое другое (Пс. 94:6, Пс. 135:3, Ин. 13:13, Иуд. 1:4, 1 Ин. 3:1, Ис. 33:22, Ис. 47:4, Пс. 88:27). Но самая поразительная и невероятная истина заключается в том, что Всемогущий Бог желает стать нашим Другом!

В Эдемском саду мы видим идеальные взаимоотношения человека с Богом: Адам и Ева были Господу близкими друзьями. Не было никаких обрядов и церемоний, никакой религии, а были просто личные, полные любви отношения Бога и сотворённого Им человека. Не зная вины и страха, люди радовались Богу, а Он радовался им.

Мы созданы для того, чтобы постоянно жить в окружении Божьего присутствия, однако после грехопадения эти ничем не омрачённые взаимоотношения были утрачены. В ветхозаветные времена лишь некоторые люди удостаивались чести близкого общения и дружбы с Богом. Он назвал Своими друзьями Моисея и Авраама. Давида Он назвал «человеком по Своему сердцу». Иов,

Енох и Ной тоже общались с Богом в тесной дружеской близости (Исх. 33:11, 17, 2 Пар. 20:7, Ис. 41:8, Иак. 2:23, Деян. 13:22, Быт. 6:8, Быт. 5:22, Иов 29:4). Однако большая часть их современников относилась к Богу не по-дружески, а со страхом.

С приходом Иисуса всё переменилось. Он показал пример иных, обновлённых, близких отношений с Богом. И теперь, благодаря тому, что Иисус приобрёл для нас спасение и вселил нам в сердца Святого Духа, *все мы* можем стать друзьями Богу. Когда Иисус заплатил за наши грехи на кресте, храмовая завеса, отделявшая человека от Бога, разорвалась сверху донизу, показывая, что отныне люди снова могут приходить к Богу напрямую.

Ветхозаветным священникам нужно было не один час подготавливаться к встрече с Богом, а мы можем подойти к Нему в любое время. В Библии говорится: *«Хвалимся Богом чрез Господа нашего Иисуса Христа, посредством Которого мы получили ныне примирение»* (Рим. 5:11).

ДЕНЬ ОДИННАДЦАТЫЙ: СТАТЬ БОГУ ЛУЧШИМ ДРУГОМ

Дружба с Богом возможна лишь благодаря Божьей благодати и жертве Иисуса Христа. *«Это всё от Бога, Который через Христа примирил нас с Собой...»* (2 Кор. 5:18а). В одном старом гимне об Иисусе поётся так: «Что за Друга мы имеем!» Однако на самом деле Бог приглашает нас вступить в дружеские отношения со всей Божественной Троицей: Богом-Отцом (1 Ин. 1:3), Богом-Сыном (1 Кор. 1:9) и Богом-Святым Духом (2 Кор. 13:13).

Иисус сказал: *«Я уже не называю вас рабами, ибо раб не знает, что делает господин его; но Я назвал вас друзьями, потому что сказал вам всё, что слышал от Отца Моего»* (Ин. 15:15). В этом стихе слово «друзья» обозначает не случайные приятельские отношения, а близкое, доверительное общение.

Этим же самым словом назван друг жениха на свадьбе (Ин. 3:29) и внутренний круг приближённых советников и друзей царя. При дворе слуги должны держаться от самого царя на почтительном расстоянии, но внутренний круг доверенных лиц имеет возможность прямого доступа к своему повелителю, непосредственного с ним общения и обладает сведениями, скрытыми от других.

Мне трудно даже представить, что Бог захотел сделать меня Своим близким другом, членом Своего внутреннего круга, но в Библии сказано: *«Имя Его — "ревнитель"; Он — Бог ревнитель»* (Исх. 34:14). В одном из английских переводов Писания этот стих передан так: *«Бог относится к вашим с Ним взаимоотношениям с подлинной страстностью».*

Бог *жаждет*, чтобы мы узнали Его как можно глубже и ближе. Более того, Он таким образом образовал вселенную и выстроил все мельчайшие аспекты истории, включая подробности каждой отдельной человеческой жизни, чтобы мы могли стать Его близкими друзьями. В Писании сказано: *«От одной крови Он произвёл весь род человеческий для обитания по всему лицу земли, назначив предопределённые времена и пределы их обитанию, дабы они искали Бога, не ощутят ли Его и не найдут ли, хотя Он и недалеко от каждого из нас»* (Деян. 17:26-27).

Высочайшая честь для нас с вами — это познавать и любить Бога, а для Него величайшее в мире удовольствие — ощущать, что мы знаем и любим Его. Бог говорит: *«Хвалящийся хвались тем, что разумеет и знает Меня,.. ибо только это благоугодно Мне»* (Иер. 9:24).

Трудно представить, какие близкие взаимоотношения могут быть между всемогущим, незримым, безгрешным Богом и ограниченным, бренным, грешным человеческим существом. Гораздо легче понять отношения между Господином и слугой, между Творцом и тварью или даже между Отцом и Его ребёнком. Что же это такое — иметь в друзьях Самого Бога? Давайте посмотрим на жизни тех библейских героев, которые были друзьями Бога, и узнаем от них, в чём же состоит секрет дружеских взаимоотношений с Господом. О двух его моментах мы поговорим в этой главе, а об остальных четырёх — в следующей.

Как стать Богу близким другом

Постоянное общение. У вас никогда не будет с Богом близких отношений, если вы будете всего лишь раз в неделю посещать церковь или даже ежедневно проводить с Ним какое-то время. Дружба с Богом строится на том, что мы разделяем с Ним *все* события и переживания своей жизни.

Высочайшая честь для нас с вами — это познавать и любить Бога, а для Него величайшее в мире удовольствие — ощущать, что мы знаем и любим Его.

Конечно, очень важно и необходимо выработать привычку ежедневно проводить время с Богом[20], но Господь не хочет оставаться лишь одним из пунктов в вашем расписании. Он хочет, чтобы мы включали Его во *все* свои дела, в каждый разговор, в каждую проблему и даже в каждую мысль. Можно в течение всего дня вести с Богом постоянный, непрекращающийся разговор, беседуя с Ним обо всём, чем вы занимае-

---

[20] См. главу *«Как со смыслом проводить ежедневное время с Богом»* в книге Рика Уоррена «Методы личного изучения Библии», 1981. Заказать книгу (на английском языке, *«Personal Bible Study Methods»* by Rick Warren) можно по адресу: www.pastors.com.

тесь и о чём размышляете *в данную минуту*. «Непрестанно молиться» (1 Фес. 5:17) — значит разговаривать с Богом по мере того, как вы ходите по магазинам, ведёте машину, работаете или выполняете другие повседневные дела.

Люди ошибочно полагают, что для общения с Богом непременно нужно остаться с Ним *наедине*. Конечно, Иисус на Своём примере показал нам необходимость такого вот уединения с Богом, но ведь это занимает лишь малую часть дня. *Буквально всё*, что мы делаем, может стать «временем, проведённым вместе с Богом», если мы приглашаем Его стать участником этих дел и остаёмся чуткими к Его присутствию.

Классическим трудом о том, как научиться постоянно беседовать с Богом, является книга *«Опыт Божественного присутствия»*, написанная в XVII веке братом Лоуренсом (Лаврентием), который был обыкновенным кухонным работником в одном французском монастыре, но сумел превратить даже самые обыденные и незамысловатые дела вроде мытья посуды и чистки картошки в поклонение Богу и общение с Ним. Он говорил, что ключ к дружбе с Богом состоит не в том, чтобы изменить род своей деятельности, а изменить *своё отношение* к тому, чем занимаешься. Человек начинает делать для Бога то, что раньше он делал только для себя, — неважно, ест он или пьёт, купается или работает, отдыхает или выносит мусор.

Сегодня нам часто кажется, что для поклонения Богу нам надо «отойти» от привычных рутинных дел, но это лишь потому, что мы не приобрели опыт постоянного Божьего присутствия. Брату Лоуренсу было нетрудно поклоняться Богу посреди самых заурядных дел. Для этого ему не нужно было удаляться от мира и искать особого духовного уединения.

Именно это и хочет видеть Бог. В Эдемском саду поклонение было не каким-то отдельным мероприятием, которое надо было посещать, а непрестанным состоянием сердца. Адам и Ева непрерывно общались с Богом. Поскольку Бог всё время находится рядом с нами, невозможно найти такое место, где вы были бы ближе к Нему, чем сейчас. В Библии сказано: «*Один Бог и Отец всех, Он над всем, через всё и во всём*» (Еф. 4:6 [РВ]).

Ещё одна весьма полезная мысль брата Лоуренса заключается в том, что лучше *постоянно,* в течение всего дня, молиться краткими, простыми, разговорными молитвами, нежели пытаться посвящать многие часы длинным и сложным молениям. Чтобы удерживать внимание и противостоять рассеянности, он сказал: «Я не советую вам использовать многословие в молитве, многословие и длинные беседы являются часто признаками блуждания»[21].

Буквально всё, что мы делаем, может стать «временем, проведённым вместе с Богом», если мы приглашаем Его стать частью этих дел и остаёмся чуткими к Его присутствию.

В наш век повального распространения синдрома нарушения внимания совет о том, как избежать рассеянности, становится особенно существенным, даже если ему больше 450 лет.

Библия заповедает нам «*непрестанно молиться*» (1 Фес. 5:17). Как это можно сделать на практике? Многие христиане на протяжении всего дня практикуют так называемые «молитвы одного дыхания». Человек выбирает короткое предложение или простую фразу, обращённую к Иисусу, кото-

---

[21] Цитата из вышеуказанной книги брата Лоуренса, русский перевод которой под названием *«Практика Божьего присутствия»,* Письмо восьмое вы можете заказать в интернет-магазине Украинского Общества Благодати по адресу: http://christ4you.org/shop/. Электронную версию русского текста книги можно найти по адресу: http://www.ccel.org/l/lawrence/practice-ru/practice.htm.

рую можно повторить на одном дыхании, например: «Ты со мной», «Я принимаю Твою благодать», «Я полагаюсь на Тебя», «Я хочу познать Тебя», «Я — Твой», «Помоги мне довериться Тебе». Можно также использовать коротенькие отрывки Писания: «Для меня жизнь — Христос», «Ты никогда не оставишь меня», «Ты — Бог мой». Молитесь ими как можно чаще, чтобы они глубоко-глубоко укоренились в вашем сердце. Только следите, чтобы всё это вы делали ради почитания Христа, а не для того, чтобы Им манипулировать.

Опыт Божьего присутствия — это навык, привычка, которую можно выработать. Как музыканты каждый день играют гаммы, чтобы с лёгкостью воспроизводить самую сложную и прекрасную музыку, вы должны понуждать себя думать о Боге в разное время на протяжении дня. Вы должны научить свой разум помнить Бога.

Первое время вам понадобится придумать себе кое-какие напоминания, чтобы регулярно возвращать свои мысли к осознанию сиюминутного Божьего присутствия. Для начала поместите вокруг себя зрительные напоминания. Например, прикрепите на стену листочек бумаги со словами: *«В эту самую минуту Бог — со мной и за меня!»* Монахи-бенедиктинцы пользуются боем часов, чтобы останавливаться и молиться «ежечасной молитвой». Если у вас на наручных часах или на мобильном телефоне есть будильник, вы тоже можете последовать их примеру. Если мусульмане могут пять раз в день преклонять колени и молиться, то и мы тоже вполне на это способны.

Если посредством всех этих духовных упражнений вы хотите добиться некоего *переживания* Божьего присутствия, то вы ищете совсем не того, что надо. Нельзя контролировать Бога или пытаться манипулировать Им ради собственного удовольствия. Мы славим Бога не ради приятных ощущений, а ради совершения истинного блага, и стремимся не к *чувству*, а к постоянному осознанию *подлинной реальности* того, что Бог всегда рядом.

Постоянные размышления: Второй способ установить и развить дружеские отношения с Богом — это думать о Его Слове на протяжении всего дня. Библия называет это «размышлением» и снова и снова заповедует нам размышлять о том, каков наш Бог, что Он сделал и что сказал (Пс. 22:4, Пс. 142:5, 144:5, Нав. 1:8, Пс. 1:2).

Невозможно быть другом Богу, если не знаешь *того, что Он говорит*. Нельзя любить Бога, если не знаешь Его, а знать Его можно только в том случае, если знаешь Его Слово. В Библии написано, что Бог *«открыл Себя Самуилу... чрез слово Господне»* (1 Цар. 3:21). И сейчас Бог открывает нам Себя точно таким же способом.

Хотя мы не в силах проводить весь день за изучением Библии, мы можем целый день *размышлять* о том, что в ней сказано, вспоминая прочитанные или выученные наизусть стихи и как следует их обдумывая.

Некоторым кажется, что размышление (или *медитация*, как его иногда называют) — это некий сложный, таинственный обряд, который практикуют лишь отдельные монахи и мистики. Однако на самом деле это всего лишь умение сосредоточенно думать, и ему вполне может научиться каждый.

Когда мы снова и снова прокручиваем ту или иную проблему у себя в голове, это называется беспокойством. А когда мы снова и снова возвращаемся мыслями к Божьему Слову, это называется размышлением. Если вы умеете беспокоиться, значит, умеете и размышлять! Надо просто переключить внимание с проблем на библейские стихи. Чем больше мы будем раздумывать над Божьим Словом, тем меньше у нас будет поводов для беспокойства.

Бог считал Иова и Давида Своими близкими друзьями потому, что они превыше всего иного ценили и почитали Его Слово и постоянно размышляли о нём в течение всего дня. Это доставляет Богу огромное удовольствие (Пс. 103:34). *«От заповеди уст Его [я] не отступал; глаголы уст Его хранил больше, нежели мои правила»* (Иов 23:12) — говорил Иов, а Давид восклицал: *«Как люблю я закон Твой! весь день размышляю о нём»* (Пс. 118:97).

Друзья делятся друг с другом тайнами, и Бог тоже будет раскрывать вам Свои секреты, если вы разовьёте в себе привычку на протяжении дня размышлять о Его Слове. Бог открывал Свои тайны Аврааму, Давиду, Павлу, двенадцати ученикам и другим людям, которых считал друзьями (Быт. 18:17, Дан. 2:19, 1 Кор. 2:7-10).

Когда вы читаете Библию, слушаете проповедь в церкви или на кассете, не надо выбрасывать из головы услышанное и прочитанное сразу после того, как вы закрыли книгу, выключили магнитофон или вышли из церкви. Приучите себя к тому, чтобы возвращаться к усвоенной истине, снова и снова о ней размышлять. Чем больше времени вы будете раздумывать над тем, что сказал Господь, тем лучше начнёте понимать те жизненные «секреты», которые большинство людей, к сожалению, упускает. *«Тайна Господня — боящимся Его, —* говорится в Библии, — *и завет Свой Он открывает им»* (Пс. 24:14).

В следующей главе мы рассмотрим ещё четыре принципа, позволяющих нам развивать дружеские взаимоотношения с Богом, но вам не нужно ждать до завтра. Начните уже сегодня и попробуйте постоянно беседовать с Богом на протяжении дня и непрерывно размышлять о Его Слове. Молитва позволяет нам разговаривать с Богом, а размышление даёт Ему возможность поговорить с нами. И то, и другое совершенно необходимо для того, чтобы стать Богу близким другом.

День одиннадцатый

Размышляя о своём жизненном предназначении

Истина для обдумывания: Бог хочет стать моим лучшим Другом.

Стих для заучивания наизусть: *«Тайна Господня — боящимся Его»* (Пс. 24:14а).

Вопрос для размышления: Каким образом я могу напоминать себе о том, чтобы чаще думать о Боге и беседовать с Ним на протяжении всего дня?

Развивая дружеские отношения с Богом

«...С праведными у Него общение»

Прит. 3:32б

«Приблизьтесь к Богу, и приблизится к вам»

Иак. 4:8

Степень вашей близости к Богу зависит *от вашего желания и решения.*

Тесная дружба с Богом, как и любая другая дружба, требует усилий и труда. Она не возникает случайно. Для неё необходимо желание, силы и время. Если вы действительно стремитесь к более глубоким и близким отношениям с Богом, вам нужно научиться честно рассказывать Ему о своих чувствах, доверяться Ему, когда Он о чём-нибудь вас просит, разделять Его заботы и интересы, а также желать Его дружбы больше всего на свете.

Мне нужно твёрдо решить оставаться перед Богом предельно честным. Первый кирпичик для построения по-настоящему глубокой дружбы с Богом — это полная честность относительно всего, что касается наших ощущений и наших грехов. Бог не требует от нас безукоризненного совершенства, но упорно настаивает на полной правдивости. Ни один из Божьих друзей, описанных в Библии, не был безгрешным человеком.

Если бы условием для дружбы с Богом было совершенство, ни один из нас не мог бы к Нему приблизиться. К счастью, Иисус и сейчас остаётся *«другом грешников»* (Мф. 11:19).

В Библии друзья Бога честно говорили о своих чувствах, нередко жаловались, задним числом меняли своё мнение, пытались предугадать Божью реакцию, даже обвиняли своего Творца и спорили с Ним. Однако Бога, по всей видимости, не слишком беспокоила такая вот откровенность. Более того, Он всячески её поощрял.

Бог позволил Аврааму расспрашивать Его и спорить с Ним насчёт разрушения Содома. Авраам так и этак выспрашивал у Бога, что нужно сделать для спасения города, и даже торговался с Ним до тех пор, пока не свёл требуемое число праведников с пятидесяти до десяти.

Так же терпеливо Бог выслушивал Давида, когда тот раз за разом обвинял Его в несправедливости и предательстве, сетуя на то, что Бог покинул его. Он не поразил Иеремию за его слова о том, что Бог перехитрил его. Иову было позволено свободно изливать горькие жалобы во время своих страданий, и в конце концов Бог оправдал Иова благодаря его честности, а друзей его обличил за то, что они не были столь же правдивы. Он сказал: *«Принесите за себя жертву; и раб Мой Иов помолится за вас, ибо только лицо его Я приму, дабы не отвергнуть вас за то, что вы говорили о Мне не так верно, как раб Мой Иов»* (Иов 42:8б).

В одном поразительном примере откровенного и близкого общения (Исх. 33:1-17) Бог честно выразил Своё отвращение непослушанием израильтян. Он сказал Моисею, что сдержит Своё обещание дать им Обетованную Землю, *но Сам больше не сделает вместе с ними ни единого шага!* Богу всё это надоело, и Он прямо сказал Моисею о Своих чувствах.

Моисей, обращаясь к Богу, «как бы говорил кто с другом своим» (Исх. 33:11), отвечает Ему с такой же откровенностью: *«Вот, Ты говоришь мне: веди народ сей, а не открыл мне, кого пошлёшь со мною, хотя Ты сказал: "Я знаю тебя по имени, и ты приобрёл благоволение в очах Моих"; итак, если я приобрёл благоволение в очах Твоих, то молю: открой мне путь Твой, дабы я познал Тебя, чтобы приобрести благоволение в очах Твоих; и помысли, что сии люди Твой народ... Если не пойдешь*

Бог не требует от нас безукоризненного совершенства, но упорно настаивает на полной правдивости.

Ты Сам с нами, то и не выводи нас отсюда, ибо по чему узнать, что я и народ Твой обрели благоволение в очах Твоих? Не по тому ли, когда Ты пойдешь с нами? Тогда я и народ Твой будем славнее всякого народа на земле. И сказал Господь Моисею: и то, о чём ты говорил, Я сделаю, потому что ты приобрёл благоволение в очах Моих, и Я знаю тебя по имени» (Исх. 33:12-17).

Способен ли Бог вынести такую же неприкрытую, страстную честность из ваших уст? Конечно! Истинная дружба строится на откровенности. То, что кажется нам дерзостью или даже наглостью, Бог расценивает как *подлинность, правдивость*. Бог слушает пылкие речи Своих друзей, а от привычных набожных формул Ему становится скучно. Чтобы стать Ему другом, вы должны говорить с Ним честно, раскрывать Ему свои реальные чувства, а не то, что, как вам кажется, вы должны ощущать или произносить.

Возможно, вам придётся признаться в тайном гневе или обиде на Бога за какие-то аспекты своей жизни, из-за которых вы чувствуете себя обделёнными и обманутыми. Пока мы не станем воистину зрелыми и не осознаем, что *всё* в нашей жизни Бог использует во благо, мы будем продолжать втайне злиться на Него из-за своей внешности или того, где и как мы родились, из-за молитв, которые остались без ответа, из-за прошлых обид или каких-то иных вещей, которые мы непременно изменили бы, будь мы на Его месте. Люди нередко обвиняют Бога за обиды, нанесённые им другими людьми. В результате всего этого появляется то, что Уильям Бакус[22] называет «скрытым разрывом с Богом».

—— ❧ ——

Обида — самая серьёзная помеха в наших отношениях с Богом.

—— ❧ ——

Обида — самая серьёзная помеха в наших отношениях с Богом. Как я могу с Ним дружить, если Он допустил в моей жизни *такое?* Конечно же, противоядием для подобных настроений будет осознание того, что Бог *всегда* действует в наших самых лучших интересах, даже если при этом мы испытываем дикую боль и никак не можем понять, что происходит. Но если вы изольёте Богу свою обиду и откроете Ему свои чувства, это станет первым шагом к исцелению. Прямо скажите Богу, что вы думаете и чувствуете (Иов [Иов 7:17-21], Асаф [Пс. 72:13], Иеремия [Иер. 20:7], Ноеминь [Руфь 1:20]).

Чтобы научить нас откровенной правдивости, Бог дал нам Псалтирь — этакое пособие по поклонению, в котором нет счёта громким воплям, жалобам, сомнениям, страхам, обидам и другим глубоким страстям вперемешку с благодарением, хвалой и исповеданиями веры. В псалмах можно отыскать, пожа-

---

[22] Уильям Бакус — современный американский психолог-христианин, приверженец когнитивной психологии.

луй, все известные человечеству эмоции. Читая горячие признания Давида и других псалмопевцев, помните, что именно такого поклонения Бог ждёт *и от вас*. Он хочет, чтобы вы не утаивали от Него ни своих мыслей, ни своих чувств. Вы можете молиться, как молился Давид: *«Излил пред Ним моление моё; печаль мою открыл Ему, когда изнемогал во мне дух мой»* (Пс. 141:2-3а).

Мне весьма утешительно думать, что всем ближайшим друзьям Бога — Моисею, Давиду, Аврааму, Иову и другим — приходилось сражаться с сомнениями. Однако вместо того, чтобы прикрывать свои сомнения набожными фразами, они искренне и при всех высказывали их вслух. Выражение своих сомнений часто становится следующим шагом к растущей близости с Богом.

Мне нужно твёрдо решить, что я буду в вере повиноваться Богу. Всякий раз, когда вы доверяетесь Божьей мудрости и исполняете то, что Он говорит, даже не вполне понимая, зачем это нужно, вы тем самым укрепляете и углубляете свои отношения с Богом. Обычно мы не рассматриваем послушание как признак дружбы, потому что для нас оно является частью взаимоотношений не с друзьями, а с родителями, начальством или старшими коллегами по работе. Однако Иисус недвусмысленно дал нам понять, что послушание является непременным условием дружеской близости с Богом. Он сказал: *«Вы друзья Мои, если исполняете то, что Я заповедую вам»* (Ин. 15:14).

В предыдущей главе я уже говорил, что тем словом «друзья», которое употребил Иисус по отношению к Своим ученикам, можно обозначить внутренний круг царских придворных. Хотя эти приближённые обладают особыми привилегиями, они всё равно остаются подданными царя и должны повиноваться его приказам. Мы друзья Богу, но не являемся Ему равными. Он с любовью ведёт нас за Собой, и мы следуем за Ним.

Мы повинуемся Богу не из чувства долга, не из страха или принуждения, а потому что *любим* Его и верим, что Он лучше знает, как дать нам наивысшее благо. Мы *хотим* следовать за Христом из благодарности за всё, что Он для нас сделал. И чем неотступнее мы следуем за Ним, тем теснее становится наша с Ним дружба.

ДЕНЬ
ДВЕНАДЦАТЫЙ:
РАЗВИВАЯ
ДРУЖЕСКИЕ
ОТНОШЕНИЯ
С БОГОМ

Неверующие часто полагают, что христиане повинуются Богу по велению долга, из чувства вины или из страха перед наказанием, однако дело обстоит совершенно иначе. Поскольку Бог простил нас и освободил от наказания, мы исполняем Его волю по любви, и наше послушание приносит Ему великую радость! Иисус сказал: «*Как возлюбил Меня Отец, и Я возлюбил вас; пребудьте в любви Моей. Если заповеди Мои соблюдёте, пребудете в любви Моей, как и Я соблюл заповеди Отца Моего и пребываю в Его любви. Сие сказал Я вам, да радость Моя в вас пребудет и радость ваша будет совершенна*» (Ин. 15:9-11).

Обратите внимание: Иисус ожидает от нас только того, что Сам исполнил по отношению к Отцу. Его взаимоотношения с Богом-Отцом наглядно показывают, какой должна быть наша с Ним дружба. Иисус исполнял всё, что заповедал Ему Отец, повинуясь Ему из любви.

Истинная дружба не бывает пассивной. Она действует. Когда Иисус просит нас любить ближнего, помогать неимущим, делиться своим добром, хранить свою жизнь в чистоте, прощать обидчиков и приводить к Нему новых людей, любовь побуждает нас немедленно Ему повиноваться.

Нас часто призывают творить для Бога «*великие дела*». Но в реальности Богу гораздо приятнее видеть, как из побуждений любви и послушания мы совершаем ради Него малые дела благочестия. Возможно, их не замечают окружающие, но они известны Богу, и Он принимает их как наше поклонение Ему.

Грандиозные возможности могут открыться перед нами лишь раз в жизни, но удобные случаи сделать что-то небольшое предоставляются нам каждый день. Даже такие простые вещи, как правдивые слова, оказанная милость или попытка подбодрить другого человека, вызывают у Бога радостную улыбку. Простые дела послушания значат для Бога больше, чем наши молитвы, хвала или пожертвования. В Библии сказано: *«Неужели всесожжения и жертвы столько же приятны Господу, как послушание гласу Господа? Послушание лучше жертвы и повиновение лучше тука овнов»* (1 Цар. 15:22).

Иисус начал Своё служение в возрасте 30 лет, придя к Иоанну для крещения. В тот момент Бог проговорил с Небес: *«Это Мой любимый Сын, в Нём Моя отрада»* (Мф. 3:17 [РВ]). Чем же Иисус занимался все эти тридцать лет, что Бог был так Им доволен? В Библии ничего не сказано об этих неизвестных годах кроме единственной фразы в Евангелии от Луки: *«Иисус пошёл с ними, Он вернулся в Назарет и во всём их слушался»* (Лк. 2:51 [РВ]). Тридцать лет жизни, угодной Богу, подытожены простыми словами: *«во всём их слушался»*!

Мне нужно твёрдо решить, что я буду разделять Божьи ценности. Ведь именно так ведут себя друзья: одному важно то, что важно другому. Чем крепче становится наша дружба с Богом, тем больше мы интересуемся тем, что небезразлично Ему, огорчаемся тому, что печалит Его, и радуемся тому, что доставляет Ему удовольствие.

Лучшим примером тому является апостол Павел. Божьи планы стали Его планами, и он сполна разделял Божьи устремления и желания. *«Я ревную вас Божьей ревностью»* (2 Кор. 11:2 [РВ]), — писал он коринфским христианам. Давид чувствовал и говорил то же самое: «*Ревность по доме Твоём снедает меня, и злословия злословящих Тебя падают на меня*» (Пс. 68:10).

О чём Бог печётся больше всего? Он хочет, чтобы все Его заблудшие дети были найдены и вернулись, наконец, домой! Именно ради этого пришёл на землю Иисус. Нет ничего дороже сердцу Бога, чем смерть Его Сына. Кроме этого, Ему важнее всего, пожалуй, то, чтобы Его дети делились этой благой вестью с другими людьми. Чтобы быть Богу другом, вы должны любить заблудший мир так, как любит его Бог. Друзья Бога рассказывают о Нём своим друзьям.

Я должен стремиться к Божьей дружбе больше всего на свете. Наилучший пример такого горячего стремления мы увидим в псалмах. Давид страстно выражал своё всепоглощающее желание познать Бога. Он называл это желание *голодом, жаждой, томлением, тоской*. Он неудержимо и пылко искал Бога. Он писал: «*Одного просил я у Господа, того только ищу, чтобы пребывать мне в доме Господнем во все дни жизни моей, созерцать красоту Господню и посещать святой храм*

Чем крепче становится наша дружба с Богом, тем больше мы интересуемся тем, что небезразлично Ему.

Его» (Пс. 26:4). Ещё в одном псалме он сказал: «*Милость Твоя лучше, нежели жизнь*» (Пс. 62:4).

Стремление Иакова получить Божье благоволение на свою жизнь было настолько неудержимым, что он всю ночь боролся в грязи и пыли с Богом, говоря: «*Не отпущу Тебя, пока не благословишь меня*» (Быт. 32:26б). Самое удивительное в этой истории то, что всемогущий Бог позволил Иакову победить, превозмочь! Бог не обижается, когда мы «боремся» с Ним, потому что борьба подразумевает непосредственный контакт, тесную близость! Кроме того, борьба никогда не бывает равнодушной, холодной, а Богу очень нравится, когда мы приходим к Нему со всем пылом своей души.

Ещё одним человеком, горячо жаждавшим дружбы с Богом, был Павел. Для него в мире не было ничего важнее. Отношения с Богом были его первым приоритетом, на них он устремлял все свои силы, ибо они являлись высшей и конечной целью его жизни. Именно поэтому Бог творил его руками такие могущественные дела. Расширенный перевод Библии прекрасно отражает всю силу его страсти: *«Моя твёрдая цель состоит в том, чтобы познать Его, постоянно узнавать Его всё больше, глубже и теснее, всё чётче и сильнее улавливая, узнавая и понимая чудеса Его личности и характера»* (Фил. 3:10).

Дело в том, что степень вашей близости с Богом зависит *от вашего желания и решения*. Близкая дружба с Богом не возникает сама собой, она требует сознательного выбора. Мы должны намеренно и осознанно к ней стремиться. Можно ли сказать, что вы действительно желаете её больше всего на свете? Чем вы готовы для неё пожертвовать? Готовы ли отказаться ради неё от каких-то других вещей? Готовы ли приложить все усилия, чтобы развить в себе необходимые для этого привычки и умения?

Возможно, раньше вы действительно страстно искали Бога, но сейчас утратили это желание. То же самое произошло с ефесскими христианами: они потеряли свою первую любовь. Они исполняли всё, что от них требовалось, но не из любви, а из чувства долга. Если последнее время вы тоже выполняете привычные духовные действия почти механически, «потому что так надо», не удивляйтесь, если Бог допустит в вашу жизнь боль и страдания.

Страдания порождают в нас страстные желания. Они возгревают в нас небывалую силу и жгучее стремление изменяться, которых в обычное время у нас просто нет. С их помощью Бог пробуждает нас от духовной летаргии. Кл. Льюис называл страдания «Божьим мегафоном». Проблемы в вашей жизни — это вовсе не наказание, это любящий Бог призывает вас пробудиться. Он не сердится на вас, Он просто *безумно вас любит* и поэтому сделает всё необходимое для того, чтобы вы снова начали с Ним общаться. Правда, есть и менее болезненный способ возродить в душе страстное искание Бога. Начните просить Бога о том, чтобы Он вернул вам первую любовь, и продолжайте просить, пока этого не произойдёт. На протяжении дня повторяйте про себя вот такую молитву: «Дорогой Иисус, больше всего на свете мне хочется близко узнать Тебя». Обращаясь к израильтянам, уведённым в вавилонское пленение, Бог сказал: «*И взыщете Меня и найдёте, если взыщете Меня всем сердцем вашим*» (Иер. 29:13).

Самые важные отношения в вашей жизни

Нет ничего — абсолютно ничего! — более важного, чем дружеские отношения с Богом. Они будут длиться вечно. Павел писал Тимофею: «*Некоторые из них упустили самое важное в жизни — они не знают Бога*» (1 Тим. 6:21а [«Living Bible»]). Подумайте, не упускаете ли и вы самое важное, что только может быть в человеческой жизни? В любом случае, сейчас у вас есть возможность это исправить. Помните: выбор за вами. То, насколько близки вы будете с Богом, зависит от вас.

День двенадцатый
Размышляя о своём жизненном предназначении

Истина для обдумывания: Степень моей близости к Богу зависит от меня.

Стих для заучивания наизусть: *«Приблизьтесь к Богу, и приблизится к вам»* (Иак. 4:8а).

Вопрос для размышления: Какие практические шаги я могу сделать уже сегодня, чтобы приблизиться к Богу?

Поклонение, угодное Богу

«Возлюби Господа Бога твоего всем сердцем твоим, и всею душою твоею, и всем разумением твоим, и всею крепостию твоею»

Мк. 12:30

Бог хочет, чтобы вы принадлежали Ему целиком, без остатка.

Бог не довольствуется лишь частью нашей жизни. Он просит нас отдать Ему *всё* сердце, *всю* душу, *всё* разумение и *всю* крепость. Ему не нужны равнодушные последователи, повинующиеся лишь отчасти и отдающие ему жалкие остатки своего времени и денег. Ему мало отдельных аспектов нашей жизни. Он жаждет, чтобы всё наше существо было посвящено и предано Ему.

Как-то раз одна самарянка попыталась поспорить с Иисусом о том, в каком месте, в какое время и в каком стиле лучше поклоняться Богу. Иисус ответил ей, что все эти внешние факторы не играют никакой роли. Где мы поклоняемся далеко не так важно, как то, *почему* мы это делаем и *насколько* отдаём себя Богу во время поклонения. Однако поклоняться тоже можно правильно или неправильно. В Библии сказано: *«Мы... должны быть благодарны Богу и в благодарности поклоняться Ему так, как Ему приятно»* (Евр. 12:28 [РВ]). Поклонение, угодное Богу, отличается четырьмя особенностями:

Богу приятно, когда наше поклонение точно следует истине. Люди часто говорят: «Мне нравится представлять себе Бога в виде...» и потом описывают, какому именно Богу им хотелось бы поклоняться. Но ведь нельзя взять и придумать себе свой собственный, удобный и политически корректный образ Бога, чтобы потом ему поклоняться! Это уже идолопоклонство.

Поклонение должно быть основано на библейской истине, а не на наших личных мнениях о Боге. Иисус сказал самарянке, что «*истинные поклонники будут поклоняться Отцу в духе и истине, ибо таких поклонников Отец ищет Себе*» (Ин. 4:23).

«Поклоняться в истине» — значит поклоняться Богу, как Он открыт для нас в Библии.

Богу приятно, когда мы поклоняемся Ему искренне. Говоря о «*поклонении в духе*», Иисус имел в виду не Святого Духа, а *наш,* человеческий дух. Будучи сотворённым по образу и подобию Божьему, вы являетесь духом, живущим в теле, и дух ваш создан так, чтобы общаться с Богом. Поклонение — это отклик нашего духа на голос Духа Божьего.

Заповедуя нам «*любить Бога всем сердцем и всей душой*», Иисус хотел сказать, что поклонение должно быть искренним, идущим от самого сердца. Дело не в том, чтобы произносить правильные слова;

Поклонение, приятное Богу, исполнено глубокого чувства и крепко укоренено в библейском учении. В нём участвуют и разум, и чувства.

главное, произносить их со смыслом, нелицемерно. Неискренняя похвала — это уже не похвала! Она пуста, бесполезна и наносит Богу настоящее оскорбление.

Когда мы поклоняемся, Бог смотрит не на произносимые нами слова, а на состояние наших сердец. В Библии сказано:

«Человек смотрит на лице, а Господь смотрит на сердце» (1 Цар. 16:7б).

Поскольку поклонение — это выражение радости и удовольствия, в нём участвуют наши чувства и эмоции. Бог наделил нас эмоциями, чтобы мы могли поклоняться Ему от глубины своей души, однако эти душевные порывы должны быть подлинными, а не притворными. Бог ненавидит лицемерие. В поклонении Ему совсем не нужны показуха, наигранность или притворство. Он жаждет вашей честной, настоящей любви. Наше поклонение может быть далёким от совершенства, но *неискренним* оно быть не должно.

Конечно, одной искренности тоже недостаточно: человек может быть очень искренним, но при этом глубоко заблуждаться. Именно поэтому Бог хочет поклонения и в духе, и в истине. Оно должно быть одновременно и верным, и настоящим. Приятное Богу поклонение исполнено глубокого чувства и крепко укоренено в библейском учении. В нём участвуют и разум, и чувства.

К сожалению, сегодня многие люди принимают душевную и эмоциональную реакцию на приятную музыку за отклик своего сердца на голос Святого Духа. Однако это вовсе не одно и то же. Подлинное поклонение начинается, когда ваш дух откликается на образ и голос Бога, а не на какую-то мелодию. Более того, некоторые сентиментальные песни о наших чувствах и ощущениях даже *мешают* поклоняться, потому что направляют наше внимание не на Бога, а на собственное состояние. Больше всего от поклонения нас отвлекает именно собственное «я» — наши заботы и беспокойство о том, кто и что о нас подумает.

Среди христиан часто возникают разногласия насчёт того, как именно подобает возносить Богу хвалу. Однако подобные споры чаще всего выражают личные вкусы и предпочтения. В

Библии упомянуто множество самых разных способов славить Бога: исповедь, пение, возгласы, почтительное вставание, коленопреклонение, танец, радостный шум, свидетельство, игра на музыкальных инструментах и вознесение рук к небу (Евр. 13:15, Пс. 7:18, Езд. 3:11, Пс. 149:3, Пс. 150:3, Неем. 8:6). Наилучшим стилем восхваления будет тот, с помощью которого вы можете наиболее полно и искренне выразить свою любовь к Богу, исходя из особенностей вашей личности и духовного опыта.

Мой друг Гэри Томас заметил, что вместо того, чтобы радоваться живым и реальным отношениям с Богом, многие христиане относятся к поклонению как к необходимой, но тоскливой *рутине*, не приносящей им никакого удовлетворения. Он выяснил, что отчасти это происходит потому, что многие из нас насильно заставляют себя пользоваться теми формами молитвы и стилями поклонения, которые никак не соответствуют уникальным особенностям их личности.

«*Если Бог намеренно сотворил нас всех разными, то почему мы полагаем, что должны любить Бога одинаково?*» — спросил себя Гэри. По мере чтения классических христианских трудов и бесед с самыми разными верующими он обнаружил, что за

Наилучшим стилем восхваления будет тот, с помощью которого вы можете наиболее полно и искренне выразить свою любовь к Богу.

две тысячи лет христиане нашли великое множество разных путей к тому, чтобы почувствовать близость к Богу и возрадоваться ей. Кто-то лучше всего ощущает Его близость на природе, кто-то изучает богословские труды, кто-то читает. Другие люди поют, танцуют, пишут картины или стихи, занимаются скульптурой, служат ближним. Некоторые ищут уединения, другие — общения. Можно перечислить ещё не один десяток подобных занятий.

В своей книге «*Священные тропы*» Гэри выделяет девять основных способов, с помощью которых люди приближаются к Богу. *Натуралисты* черпают больше всего вдохновения для общения с Богом в естественном, природном окружении. *Сенсоры* любят Бога своими пятью чувствами и очень ценят хорошо и красиво выстроенные богослужения, в которых участвует не только слух, но и зрение, обоняние, осязание и вкус. *Традиционалистам* легче всего приблизиться к Богу с помощью сакральных обрядов, литургии, символов и постоянной, неизменной структуры служения. *Аскеты* предпочитают приходить к Богу в простоте и уединении. *Активисты* выражают свою любовь к Богу тем, что противостоят злу, сражаются с несправедливостью или трудятся ради того, чтобы сделать мир лучше. *Служители* любят Бога, неся любовь другим людям и восполняя их потребности. *Энтузиасты* выражают свои чувства к Богу посредством ликующего восхваления и празднества. *Созерцатели* преклоняются перед Богом в восхищении и обожании, а *интеллектуалы* любят Бога, прилагая свой разум к изучению того или иного предмета[23].

Одного «безразмерного» подхода к поклонению и взаимоотношениям с Богом просто не существует. Ясно одно: мы никогда не сможем воздать Богу славу, если будем пытаться быть такими, какими Он нас не создавал. Бог хочет, чтобы мы оставались самими собой. «*Отец ищет Себе таких поклонников, которые в честности и простоте оставались бы самими собой, представая пред Ним в поклонении*» (Ин. 4:23 [«The Message»]).

Богу приятно вдумчивое поклонение. В Новом Завете Иисус четыре раза повторил заповедь о том, чтобы мы «*возлю-*

---

[23] Gary Thomas, «*Sacred Pathways*», Zondervan, Grand Rapids, 2000.

били Господа Бога всем разумением своим». Богу неугодно бессознательное поклонение: механически исполняемые песни, невнимательные или бездумно заученные молитвы, поминутные и легковесные возгласы «Слава Богу!», которые мы изрекаем только потому, что не можем сказать ничего другого. Если в поклонении не участвует ваш разум, оно становится бессмысленным.

Иисус назвал бездумное поклонение языческим «многословием» (Мф. 6:7). Из-за чрезмерного употребления даже библейские термины могут превратиться в избитые клише; мы просто перестаём размышлять об их значении. Во время поклонения гораздо легче повторять знакомые и привычные фразы вместо того, чтобы прилагать свежие усилия и прославлять Бога как-то иначе, по-новому. Именно поэтому я призываю вас читать Писание в разных переводах и переложениях. Это существенно расширит диапазон вашего поклонения.

Попробуйте воздавать Богу хвалу, не используя привычных слов и фраз типа *«аллилуйя», «слава Богу», «благодарим Тебя, Господь»* или *«аминь».* Вместо того, чтобы сказать: «Слава Тебе, Господь!», составьте список синонимов слова «славить» и попробуйте выразить своё отношение к Богу с помощью новых глаголов, например: *«восхищаться», «уважать», «ценить», «высоко ставить», «почитать», «любоваться», «обожать»* и т.п.

Кроме того, *говорите как можно конкретнее.* Если кто-то подойдёт к вам и десять раз повторит: «Хочу тебя похвалить!», вы наверное подумаете: «За что?» Любому из нас приятнее услышать два комплимента за что-то конкретное, нежели двадцать самых общих восторженных фраз. Богу, кстати, тоже.

Вот ещё одна идея: запишите на листе бумаги разные имена Бога и поразмышляйте о них. Имена Бога появляются в Писании не случайно. Все они отражают разные грани Его характера. В Ветхом Завете Бог постепенно и последовательно открывал Себя израильтянам, называя всё новые и новые Свои имена. И потом, Он Сам заповедует нам прославлять Его имя[24].

ДЕНЬ ТРИНАДЦАТЫЙ: ПОКЛОНЕНИЕ, УГОДНОЕ БОГУ

Бог хочет, чтобы наши совместные богослужения тоже были вдумчивыми. Павел посвящает этому целую 14 главу в 1 Послании к коринфянам, завершая её так: «*Всё должно быть благопристойно и чинно*» (1 Кор. 14:40).

В связи с этим Бог настаивает на том, чтобы наши богослужения были понятны неверующим, когда они приходят к нам в церковь. Апостол Павел написал: «*Если ты благодаришь Бога духом, разве непосвящённый человек скажет «воистину так!» в ответ на твою благодарность? Он не знает, о чём ты говоришь! И как бы прекрасно ты ни благодарил, другому от этого никакой пользы*» (1 Кор. 14:16-17 [РВ]). Тактичность и уважение по отношению к неверующим, приходящим на наши богослужения, — это библейская заповедь, а не модная церковная тенденция. Отмахнуться от неё — значит проявить нелюбовь и непослушание. Более полные пояснения этой мысли можно найти в главе «Поклонение тоже может быть свидетельством» книги «*Целеустремлённая церковь*»[25].

---

[24] Вы можете заказать аудиозапись цикла проповедей из 11 частей, посвящённых именам Бога (на английском языке, «*How God Meets Your Deepest Needs*», 1999 г). Проповеди читают пасторы церкви «Сэддлбэк». Заказ можно сделать по адресу www.pastors.com.

[25] Рик Уоррен, «*Целеустремлённая церковь*», изд-во «Центр Агапе», Нижний Новгород, 2003.

Богу приятно, когда мы поклоняемся Ему на деле.
Библия призывает нас «*отдать себя, своё тело Богу как живую жертву, освящённую и угодную Ему. Только такое служение истинно духовно*» (Рим. 12:1 [РВ]). Зачем Богу наши тела? Почему Он не призывает нас «отдать в жертву» наш дух? Потому что без тела мы не способны совершить на земле ни единого реального дела. В вечности у нас будут новенькие, улучшенные тела, но пока мы здесь, Бог говорит: «Отдайте мне то, что у вас есть». Просто Он хочет, чтобы мы поклонялись Ему не только на словах, но и на деле.

Наверное, вам не раз приходилось слышать: «Нет, сегодня я прийти не смогу, но *духом* буду с вами». Знаете ли вы, что это значит? Абсолютно ничего! Это совершенно бессмысленные и бесполезные слова! Пока вы на земле, ваш дух может присутствовать лишь там, где находится ваше тело. Где нет вашего тела, там нет и вас самих.

В поклонении мы должны «отдавать свои тела Богу как *живую* жертву». Обычно слово «жертва» ассоциируется у нас с чем-то мёртвым, но Бог хочет, чтобы мы с вами оставались жертвами живыми. Он хочет, чтобы мы *жили* ради Него! Однако, всё дело в том, что живая жертва в любой момент может уползти с жертвенника прочь, и часто мы именно так и поступаем. В воскресенье мы с воодушевлением поём «В небесных доспехах войдём в этот мир», а в понедельник потихоньку сматываемся в самовольную отлучку.

В Ветхом Завете Богу были приятны приносимые израильтянами жертвы, потому что они предвосхищали смерть Иисуса Христа на кресте. Сейчас Бог принимает самые разные виды жертвенного поклонения: нашу жизнь, нашу любовь, благодарение, хвалу, смирение, покаяние, денежные пожертвования, молитвы, служение другим людям и восполнение их насущных нужд

(Пс. 49:14, Евр. 13:15, Пс. 50:17, Пс. 53:8, Фил. 4:18, Пс. 140:2, Евр. 13:16, Мк. 12:33, Рим. 12:1).

Подлинное поклонение стоит недёшево. Давид прекрасно это понимал: «*Не вознесу Господу Богу моему жертвы, взятой даром*» (2 Цар. 24:24).

Подлинное поклонение укоренено в Божьем Слове.

Прежде всего, ради подлинного поклонения мы вынуждены будем отречься от эгоизма и себялюбия. Невозможно одновременно возвышать Бога и самого себя. Мы поклоняемся не для того, чтобы вызывать чьё-то восхищение или сделать себе приятно. Мы сознательно отводим взгляд от самих себя.

Когда Иисус сказал: «*Возлюбите Господа Бога всей крепостью своей*», Он подчеркнул, что поклонение требует определённой энергии и усилий. Поклоняться не всегда удобно и легко, а иногда нам приходится собирать всю свою волю, чтобы вознести Богу добровольную жертву хвалы. Пассивное поклонение — это оксюморон [26].

Если мы славим Бога, когда нам не особенно этого хочется, встаём с постели и отправляемся в церковь, даже если страшно устали, или помогаем другим, когда сами еле держимся на ногах, то тем самым мы приносим Богу жертву хвалы и поклонения, и Ему это очень приятно.

Мэтт Редман, лидер поклонения из Англии, рассказывал, как его пастор учил свою общину истинному смыслу поклонения. Чтобы показать, что поклонение — это больше, чем музыка, он отменил всё пение на церковных служениях на тот

---

[26] Оксюморон — образная фигура речи, сочетающая в себе противоположные, несовместимые понятия, например: «холодный огонь», «горячий снег», «живой труп».

период времени, пока его прихожане будут учиться поклоняться Богу всей своей жизнью. Именно тогда Мэтт Редман написал свою классическую песню «Сердце поклонения»:

> Не просто песню пою,
> Ведь не песня важна,
> А то, что в сердце моём.
> Ты проникаешь в сердца,
> Знаешь Ты до конца,
> Что мы Тебе отдаём.

Так что сердце поклонения — в нашем сердце.

День тринадцатый

Размышляя о своём жизненном предназначении

Истина для обдумывания: Бог хочет, чтобы я принадлежал Ему *целиком*, без остатка.

Стих для заучивания наизусть: «*Возлюби Господа Бога твоего всем сердцем твоим, и всею душою твоею, и всем разумением твоим, и всею крепостию твоею*» (Мк. 12:30).

Вопрос для размышления: Что сейчас Богу нравится больше: то, как я поклоняюсь Ему вместе с другими людьми, или то, как я поклоняюсь Ему наедине? Что мне нужно сделать по этому поводу?

Когда кажется, что Бог далеко

«Я надеюсь на Господа, сокрывшего лицо Своё от дома Иаковлева, и уповаю на Него»

Ис. 8:17

Как бы мы себя ни чувствовали, Бог всё равно есть.

Легко поклоняться Богу, когда в жизни всё идёт отлично, когда Он даёт нам и пищу, и друзей, и семью, и здоровье, и радостные события. Однако обстоятельства не всегда бывают приятными. Как поклоняться Богу в трудные дни? Что делать, когда кажется, что Бог удалился от нас на сотни и тысячи километров?

Самый глубокий уровень поклонения Богу — это решимость хвалить и славить Его, несмотря на страдания, благодарить Его во время испытаний, доверять Ему посреди искушений, покоряться Ему в дни скорби и любить Его, когда Он кажется совсем далёким.

Разлука и молчание нередко становятся серьёзным испытанием для дружеских отношений. Порой нас разделяют огромные расстояния, или мы просто почему-то не можем поговорить. В своих взаимоотношениях с Богом вы тоже не всегда будете *ощущать* Его близость. Филипп Янси мудро заметил: «Всякие взаимоотношения состоят из моментов близости и моментов отдаления. Так и отношения с Богом: какими бы близкими они ни были, маятник всё равно будет качаться из стороны в сторону»[27]. Именно тогда поклоняться становится тяжело.

Чтобы укрепить и углубить вашу с Ним дружбу, Бог будет испытывать её периодами *кажущейся* отдалённости, когда всё будет выглядеть так, словно Он покинул или забыл вас, удалившись на сотни или тысячи километров. Св. Иоанн Креста[28] называл такие дни «тёмной ночью души», Генри Ноуэн[29] — «служением отсутствия», Э. У. Тозер — «служением ночи», а другие христиане иногда называют их «зимой человеческого сердца».

Помимо Иисуса, самые близкие отношения с Богом были, пожалуй, у Давида. Бог с удовольствием назвал его «мужем по сердцу Своему» (1 Цар. 13:14, Деян. 13:22). Однако Давид нередко жаловался на то, что не чувствует рядом с собой Божьего присутствия: *«Для чего, Господи, стоишь вдали, скрываешь Себя во время скорби?»* (Пс. 9:22). *«Боже мой! Боже мой! внемли мне! для чего Ты оставил меня? Далеки от спасения моего слова вопля моего»* (Пс. 21:2). *«Для чего Ты отринул меня?* (Пс. 42:2. См. также Пс. 43: 24, 73:11, 87:15, 88:49).

Конечно, на самом деле Бог никогда не оставлял Давида, как не оставляет и вас. Он не один раз обещал: *«Не отступлю от тебя и не оставлю тебя»* (Втор. 31:8, Пс. 36:28, Ин. 14:16-18, Евр. 13:5). Однако Бог *не* обещал, что мы всегда

---

[27] Philip Yancy, *«Reaching Out for the Invisible God»* («Простираясь к незримому Богу»), стр. 242. Филипп Янси — редактор американского журнала *«Christianity Today»*, автор многих известных христианских книг. На русском языке его книги можно заказать в издательстве «Триада», на сайте www.triad.ru.

[28] Св. Иоанн Креста (1542 — 1591) — один из основателей испанского ордена «босых кармелиток».

[29] Генри Ноуэн (1932 — 1996) — священник римско-католической церкви, писатель, автор многих книг о духовной жизни. На сайте www.standrews.ru/rus/ourpubl/apologet.html можно заказать одну из самых известных его книг «Возвращение блудного сына» на русском языке.

будем *ощущать* Его присутствие. Более того, Он Сам призна-ёт, что порой скрывает от нас Своё лицо (Ис. 45:15). В жизни будут такие времена, когда вам покажется, что Бог просто пропал без вести.

ДЕНЬ
ЧЕТЫРНАДЦАТЫЙ:
КОГДА КАЖЕТСЯ,
ЧТО БОГ ДАЛЕКО

Флойд МакКланг описывает это так: «Однажды утром человек просыпается и обнаруживает, что все его духовные чувства исчезли без следа. Он молится, но ничего не происходит. Он противостоит дьяволу, но от этого ничего не меняется. Он старательно выполняет духовные упражнения,.. просит друзей молиться за него,.. исповедует все грехи, которые только можно, а потом смиренно просит прощения у всех своих знакомых. Он постится... и всё равно ничего. Он начинает спрашивать себя, долго ли продлится эта духовная тоска. Несколько дней? Несколько недель? Несколько месяцев? Будет ли этому конец?.. Ему кажется, что его молитвы просто отскакивают от потолка, и в безысходном отчаянии он восклицает: «Что со мной случилось? В чём дело?»[30]

На самом деле, ничего с вами не случилось! Это обычный процесс испытания и углубления вашей дружбы с Богом. *Все без исключения* христиане проходят через нечто подобное, иногда даже не по одному разу. Это трудный и болезненный процесс, но он совершенно необходим для возрастания вашей веры. Осознание этого помогло Иову продолжать надеяться в тот момент, когда он никак не мог ощутить в своей жизни Божьего присутствия: *«Я иду вперёд — и нет Его, назад — и не нахожу Его; делает ли Он что на левой стороне, я не вижу; скрывается*

---

[30] Floyd McClung, *«Finding Friendship with God»* («Обретение дружбы с Богом»), стр. 186, Vine Books, 1992. Флойд МакКланг — руководитель служения «Молодёжь с миссией» в Европе, на Ближнем Востоке и Африке, член международного Совета Миссии, автор христианских книг.

ли на правой, не усматриваю. Но Он знает путь мой; пусть испытает меня, — выйду, как золото» (Иов 23:8-10).

Подчас, когда Бог кажется далёким, мы заключаем, что Он сердится на нас или наказывает нас за какой-нибудь грех. Грех *действительно* нарушает близкие отношения человека с Богом. Непослушание, ссоры с окружающими, чрезмерная занятость, дружба с миром и другие грехи — всё это огорчает Святого Духа и подавляет наше общение с Богом (Пс. 50, Еф. 4:29-30, 1 Фес. 5:19, Иер. 2:32, 1 Кор. 8:12, Иак. 4:4).

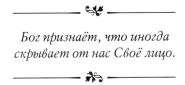

Бог признаёт, что иногда скрывает от нас Своё лицо.

Однако часто это ощущение брошенности или отдалённости от Бога никак не связано с грехом. Это испытание веры, с которым должен встретиться каждый из нас: буду ли я и дальше любить и слушаться Бога, доверять Ему и поклоняться, даже если не замечаю ни малейшего видимого признака Его присутствия и участия в моей жизни?

Самая распространённая ошибка нынешних христиан состоит в том, что они не ищут Бога, а стремятся к тому или иному *переживанию*. Они жаждут что-нибудь почувствовать, и когда это происходит, с удовлетворением заключают, что воистину поклонились Богу. Не тут-то было! В действительности Бог порой сознательно лишает нас каких-либо ощущений, чтобы мы перестали на них полагаться. Стремление к ощущению, даже если это ощущение Христова присутствия, — это ещё не поклонение.

Новообращённым младенцам-христианам Бог дарует множество эмоций и чувств, подтверждающих Его реальность, и часто отвечает на самые незрелые и эгоистические молитвы, помогая им увериться, что Он существует. Но по мере того, как мы растём в вере, Бог начинает постепенно отучать нас от подобной эмоциональной зависимости.

Божья вездесущность и проявление Его присутствия — это не одно и то же. Первая является непреложным фактом, второе часто бывает лишь ощущением. Бог присутствует всегда, даже тогда, когда мы этого не осознаём, и это присутствие слишком глубоко для того, чтобы измерять его только человеческими эмоциями.

Самая распространённая ошибка нынешних христиан состоит в том, что они не ищут Бога, а стремятся к тому или иному переживанию.

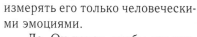

Да, Он хочет, чтобы мы *чувствовали* Его близость, но для Него куда важнее видеть, что мы Ему *доверяем*. Бога радует наша вера, а не чувства.

Самым серьёзным испытанием вашей веры будут такие ситуации, когда вся жизнь вокруг рушится, а Бога почему-то нигде нет. Именно это произошло с Иовом. В один день он потерял всё — семью, привычную жизнь, здоровье, своё имущество. И хуже всего было то, что на протяжении целых тридцати семи глав Бог продолжал упорно молчать.

Как славить Бога, если никак не можешь понять, что происходит в жизни, а Он молчит? Как сохранять близость с Богом, если ты оказался в глубоком кризисе, а общение с Ним полностью прервалось? Как не спускать глаз с Иисуса, если они не просыхают от слёз? Надо поступать так, как поступил Иов: *«Тогда Иов встал и разодрал верхнюю одежду свою, остриг голову свою и пал на землю и поклонился и сказал: наг я вышел из чрева матери моей, наг и возвращусь. Господь дал, Господь и взял; как угодно было Господу, так и сделалось; да будет имя Господне благословенно!»* (Иов 1:20-21).

Честно расскажите Богу о своих чувствах. Излейте перед Ним своё сердце. Выплесните все свои эмоции. Бог вполне способен справиться со всеми вашими сомнениями, страхами, вопросами, смятением, гневом и печалью. Иов поступил именно так: «*Не буду же я удерживать уст моих; буду говорить в стеснении духа моего; буду жаловаться в горести души моей*» (Иов. 7:11). Когда ему начало казаться, что Бог покинул его, он возопил: «*О, если б вернуть былые времена, те дни, когда Бог меня хранил, когда сиял надо мной Его светильник, и этот свет меня вёл сквозь тьму! Так было в прежние дни, когда дружба с Богом шатёр мой осеняла*» (Иов 29:2-4 [РБО]).

Знаете ли вы, что признание своего бессилия перед Богом может быть исповеданием веры? Доверяясь Богу и одновременно ощущая полное отчаяние, Давид написал: «*Я веровал, и потому говорил: я сильно сокрушён*» (Пс. 115:1). На первый взгляд, это полное противоречие: «Я доверяю Богу, но всё потеряно!» Однако на самом деле откровенность Давида выявляет глубокую веру. Во-первых, он верил в Бога. Во-вторых, он верил, что Бог слышит его молитву. В-третьих, Давид верил, что Бог позволит ему высказать всё, что он чувствует, и всё равно не перестанет его любить.

Напоминайте себе о Божьем характере, о Его неизменной сущности. Несмотря на все обстоятельства и ощущения, держитесь за неизменный Божий характер. Напоминайте себе вечные истины о Его природе: Он благ, Он любит меня, Он со мной, Он знает, что со мной происходит, Ему не всё равно, у Него есть добрые намерения и замыслы для моей жизни. Как сказал В. Реймонд Эдмонд[31], «оказавшись в темноте, никогда не забывайте того, что Бог говорил вам при свете».

Когда вся жизнь Иова пошла прахом, а Бог продолжал молчать, Иов всё равно нашёл то, за что он мог искренне прославить Бога:

---

[31] В. Реймонд Эдмонд — профессор, автор книг, президент христианского колледжа Уитон (США) с 1940 по 1965 год.

- Он благ и милостив (Иов 10:12)
- Он всемогущ (Иов 42:2; 37:5, 23)
- Он замечает все мелочи моей жизни (Иов 23:10; 31:4)
- Ему подвластно абсолютно всё (Иов 34:13)
- У Него есть замысел для моей жизни (Иов 23:14)
- Он спасёт меня (Иов 19:25).

Верьте, что Бог исполнит Свои обещания. В период духовной сухости мы должны терпеливо полагаться на Божьи обетования, а не на свои чувства, и осознавать, что Бог ведёт нас на более глубокий уровень христианской зрелости. Дружба, основанная на эмоциях, является очень и очень поверхностной.

Так что не переживайте, когда вас постигают подобные неприятности. Никакие обстоятельства не могут изменить и поколебать Божий характер. Божья благодать ни на секунду не утратила своей силы, Бог всё равно стоит за вас горой, даже если вы этого не чувствуете. Когда ничто вокруг не подтверждало этой истины, Иов всё равно держался за Божье Слово: «*От заповеди уст Его [я] не отступал; глаголы уст Его хранил больше, нежели мои правила*» (Иов 23:12).

Это доверие Божьему Слову помогло Иову остаться верным, пусть даже всё вокруг утратило былой смысл. Вера его оставалась крепкой посреди страданий: «*Вот, Он убивает меня, но я буду надеяться*» (Иов 13:15).

Когда вы чувствуете, что Бог оставил вас, но всё равно продолжаете полагаться на Него, несмотря на свои ощущения, тем самым вы поклоняетесь Богу глубже и истиннее всего.

Помните о том, что Бог уже сделал для вас. Даже если бы Бог ничего для вас больше не сделал, Он уже заслуживает

146

того, чтобы вы непрестанно славили Его до конца своих дней из-за того, что Иисус совершил для вас на кресте. *Божий Сын умер за вас!* Найдётся ли ещё что-нибудь более великое, из-за чего мы могли бы перед Ним склониться?

Жаль, что порой мы забываем жуткие подробности той мучительной жертвы, которую Бог принёс ради нас с вами. Как говорится, чем ближе знаешь, тем меньше почитаешь; фамильярность порождает самодовольство. Ещё до распятия Сына Божьего раздели донага, избили почти до неузнаваемости, исхлестали плетьми, осыпали презрительными насмешками и плевками и увенчали терновыми колючками. Бессердечные люди унижали и третировали Его, обращаясь с Ним хуже, чем с бессловесным животным.

Если вам кажется, что Бог оставил вас, но вы всё равно продолжаете полагаться на Него, тем самым вы поклоняетесь Богу глубже и истиннее всего.

Потом, когда Он почти падал от потери крови, Его заставили тащить вверх по холму огромный, неуклюжий крест. Затем Его прибили к нему гвоздями и оставили на медленную, мучительную смерть через распятие. И в то время, как Его покидали последние силы, у подножия креста собрались насмешники, выкрикивая ругательства и проклятия, глумясь над Его страданием и прилюдно издеваясь над тем, что Он называл Себя Богом.

А чуть позднее, когда Иисус принял на Себя грехи и вину всего человечества и Бог отвернулся от этого невыразимого ужаса, Иисус в полном отчаянии вскричал: «Боже Мой, Боже Мой, почему *Ты* Меня оставил?» Иисус мог бы спасти Себя от креста, но тогда Он не смог бы спасти вас.

Никакие слова не способны описать весь мрак и всё отчаяние той минуты. Почему Бог допустил и выдержал такое дикое, злобное бесчинство? Зачем это было надо? Для чего? Для того, чтобы *вам* уже не нужно было проводить вечность в аду и чтобы *вы* могли разделить с Богом Его непреходящую славу. В Библии сказано: «*Не знавшего греха Он сделал для нас жертвою за грех, чтобы мы в Нём сделались праведными пред Богом*» (2 Кор. 5:21).

Иисус от всего отказался ради того, чтобы отдать нам всё. Он умер для того, чтобы мы жили вечно. *Уже одно это* достойно того, чтобы мы непрестанно славили Его и возносили Ему хвалу! Нужно ли нам и дальше спрашивать себя, за что Его благодарить?

День четырнадцатый

Размышляя о своём жизненном предназначении

Истина для обдумывания: Как бы я себя ни чувствовал, Бог всё равно есть.

Стих для заучивания наизусть: «*Ибо Сам* [Бог] *сказал: не оставлю тебя и не покину тебя*» (Евр. 13:5б).

Вопрос для размышления: Как мне напоминать себе о Божьем присутствии, особенно когда мне кажется, что Он далеко?

ЦЕЛЬ ВТОРАЯ

ВЫ СОЗДАНЫ
ДЛЯ БОЖЬЕЙ СЕМЬИ

«Я есмь лоза, а вы ветви»

Ин. 15:5

«Мы, многие, составляем
одно тело во Христе»

Рим. 12:5

Созданы для Божьей семьи

*«Бог — цель и источник всего бытия, приведший
множество сынов в Свою славу»*

Евр. 2:10а (РВ)

*«Смотрите, какую любовь дал нам Отец, чтобы
нам называться и быть детьми Божиими»*

1 Ин. 3:1а

Вы были созданы для Божьей семьи.

Бог хочет иметь семью и сотворил вас для того, чтобы вы были её частью. Такова Его вторая цель для вашей жизни, и Он усмотрел всё, чтобы достичь её, ещё до того, как вы родились. Вся Библия — это повествование о том, как Бог устраивает Себе семью из тех, кто любит и почитает Его и будет править вместе с Ним в вечности. В ней говорится: *«Он нас предназначил, через Иисуса Христа, стать Его сыновьями. Вот Его цель и добрая воля!»* (Еф. 1:5 [РВ]).

Поскольку Бог есть любовь, Он особенно дорожит взаимоотношениями. Общение заключено в самом Его естестве, и Он определяет себя языком семьи: Отец, Сын и Дух. Троица — это взаимоотношения Бога с Самим Собой. Это совершенный образец межличностной гармонии, и нам нужно много и внимательно думать, что он означает для нас с вами.

Бог всегда пребывал во взаимоотношениях любви с Самим Собой, так что Ему никогда не было одиноко. У Него не было *необходимости* создавать Себе семью — Он просто захотел это сделать и потому задумал сотворить нас, привести к Себе и разделить с нами все Свои богатства. Всё это доставляет Богу несказанное удовольствие. В Библии сказано: «*Это Он по Своей воле родил нас словом истины, чтобы сделать нас начатком Своего творения*» (Иак. 1:18 [РВ]).

Когда мы вверяем свою жизнь Христу, Бог становится нам Отцом, мы становимся Его детьми, другие верующие становятся нашими братьями и сёстрами, а церковь становится нашей духовной семьёй. Божья семья включает в себя всех верующих из прошлого, настоящего и будущего.

Каждый человек *сотворён* Богом, но Его *детьми* являются далеко не все. Единственный способ войти в Божью семью — это родиться в ней свыше. Благодаря своему первому рождению, вы стали членом земной человеческой семьи, а посредством второго рождения становитесь членом семьи Небесной, Божьей. Бог «*возродил нас воскресением Иисуса Христа из мёртвых к упованию живому*» (1 Пет. 1:3б. См. также Рим. 8:15-16).

Приглашение стать членами Божьей семьи обращено ко всем (Мк. 8:34, Деян. 2:21, Рим. 10:13, 2 Пет. 3:9), но на одном условии: необходимо верить в Иисуса Христа. В Библии написано: «*Все вы сыны Божии по вере во Христа Иисуса*» (Гал. 3:26).

Духовная семья даже важнее, чем семья кровная, потому что пребудет вовеки. Наши земные семьи — это чудный дар от Господа, но ведь они остаются с нами только на время. К тому же, они очень хрупкие, их часто разрушает развод, старость, расстояния и, неизбежно, смерть. А вот духовная семья — то есть наши взаимоотношения с другими верующими — простирается в вечность. Это гораздо более крепкий и прочный союз и куда более длительная связь, нежели кровное родство. Всякий раз, когда Павел размышлял о вечном Божьем замысле для нас с вами, он не мог удержаться от благодарной хвалы: «*И потому я преклоняю колени перед Отцом, от имени Которого ведёт своё название всякий род на небе и на земле*» (Еф. 3:14-15 [РВ]).

Преимущества принадлежности Божьей семье

Не успели вы родиться в Божьей семье, как вас буквально осыпали самыми что ни на есть удивительными подарками ко дню рождения: у вас появилось новое имя, фамильные черты, семейные привилегии, тесная близость с остальными её членами и даже родовое наследство! (1 Ин. 3:1, Рим. 8:29, Гал. 4:6-7, Рим. 5:2, 1 Кор. 3:23, Еф. 3:12, 1 Пет. 1:3-5, Рим. 8:17). В Библии сказано: «*Ты уже не раб, но сын; а если сын, то и наследник Божий через Иисуса Христа*» (Гал. 4:7).

Духовная семья даже важнее, чем семья кровная, потому что пребывает вовеки.

Новый Завет непрестанно подчёркивает богатство нашего изобильного «наследия». В нём говорится: «*Мой Бог, по Своему богатству, щедро восполнит все ваши нужды через Христа Иисуса*» (Фил. 4:19 [РВ]). Будучи Божьими детьми, мы сполна унаследуем семейное состояние. Здесь на земле нам дарованы «*богатства Его благодати,... благости,.. долготерпения,.. славы,.. мудрости,.. силы... и милости*» (Еф. 1:17, Рим. 2:4, Рим. 9:23, Рим. 11:33, Еф. 3:16, Еф. 2:4). А на Небесах нас ожидает нечто ещё большее!

Павел писал: «*Пусть просветит Он очи вашего сердца, чтобы вы увидели,.. каково богатство и великолепие наследия, которое вы разделите с Его народом*» (Еф. 1:18 [РВ]). Так в чём же заключается это богатство и великолепие? Во-первых, мы навсегда останемся рядом с Богом (1 Фес. 5:10, 4:17). Во-вторых, мы полностью преобразимся и уподобимся Христу (1 Ин. 3:2, 2 Кор. 3:18). В-третьих, мы освободимся от боли, страданий и смерти (Откр. 21:4). В-четвёртых, мы получим награду и новое служение (Мк. 9:41, 10:30, 1 Кор. 3:8, Евр. 10:35, Мф. 25:21, 23). В-пятых, мы разделим со Христом Его славу (Рим. 8:17, Кол. 3:4, 2 Фес. 2:14, 2 Тим. 2:12, 1 Пет. 5:1). Какое удивительное наследие! Вы гораздо богаче, чем можете себе представить.

В Библии сказано: «*Благословен Бог и Отец Господа нашего Иисуса Христа, по великой Своей милости возродивший нас... к наследству нетленному, чистому, неувядаемому, хранящемуся на небесах для вас*» (1 Пет. 1:3-4). Это значит, что нас ждёт *бесценное, чистое, неувядаемое* и *надёжно хранимое* наследство, и никто не может отнять его у нас. Его не погубят ни войны, ни экономические кризисы, ни природные катаклизмы. И мы должны с нетерпением ожидать не ухода на пенсию, а получения этого самого наследия. Павел наставляет нас: «*Всё, что делаете, делайте от души, как для Господа, а не для человеков, зная, что в воздаяние от Господа получите наследие*» (Кол. 3:23-24а). Пенсия — слишком краткосрочная и мелкая цель. Мы должны жить в свете вечности.

Крещение: публичное признание себя членом Божьей семьи

Здоровые семьи отличаются законной семейной гордостью: их члены не стыдятся своей фамилии и своих родственников. К сожалению, мне приходилось встречать таких верующих, которые до сих пор не сделали публичного заявления о своей вере, как заповедал то Иисус Христос, — то есть не приняли водного крещения.

Крещение — это не какой-то необязательный обряд, который можно отложить на потом или вовсе проигнорировать. Оно означает, что вы присоединяетесь к Божьей семье. Им вы прилюдно заявляете всему миру: «Я не стыжусь быть частью Божьей семьи!» Или вы всё-таки стыдитесь? Иисус заповедал каждому члену Его семьи совершить это прекрасное таинство. Он призвал нас: *«Итак, идите, научите все народы, крестя их во имя Отца и Сына и Святого Духа»* (Мф. 28:19).

ДЕНЬ ПЯТНАДЦАТЫЙ:

СОЗДАНЫ ДЛЯ БОЖЬЕЙ СЕМЬИ

На протяжении многих лет я раздумывал, почему же Великое поручение Христа подчёркивает важность крещения с той же настойчивостью, что и значимость таких первостепенных дел, как благовестие и ученичество. Почему крещение так необходимо? Потому что оно символизирует вторую цель нашей жизни: участие в общении вечной Божьей семьи.

Крещение исполнено наиважнейшего смысла. Оно провозглашает вашу веру, позволяет вам разделить погребение и воскресение Христа, символизирует вашу смерть для ветхой жизни и возвещает начало новой жизни во Христе. А ещё это — праздник по случаю того, что вы присоединяетесь к Божьей семье.

Крещение — это физический, наглядный образ духовной истины. Оно показывает, что произошло в тот момент, когда

Бог ввёл вас в Свою семью: «*Все мы одним Духом крестились в одно тело, Иудеи или Еллины, рабы или свободные, и все напоены одним Духом*» (1 Кор. 12:13).

Мы входим в Божью семью не крещением, а только верой во Христа. Крещение лишь *показывает*, что мы стали её членами. Подобно обручальному кольцу, оно является визуальным напоминанием о принятом в сердце решении. Это таинство *посвящения, приобщения*, а не какой-то сложный ритуал, который нужно отложить до лучших времён, когда мы наконец-то достигнем духовной зрелости. Единственное условие, которое налагает на нас Библия, — это вера (Деян. 2:41, Деян. 8:12-13, Деян. 8:35-38).

Стать членом Божьей семьи — это величайшая честь, которой только можно удостоиться на земле.

В Новом Завете люди принимали крещение сразу после обращения. В День Пятидесятницы три тысячи человек были крещены *в тот же самый день*, когда поверили во Христа. Эфиопский вельможа был крещён буквально *не сходя с места*, стоило ему только обратиться, а Павел и Сила крестили смотрителя тюрьмы и всю его семью прямо *в полночь*! В Новом Завете нет упоминания о том, чтобы с крещением тянули, постоянно его откладывая. Если вы ещё не приняли водного крещения в ознаменование своей веры во Христа, немедленно сделайте это, как и заповедал Иисус.

Величайшая честь в жизни

В Библии сказано: «*И Освящающий и освящаемые, все — от Единого; поэтому Он не стыдится называть их братия-*

156

ми» (Евр. 2:11). Пусть эта невероятная истина глубоко проникнет к вам в сознание и в душу! Благодаря тому, что Иисус освящает вас, Бог гордится вами! Стать членом Божьей семьи — это величайшая честь, которой только можно удостоиться на земле. Ничто другое не может даже сравниться с нею. Всякий раз, когда на вас наваливается чувство неуверенности и никчёмности, когда вам кажется, что вас никто не любит, вспомните, кому вы принадлежите и частью какой семьи являетесь.

День пятнадцатый

Размышляя о своём жизненном предназначении

Истина для обдумывания: Я создан для Божьей семьи.

Стих для заучивания наизусть: *«Он предназначил нас через Иисуса Христа стать Его сыновьями. Вот Его цель и добрая воля»* (Еф. 1:5 [РВ]).

Вопрос для размышления: Что я могу сделать для того, чтобы мне относиться к другим верующим как к членам моей собственной семьи?

Самое важное

*«Если я раздам всё имение моё и отдам
тело моё на сожжение, а любви не
имею, — нет мне в том никакой пользы»*

1 Кор. 13:3

*«Любовь же состоит в том, чтобы мы
поступали по заповедям Его. Это — та
заповедь, которую вы слышали от начала,
чтобы поступали по ней»*

2 Ин. 1:6

Самое важное в жизни — это любовь.

Поскольку Бог есть любовь, самый важный урок, который
Он предназначил каждому из нас здесь на земле, — это научиться любить. Именно в любви мы более всего походим на
Него, так что любовь лежит в основании каждой данной нам
заповеди: *«Весь закон в одном слове заключается: люби
ближнего твоего, как самого себя»* (Гал. 5:14).

Научиться самоотверженной и бескорыстной любви нелегко, потому что она полностью противится нашим естественным
эгоистическим наклонностям. Неудивительно, что для этого нам
дана целая жизнь. Конечно, Бог хочет, чтобы мы любили всех
людей, но Ему *особенно* важно, чтобы мы научились любить других членов Его семьи. Это вторая цель нашей жизни. *«Всех по-*

читайте, братство любите» (1 Пет. 2:17а), — говорит нам апостол Пётр. Ему вторит Павел: *«Доколе есть время, будем делать добро всем, а наипаче своим по вере»* (Гал. 6:10).

Почему Бог призывает нас особенно любить и почитать других верующих? Почему именно они стоят на первом месте? Потому что Бог хочет, чтобы Его семья была известна прежде всего своей любовью. Иисус учил, что главным свидетельством для мира будут не нравственные ценности или доктринальные убеждения, а как раз наша любовь *друг к другу.*

Он сказал: *«По тому узнают все, что вы Мои ученики, если будете иметь любовь между собою»* (Ин. 13:35).

На Небесах мы будем бесконечно радоваться друг другу, но сначала нам придётся много и упорно потрудиться здесь, на земле, чтобы подготовиться к целой вечности любви. Бог обучает нас любви, наделяя нас «семейными обязанностями», первой из которых является призыв относиться друг к другу с любовью.

Бог хочет, чтобы мы пребывали в постоянном, регулярном общении с другими верующими и тем самым развивали в себе умения и навыки любви. Невозможно научиться любить, оставаясь в уединении. Для этого необходимо быть рядом с людьми, которые то и дело раздражают и задевают нас своими слабостями и грехами. Через такое общение мы усваиваем три важные истины.

Лучший способ распорядиться жизнью — это любить

Любовь должна быть нашим первым приоритетом, главной целью, величайшим стремлением. Это не просто значительная часть жизни, но и *самая важная* её часть. В Библии сказано: *«Больше всего желайте любви»* (1 Кор.14:1а [РВ]).

Мало сказать: *«Одно из моих жизненных стремлений — это научиться любить»*, словно эта цель всего лишь входит в первую десятку ваших приоритетов. Взаимоотношения должны занимать первостепенное место, стоять выше всего другого. Почему?

Без любви жизнь становится просто никчёмной. Как раз об этом и говорил апостол Павел: *«Если я раздам всё имение моё и отдам тело моё на сожжение, а любви не имею, — нет мне в том никакой пользы»* (1 Кор. 13:3).

Часто мы ведём себя так, словно взаимоотношения — это лишь дела, которые нужно втиснуть в забитое до отказа расписание. Мы говорим о необходимости *найти* время для собственных детей, *уделить* время кому-то другому. Создаётся впечатление, что взаимоотношения — это лишь одна из поставленных перед нами задач. Однако Бог говорит, что они составляют саму суть нашей жизни.

Четыре из Десяти Заповедей касаются наших отношений с Богом, а остальные шесть — наших отношений с другими людьми. Но все десять связаны с межличностными взаимоотношениями! Позднее Иисус подытожил то, что Бог считает самым важным, в двух заповедях: любить Бога и любить людей. После поклонения самой главной целью нашей жизни является любовь к другим людям. Он сказал: *«Возлюби Господа Бога твоего всем сердцем твоим и всею душою твоею и всем разумением твоим: сия есть первая и наибольшая заповедь; вторая же подобная ей: возлюби ближнего твоего, как самого себя; на сих двух заповедях утверждается весь закон и пророки»* (Мф. 22:37-40). За стремлением научиться любить

Бога (то есть поклоняться Ему) неразрывно следует вторая цель нашей жизни: научиться любить людей.

Самое важное в жизни — это не достижения или приобретение имущества, а взаимоотношения. Так почему же мы позволяем им отойти на задний план или даже упорно вытесняем их на задворки? Когда наше расписание начинает трещать по швам, прежде всего мы начинаем экономить на общении, приберегая для других дел время, силы и внимание, необходимые для любящих, заботливых взаимоотношений. Вот и получается, что самое главное подменяется самым срочным.

Занятость — страшный враг любых отношений. Мы поглощены работой, амбициями, повседневными задачами, стремлением заработать достаточно денег на жизнь, как будто лишь в этом и состоит смысл жизни. Но ведь это не так! Смысл жизни заключается в том, чтобы научиться любить — любить Бога и людей. Жизнь минус любовь равняется нулю.

Любовь никогда не прекратится. Бог призывает нас сделать любовь своим наиважнейшим приоритетом ещё и потому, что она останется с нами в вечности: «*А вот три вещи, которые будут всегда. Это вера, надежда и любовь. Но из них больше всех любовь*» (1 Кор. 13:13 [РВ]).

Любовь не бывает бесследной и бесплодной. Именно наше отношение к людям, а не великие свершения или накопленные богатства, оставит на земле самый значительный и заметный след. Как сказала мать Тереза, «самое главное — не то, чем ты занимаешься, а то, сколько любви ты в это вкладываешь». Любовь — это секрет долговечного наследия.

Мне много раз приходилось сидеть у смертного одра, когда люди стоят на пороге вечности, и я ещё ни разу не слышал, чтобы кто-нибудь из них сказал: «Принесите скорее мои дипломы! Хочу ещё разок на них взглянуть! Принесите мои награды, медали, подаренные мне золотые часы!» Когда земная жизнь подходит к концу, умирающие окружают себя не вещами, а любимыми, родными и друзьями.

В последние минуты все вдруг осознают, что суть жизни заключается в общении и отношениях. Мудрый человек догадывается об этом раньше. Не надо ждать смертного часа. Поверьте и поймите, что в жизни нет ничего важнее.

Нас будут оценивать именно по тому, насколько мы любили. Ещё одна причина уделять любви первостепенное значение состоит в том, что именно на этом основании нас будут оценивать в вечности. Помимо всего прочего Бог оценивает степень нашей духовной зрелости, глядя на качество наших взаимоотношений. Он не станет спрашивать о нашей карьере, банковском счёте или увлечениях. Вместо этого Он посмотрит на то, как вы относились к другим людям, особенно к нуждающимся (Мф. 25:34-46). Иисус сказал, что мы любим Его, когда любим членов Его семьи и восполняем их практические, реальные потребности: «*Истинно говорю вам: так как вы сделали это одному из сих братьев Моих меньших, то сделали Мне*» (Мф. 25:40).

Суть нашей жизни — это взаимоотношения.

Переходя в вечность, мы оставляем на земле всё своё имущество. Единственное, что мы забираем с собой, это свой характер. В Библии сказано: «*Важна только вера, которая проявляется в любви*» (Гал. 5:6 [РВ]).

С учётом этого, я предлагаю вам каждое утро, встав с постели, преклонять колени или садиться на край кровати и молиться так: «Боже, я не знаю, удастся ли мне сделать сегодня что-то ещё, но, прежде всего, мне очень хотелось бы уделить время на то, чтобы любить Тебя и любить людей, ведь в этом заключается вся жизнь. Я не хочу зря потерять нынешний день». Зачем Богу давать вам завтрашний день, если вы попусту растрачиваете сегодняшний?

Самое лучшее выражение любви — это время

Важность того или иного занятия можно измерить тем, сколько времени мы готовы на него потратить. Чем больше времени мы посвящаем кому-то или чему-то, тем большей значимостью и ценностью этот человек или это дело обладает в наших глазах. Если вы хотите определить приоритеты своих знакомых, посмотрите, как они распоряжаются своим временем.

Время — самый драгоценный дар, потому что его нам отпущено строго определённое количество. Деньги всегда можно заработать, но добыть себе больше времени просто невозможно. Отдавая кому-то своё время, вы отдаёте ему часть своей жизни, которую уже не вернуть. Ваше время — это ваша жизнь. Именно поэтому оно и есть самый бесценный дар, который мы можем протянуть друг другу.

Недостаточно всего лишь *говорить*, что взаимоотношения очень важны. Надо доказать состоятельность своих слов, посвящая взаимоотношениям своё время. В одних словах толку мало. *«Детки, так не будем любить на словах, одним только языком, но докажем истинность своей любви на деле!»* (1 Ин. 3:18 [РВ]). Для настоящего общения с людьми требуется реальное время, и лучший способ написания слова «любовь» — это В – Р – Е – М – Я.

Сущность любви заключается не в том, что мы думаем о другом человеке, что мы для него делаем и как о нём заботимся, а в том, насколько мы отдаём ему *самих себя*. Величайший дар, который вы можете предложить людям, — это вы сами. Порой это трудно понять, особенно мужчинам. Многие из них говорят мне: «Я совершенно не понимаю свою жену и детей. Я и так обеспечиваю их всем необходимым. Чего им ещё нужно?» Им нужны вы! Ваши глаза, ваши уши, ваше время, ваше безраздельное внимание и реальное присутствие. Ничто другое не сможет этого заменить!

Время — это самый бесценный дар, который мы можем протянуть друг другу.

Самый желанный подарок от любимого человека — это не бриллианты, розы или шоколадные конфеты. Это *безраздельное внимание*. Любовь так целеустремлённо сосредоточивается на своём объекте, что забывает о себе. Уделяя кому-то своё внимание, мы тем самым говорим: «Я так ценю тебя, что готов отдать тебе самое драгоценное, что у меня есть: своё время». Отдавая кому-то своё время, вы непременно чем-то жертвуете, а ведь жертвенность и есть неотъемлемая сущность любви. Иисус показал нам это на Своём примере: *«Живите в любви, как и Христос возлюбил нас и предал Себя за нас в приношение и жертву Богу, в благоухание приятное»* (Еф. 5:2).

Можно жертвовать без любви, но любви без жертвы не бывает. *«Ибо так возлюбил Бог мир, что отдал...»* (Ин. 3:16). Любить — значит уступать, жертвовать своими предпочтениями, удобством, целями, спокойствием, деньгами или временем ради кого-то другого.

Любить лучше сейчас

Не слишком важное дело иногда действительно лучше отложить на будущее. Но поскольку важнее любви ничего нет, ей всегда нужно повиноваться в первую очередь. В Библии неоднократно это подчёркивается. Там сказано: «*Так вот, пока ещё есть время, будем делать всем добро, особенно тем, кого вера сделала одной семьёй*» (Гал. 6:10 [РВ]). «*Старайтесь хорошо использовать своё время, потому что дни сейчас окаянны*» (Еф. 5:16 [РВ]). «*Не отказывай в благодеянии нуждающемуся, когда рука твоя в силе сделать его*» (Прит. 3:27).

Почему лучше любить сейчас, не откладывая это на потом? Потому что вы не знаете, долго ли у вас будет эта возможность. Обстоятельства меняются. Люди умирают. Дети становятся взрослыми. Нет никакой гарантии на завтрашний день. Так что, если вы хотите выразить кому-то свою любовь, лучше сделать это незамедлительно.

Зная, что однажды мы все предстанем перед Богом, попробуйте ответить для себя вот на такие вопросы: Как вы объясните Богу те случаи, когда какие-то проекты или вещи были для вас важнее людей? С кем вам следует проводить больше времени? Какие дела вам нужно убрать для этого из своего расписания? Чем вам придётся пожертвовать?

Самый лучший способ распорядиться своей жизнью — это посвятить её любви. Самое лучшее выражение любви — это время. Самое лучше время, чтобы выразить свою любовь, — это сейчас.

День шестнадцатый
Размышляя о своём жизненном предназначении

Истина для обдумывания: Самое важное в жизни — это любовь.

Стих для заучивания наизусть: *«Весь закон в одном слове заключается: люби ближнего твоего, как самого себя»* (Гал. 5:14).

Вопрос для размышления: Могу ли я честно сказать, что взаимоотношения действительно являются моим наиважнейшим приоритетом? Как мне сделать так, чтобы это стало реальностью?

Свой среди своих

«Итак, вы больше не чужестранцы и не пришельцы, вы равноправные члены Божьего народа и Божьи домочадцы»

Еф. 2:19

«Дом Божий... есть Церковь Бога живого, столп и утверждение истины»

1 Тим. 3:15

Мы призваны не только к тому, чтобы верить, но и к тому, чтобы быть причастными друг к другу.

Даже в идеальном, безгрешном мире Эдемского сада Бог сказал: *«Плохо человеку быть одному».* (Быт. 2:18 [РБО]). Мы созданы для общения, для человеческого окружения, для того, чтобы пребывать в семье, и ни один из нас не способен исполнить Божье предназначение сам по себе.

В Библии не говорится о святых отшельниках или духовных одиночках, отрезанных от других верующих и лишённых общения. Там сказано, что мы *«составляем одно тело, одно стройно слагаемое здание, являемся частью единого тела, составляемого и совокупляемого посредством всяких взаимно скрепляющих связей, и вместе будем унесены на облаках встречать Господа»* (1 Кор. 12:12, Еф. 2:21, Еф. 2:22 [РВ],

Еф. 4:16, Кол. 2:19, 1 Фес. 4:17 [РВ]). Теперь ни один из нас уже не живёт сам по себе.

Хотя наши взаимоотношения с Богом носят очень личный характер, Бог никогда не говорил, что они являются исключительно нашим частным делом. В Божьей семье мы соединяемся со всеми другими верующими и принадлежим друг другу *вове-ки*. В Библии говорится: «*Мы, многие, составляем одно тело во Христе, а порознь один для другого члены*» (Рим. 12:5).

Следование за Христом — это не только вера, но и *принад-лежность, причастность*. Мы — члены Его Тела. Кл. Льюис заметил, что слово «членство» имеет христианское происхождение, однако мир успел выхолостить его и лишить первоначального значения. Магазины предлагают скидки «членам» клубов покупателей, а рекламщики используют это слово, составляя списки своих потенциальных клиентов. Даже в церквях членство часто сводится к тому, что имя нового прихожанина вносится в базу данных без предъявления каких-либо требований и без всяких обязательств.

Мы распознаём свою жизненную роль посредством взаимоотношений с другими людьми.

Для Павла стать «членом» церкви означало стать жизненно важным органом в живом теле, незаменимой частью Тела Христова, тесно взаимосвязанной со всеми другими его частями (Рим. 12:4-5, 1 Кор. 6:15, 1 Кор. 12:12-27). Нам необходимо заново открыть для себя и применять на практике библейское значение слова «членство». Церковь — это тело, а не здание, организм, а не организация.

Ни один орган, отделённый от тела, не сможет выполнять предназначенную ему функцию. То же самое можно сказать и о вас. Вы были сотворены, чтобы играть определённую роль в Теле Христовом, но вы не сможете выполнить эту вторую цель своей жизни, если не присоединитесь к живой поместной церкви. Мы распознаём свою жизненную роль посредством взаимоотношений с другими. В Библии написано: *«Как в одном теле у нас много членов, но не у всех членов одно и то же дело, так мы, многие, составляем одно тело во Христе, а порознь один для другого члены»* (Рим. 12:4-5).

Если любой из органов по какой-то причине окажется отрезанным от тела, он просто высохнет и погибнет. Он не может существовать сам по себе. Вы тоже на это не способны. Если вы утратите связь с поместной церковью, лишитесь исходящих от неё жизненных сил, ваша духовная жизнь начнёт увядать и со временем совсем прекратится (Еф. 4:16). Именно поэтому первый симптом духовного упадка обычно связан с нерегулярным посещением воскресных служений и других собраний верующих. Когда мы начинаем небрежно относиться к общению с другими христианами, всё остальное тоже потихоньку съезжает вниз по наклонной плоскости.

Причастность к Божьей семье нельзя рассматривать как нечто неважное и необязательное. Церковь — это Божий замысел для

Церковь переживёт вселенную, а вместе с ней — и ту роль, которая вам в ней отведена.

всего мира. Иисус сказал: *«Я создам Церковь Мою, и врата ада не одолеют её»* (Мф. 16:18). Церковь несокрушима и будет существовать вечно. Она переживёт вселенную, а вместе с ней — и ту роль, которая вам в ней отведена. Человек, говорящий: «Мне не нужна церковь», тем самым выказывает либо высокомерие, либо невежество. Церковь настолько важна, что ради нёё Иисус претерпел крестную смерть. «...*Христос полюбил Церковь. Он отдал свою жизнь ради неё*» (Еф. 5:25 [РВ]).

Библия называет церковь «*невестой Христовой*» и «*Телом Христовым*» (2 Кор. 11:2, Еф. 5:27, Откр. 19:7). Я не могу себе представить, как можно сказать Иисусу: «Тебя я люблю, но жена Твоя мне не нравится» или «Тебя я принимаю, но к Твоему Телу не хочу иметь никакого отношения». Однако фактически мы говорим Ему это всякий раз, когда отмахиваемся от церкви, жалуемся на неё или отзываемся о ней пренебрежительно. К сожалению, многие христиане *пользуются* церковью, но при этом не испытывают к ней никакой любви.

Ваша поместная община

Кроме нескольких важных исключений, когда слово «церковь» относится ко всей совокупности верующих всех времён и народов, в Новом Завете оно всегда используется в значении конкретной поместной общины. Новый Завет принимает членство в поместной церкви как нечто само собой разумеющееся. К поместной общине не принадлежали лишь те христиане, к которым пришлось применить церковную дисциплину, удалив их из общения верующих за какой-то явный, вопиющий грех, совершаемый у всех на виду (1 Кор. 5:1-13, Гал. 6:1-5).

В Библии сказано, что христианин без церковной семьи похож на орган, оторванный от тела, на овцу, отбившуюся от стада, или на ребёнка, лишившегося родного дома. Это неестественное состояние, которого не должно быть. В Писании сказано: «*Вы уже не чужие и не пришельцы, но сограждане святым и свои Богу*» (Еф. 2:19).

Современная культура, возвышающая независимость и индивидуализм, породила великое множество духовных сирот —

«*христиан-мотыльков*», порхающих от церкви к церкви, так и не занимая ни в одной общине своего места, не принимая на себя никаких обязательств и ни перед кем не отвечая за свои поступки. Некоторые полагают, что вполне можно оставаться «хорошим христианином», не присоединяясь к поместной общине и даже не посещая богослужения. Однако Бог с ними решительно не согласен. В Библии перечислено много веских причин, по которым нам необходимо посвятить себя активному участию в церковном общении.

Почему нам нужна церковная семья

Церковная семья подтверждает, что я действительно христианин. Я не могу утверждать, что следую за Христом, если отказываюсь стать преданным членом какой-то конкретной группы Его учеников. Иисус сказал: «*Если будет любовь между вами, все узнают, что вы — Мои ученики*» (Ин. 13:35 [РВ]).

Когда мы, будучи церковной семьёй, сходимся вместе в любви, несмотря на то, что принадлежим к разным национальностям и разным социальным слоям, наше единство является свидетельством для всего окружающего мира (Гал. 3:28, Ин. 17:21). Вы не можете быть Телом Христовым сами по себе. Для этого вам необходимы другие христиане. Мы являемся Его Телом *вместе*, а не по отдельности (1 Кор. 12:27).

Церковная семья выводит нас из себялюбивого отчуждения. Поместная церковь — это школа, где мы учимся ладить с другими членами Божьей семьи. Если хотите, это лаборатория для практических работ по самоотверженной, сострадательной любви. Будучи членом поместной общины, вы можете научиться заботиться о других людях и разделять их интересы: «*Если страдает один орган, плохо и всем осталь-ным. Если в почёте один орган, радуются этому и все ос-тальные*» (1 Кор. 12:26 [РВ]). Только посредством регулярного контакта с обыкновенными, небезупречными верующими мы мо-жем научиться подлинному общению и испытать на себе истину о том, что значит быть взаимоза-висимыми и скреплёнными воедино (Еф. 4:16, Рим. 12:4-5, Кол. 2:19, 1 Кор. 12:25).

ДЕНЬ СЕМНАДЦАТЫЙ: СВОЙ СРЕДИ СВОИХ

Подлинное библейское общение означает, что мы так же преданы друг другу, как Иисусу Христу. Бог призывает нас отдавать друг за дру-га саму свою жизнь. Многие христиане, наизусть знающие Ин. 3:16, почему-то совершенно не помнят 1 Ин. 3:16: «*Любовь познали мы в том, что Он положил за нас душу Свою: и мы должны полагать души свои за братьев*». И по отношению к другим верующим Бог ждёт от нас именно такой жертвенной любви: готовности любить их так же, как любит нас Сам Иисус.

Церковная семья помогает нам наращивать духов-ные мышцы. Вы никогда не достигнете духовной зрелости, если будете всего-навсего посещать общие богослужения, ос-таваясь безучастным зрителем. Только участие в жизни церк-ви помогает нам наращивать духовные мышцы. Писание гово-рит: «*Благодаря Ему* [Христу] *сохраняет единство всё Тело, части которого связаны тесными узами: каждый его орган исполняет своё предназначение, и всё Тело растёт и сози-дается любовью*» (Еф. 4:16 [РВ]).

В Новом Завете словосочетания «друг другу» или «один другого» употребляются более пятидесяти раз. Нам заповеда-но *любить* друг друга, *молиться* друг за друга, *ободрять* друг друга, *назидать* друг друга, *приветствовать* друг друга, *слу-жить* друг другу, *учить* друг друга, *принимать* друг друга, *почитать* друг друга, *носить бремена* друг друга, *прощать* друг друга, *покоряться* друг другу, *быть преданными* друг другу и многое, многое другое. Вот в чём заключается библейское значение слова «членство»! Таковы наши «семейные обязанности», и Бог ожидает, что мы будем исполнять их, пребывая в поместном общении верующих. По отношению *к кому* исполняете их вы?

Некоторым кажется, что гораздо легче оставаться святым, когда вокруг никто не мешает нам поступать, как нам заблагорассудится. Однако это ложная, непрочная святость. Оторванность от других ведёт за собой лживость и самообман. Очень легко обманываться, считая себя духовно зрелым человеком, когда рядом нет никого, кто своими словами и поступками выводил бы на поверхность нашу подлинную сущность. Настоящая зрелость проявляется именно во взаимоотношениях.

Для возрастания недостаточно просто читать Библию. Нам необходимы другие верующие. Мы будем расти и укрепляться гораздо быстрее, если станем учиться друг у друга и давать друг другу отчёт в том, как продвигаются у нас дела. Когда другие христиане делятся тем, чему учит их Бог, я тоже многому у них учусь и расту.

Тело Христа нуждается в нас. Бог выделил каждому из нас своё место, свою уникальную роль в Его семье. Эта роль называется служением, и, чтобы мы могли его исполнить, Бог специально наделил нас соответствующими дарами: *«Каждому дано проявление Духа для общего блага»* (1 Кор. 12:7 [РВ]).

Поместная община — это и есть то место, которое Бог приготовил для того, чтобы мы могли обнаружить, развивать и применять свои дары. Возможно, у нас есть и более широкое служение, но оно всегда является *дополнением* к тому, что мы делаем в поместной церкви. В первую очередь Иисус заботится об устройстве *Своей* церкви, а уж потом о различных аспектах нашего служения.

Мы участвуем в Христовом служении всему миру. Когда Иисус ходил по земле, Бог действовал через Его физическое тело. Сегодня Он действует через Его духовное тело. Церковь — это Божий инструмент здесь, на земле. Мы должны не только являть миру Божью любовь посредством любви друг к другу. Мы должны вместе нести эту любовь всему остальному миру. Какую удивительную привилегию даровал нам Бог! Будучи членами Христова Тела, *мы* являемся Его руками, ногами, глазами и сердцем. Через нас Он совершает в мире Свои дела. И каждому из нас предстоит внести в Его замысел свою лепту. Павел говорит нам: *«Бог сделал нас теми, кто мы есть, создав нас, через единение со Христом Иисусом для добрых дел, которые Он нам изначально предназначил совершить»* Еф. 2:10 [РВ]).

Церковная семья поможет нам не отходить от Христа. Ни один из нас не застрахован от искушений. При определённом стечении обстоятельств каждый из нас способен на любой грех (1 Кор. 10:12, Иер. 17:9, 1 Тим. 1:19). Бог прекрасно это знает и потому поручил всем нам помогать друг другу не сходить с верного пути. В Библии сказано: *«Изо дня в день ободряйте друг друга,... чтобы никто из вас, обманутый грехом, не сделался*

В первую очередь Иисус заботится об устройстве Своей церкви, а уж потом о различных аспектах нашего служения.

строптивым» (Евр. 3:13 [РВ]). «Не суй нос в чужие дела» — это не христианская поговорка. Мы призваны к общению, ко взаимной причастности и не можем оставаться равнодушными к жизни друг друга. Если вы знаете, что один из ваших знакомых заколебался и вот-вот сойдёт с верного пути, пойдите за ним и снова приведите его в общение святых. Иаков говорит нам: *«Братья мои, если кто-то сбился с пути истины и кто-нибудь вернул его назад, то знайте, что человек, вернувший грешника с ложного пути, спасёт его от смерти и покроет множество грехов»* (Иак. 5:19-20 [РВ]).

Кроме того, поместная церковь предоставляет нам духовную защиту со стороны благочестивых лидеров и наставников. Бог поставил пастырей для того, чтобы они охраняли, оберегали, наставляли нас и пеклись о духовном благосостоянии своей паствы (Деян. 20:28-29, 1 Пет. 5:1-4, Евр. 13:7, 17). В Писании говорится: *«Он поставил одних Апостолами, других пророками, иных Евангелистами, иных пастырями и учителями, к совершению святых, на дело служения, для созидания Тела Христова»* (Еф. 4:11-12).

Сатане весьма по душе верующие-одиночки, оторванные от жизни Тела, отчуждённые от Божьей семьи, не несущие никакой ответственности перед тем или иным духовным лидером. Дьявол знает, что они бессильны и не способны защититься от его уловок.

Церковь — это всё

В своей предыдущей книге *«Целеустремлённая церковь»* я подробно объяснял, что для здоровой жизни совершенно необходима здоровая церковь. Надеюсь, со временем вы прочитаете и её тоже, так как она поможет вам понять, что Бог специально устроил Свою церковь таким образом, чтобы помочь вам исполнить все пять аспектов своего жизненного предназначения. Бог создал церковь, чтобы в ней восполнялись ваши самые глубокие потребности. Каждому человеку непременно нужна какая-то цель, ради которой он мог бы жить. Кроме того, ему нужны люди, с которыми жить; принципы, на которых он может основывать своё существование; призвание, в соответствии с которым он мог бы трудиться; сила, чтобы всё это осуществлять. В мире нет больше никакого другого места, способного предоставить вам всё это сразу.

На самом деле пять Божьих целей для церкви полностью соответствуют Его пяти целям для вашей жизни. Поклонение помогает вам постоянно *удерживать свой взор на Боге*. Общение помогает вам *справляться с жизненными проблемами*. Ученичество способствует *укреплению вашей веры*. Служение *обнаруживает ваши дары и таланты*. Благовестие подвигает вас к *свершению своего жизненного поприща*. В мире нет ничего подобного Божьей церкви!

Выбор за вами

С самого момента своего рождения каждый из нас автоматически становится членом большой, общепланетной человеческой семьи. Однако кроме этого ребёнку непременно нужно войти в какую-то одну, конкретную семью, чтобы там о нём как следует заботились, воспитывали и помогали вырасти крепким и здоровым. То же самое должно произойти и в духовном отношении. При рождении свыше вы автоматически становитесь членом вселенской Божьей семьи, но вам необходимо присоединиться к какой-то из конкретных церковных семей.

Разница между *посетителем* и *членом* церкви заключается в уровне посвящённости. Посетители остаются пассивными наблюдателями, а члены активно участвуют в жизни церкви.

Посетителей можно назвать, скорее, потребителями, а члены вносят свой вклад в становление общины. В общем, разница здесь та же, что между парами, живущими в гражданском браке, и теми, кто заключает брачный союз и полностью посвящает себя супружеству.

Почему так важно быть причастным к поместной церковной семье? Потому что тем самым вы показываете, что посвящены и преданы своим братьям и сёстрам во Христе не только на словах, но и на деле. Бог хочет, чтобы мы, как и Он Сам, любили *реальных,* а не придуманных, безупречных людей. Можно всю жизнь искать идеальную церковь, но найти её вам всё равно не удастся. Мы призваны любить несовершенных грешников — как любит их Бог.

В Книге Деяний описано, что христиане в Иерусалиме выражали свою верность и преданность друг другу самым что ни на есть конкретным и практическим образом. Они постоянно пребывали в общении. В Библии говорится, что *«они неустанно внимали учению апостолов и жили в братском единстве, собираясь для преломления хлеба и для молитвы»* (Деян. 2:42 [РВ]). И сегодня Бог ожидает от нас того же самого.

Христианская жизнь предполагает не только посвящённость Христу, но и преданность другим христианам. Верующие Македонии прекрасно это понимали. Павел говорил о них: *«Они самих себя отдали прежде всего Господу, а затем, по воле Божьей, также и нам»* (2 Кор. 8:5б). Став Божьими детьми, мы самым естественным образом совершаем следующий шаг, присоединяясь к поместной церкви. Мы становимся христианами, посвящая себя Христу, но *членами церкви* можно стать, только посвятив себя конкретной группе верующих. Первое решение приводит нас ко спасению, а второе — к общению.

День семнадцатый

Размышляя о своём жизненном предназначении

Истина для обдумывания: Я призван не только верить, но и быть причастным к другим верующим.

Стих для заучивания наизусть: «*Мы, многие, составляем одно тело во Христе, а порознь один для другого члены*» (Рим. 12:5).

Вопрос для размышления: Если взглянуть на моё участие в жизни поместной церкви, можно ли сказать, что я люблю Божью семью и предан ей?

Опыт совместной жизни

*«Да владычествует в сердцах ваших мир
Божий, к которому вы и призваны в одном
теле; и будьте дружелюбны»*

Кол. 3:15

«Как хорошо и как приятно жить братьям вместе!»

Пс. 132:1

Мы задуманы так, чтобы жить сообща.

Бог хочет, чтобы мы знали, что такое жить вместе. Библия называет это *общением*. Однако сейчас и это слово почти полностью утратило своё библейское значение. Говоря об общении, люди обычно имеют в виду поверхностные, ничего не значащие разговоры за едой в весёлой компании. Фраза «После служения у нас будет время для общения» часто означает, что нас приглашают выпить чаю с печеньем и перекинуться двумя-тремя словечками с полузнакомыми людьми.

Подлинное общение включает в себя не только посещение богослужений. Это *реальный опыт совместной жизни*. Оно подразумевает бескорыстную любовь, честность и открытость, практическое служение, самоотверженную щедрость, сострадательное утешение и все остальные новозаветные заповеди о том, как мы должны поступать *«друг с другом»*.

Здесь немаловажную роль играет размер группы христиан. Для общения *гораздо лучше иметь небольшой круг верующих*. Поклоняться можно и в толпе, но общаться с толпой просто невозможно. Если в группе становится больше десяти человек, кто-то непременно перестаёт высказываться и активно участвовать в происходящем (обычно самый тихий её член), и на встречах разговаривают лишь несколько самых бойких участников.

Иисус вёл Своё служение в контексте небольшой группы учеников. Он вполне мог бы выбрать Себе ещё кого-нибудь, но знал, что двенадцать человек — это, пожалуй, максимальный размер маленькой группы, при котором ещё возможно по-настоящему эффективное и равноправное общение.

Тело Христово, подобно нашим физическим телам, на самом деле состоит из множества крохотных клеток. Жизнь вашего тела, как и Тела Христа, содержится именно в них. Как раз поэтому каждому христианину необходимо быть членом какой-нибудь маленькой группы внутри своей церкви, будь то домашняя ячейка, класс в воскресной школе или небольшой кружок по изучению Библии. Настоящее общение происходит именно здесь, а не на совместных собраниях и богослужениях. Если уподобить церковь большому кораблю, то малые группы можно представить себе в виде прикреплённых к нему спасательных шлюпок.

Бог дал поразительные, невероятные обещания именно для небольших групп верующих: «*Где двое или трое собраны во имя Моё, там Я посреди них*» (Мф. 18:20). К сожалению, сама по себе принадлежность к маленькой группе ещё не гарантирует вам подлинного общения. Многие классы воскресной школы и маленькие домашние ячейки застревают на самом поверхностном уровне и понятия не имеют, что такое общаться по-настоящему. Так чем же отличается подлинное общение от его суррогата?

При подлинном общении мы чувствуем глубокую искренность и открытость. Общение не является поверхностным, неглубоким обменом информацией. Оно исходит из глубины души, иногда раскрывая её самые заветные тайники. Оно начинается, когда люди честно делятся друг с другом своим «я» и тем, что происходит у них в жизни, рассказывают друг другу о своих обидах, раскрывают свои чувства, каются в ошибках, поверяют сомнения, признаются в страхах и слабостях и просят о помощи и молитве.

В некоторых церквах мы обнаруживаем нечто прямо противоположное сердечной искренности. Там вместо честности и смирения нас окутывают притворство, попытки строить из себя кого-то другого, подводные интриги, поверхностная вежливость и ничего не значащие разговоры. Люди прячутся за фальшивыми личинами, ничем не выдают своё внутреннее состояние и ведут себя так, будто у них в жизни всё просто замечательно. Всё это — сущая гибель для любого искреннего общения.

Но пережить истинное общение мы сможем лишь тогда, когда будем открыто и честно говорить о своей жизни. В Библии сказано: *«Если живём мы во свете, как и Сам Он — во свете, значит, мы сопричастны друг другу... Если скажем, что мы безгрешны, значит, мы вводим себя в заблуждение, и истины нет в нас»* (1 Ин. 1:7-8 [РВ]). Миру кажется, что самая тесная близость наступает лишь в темноте, но Бог утверждает, что она возможна только на свету. Мы скрываемся во мраке, когда хотим спрятать свои обиды, промахи, неудачи и грехи. Но пребывая во свете, мы выносим всё это на поверхность и признаём, каковы мы есть на самом деле.

Конечно, это довольно рискованно и требует одновременно и смелости, и смирения. Для этого нам придётся преодолеть страх самообнажения и боязнь, что нас отвергнут или обидят ещё раз. Зачем же в таком случае рисковать? Дело в том, что это — единственный путь к духовному росту. В Библии говорится: «*Сознавайтесь друг перед другом в своих грехах и молитесь друг за друга, чтобы Господь исцелил вас*» (Иак. 5:16 [РВ]). Без риска не будет роста, а сложнее всего — решиться на то, чтобы быть по-настоящему честным с собой и другими.

Подлинное общение начинается, когда люди честно делятся друг с другом своим «я» и тем, что происходит у них в жизни.

Подлинное общение взаимно и обоюдно. Взаимность — это искусство отдавать и принимать. Это умение полагаться друг на друга. В Писании сказано: «*Бог так соединил органы в теле,.. чтобы в теле не было разногласий, а все органы заботились друг о друге*» (1 Кор. 12:24-25 [РВ]). Взаимность и обоюдность — это сердце всякого общения: мы выстраиваем двусторонние отношения, разделяем ответственность и помогаем друг другу. Павел говорил: «*Я жажду увидеть вас, чтобы разделить с вами духовные дары и тем укрепить вас, то есть поддержать друг друга нашей общей верой*» (Рим. 1:11-12 [РВ]).

Все мы становимся последовательнее и постояннее в вере, когда рядом с нами идут другие верующие и поддерживают нас. Библия призывает нас хранить друг друга во взаимной подотчётности, воодушевлять друг друга, взаимно служить друг другу и почитать друг друга (Рим. 12:10). Более пятидесяти раз

Новый Завет заповедает нам делать что-то «друг для друга». Библия говорит, что мы должны «*искать того, что служит к миру и ко взаимному назиданию*» (Рим. 14:19).

Вы не несёте ответственности *за* каждого члена Тела Христова, но вы ответственны *перед* ними. Бог призывает вас делать всё, что в ваших силах, ради того, чтобы помочь им.

В подлинном общении мы испытываем сострадание и сочувствие. Сочувствовать — не значит давать советы или предлагать поверхностную, косметическую помощь на скорую руку. Сострадание — это умение войти в страдание другого человека и разделить его. Сочувствуя, мы как бы говорим человеку: «Я знаю, что ты сейчас испытываешь, и твои чувства — вовсе не признак странности или сумасшествия». Сейчас многие называют это «эмпатией», но в Библии такое отношение называется состраданием. В Библии сказано: «*Облекитесь в милосердие, сострадание, в доброту, скромность, кротость, долготерпение, раз вы избранники Бога, Его святой, любимый народ*» (Кол. 3:12 [РВ]).

Сочувствие и сострадание восполняют две фундаментальные человеческие потребности: потребность быть понятым и потребность в том, чтобы кто-то признал законность и значимость наших переживаний. Каждый раз, когда вы понимаете и принимаете чувства другого человека, вы созидаете подлинное общение. Дело в том, что порой мы так торопимся побыстрее всё исправить, что нам некогда сочувствовать. Или мы слишком заняты собственными обидами и переживаниями. А ведь жалость к себе уничтожает в нас всякое сострадание к другим.

Существует несколько уровней общения, и каждый из них уместен в своё время. Самые простые его виды — это *делиться друг с другом* тем, что с нами происходит, и *изучать* вместе Божье Слово. Более глубокое общение — это *совместное служение*, когда мы вместе трудимся (например, во время миссионерских поездок или проектов социальной помощи неимущим). Самый глубокий, сильный и тесный уровень общения — это *общение страдания* (Фил. 3:10, Евр. 10:33-34), когда мы проникаем в боль и горе друг друга и несём бремена друг друга. Лучше всего этот уровень страдания знаком тем христианам по всему миру, которые подвергаются гонениям, испытывают презрение со стороны соплеменников, а иногда даже принимают мученическую смерть за свою веру.

Каждый раз, когда вы понимаете и принимаете чувства другого человека, вы созидаете подлинное общение.

Библия заповедает нам *«носить бремена друг друга и таким образом исполнять закон Христов»* (Гал. 6:2). Больше всего мы нуждаемся друг в друге именно во времена глубинного кризиса, горя и сомнения. Когда обстоятельства придавливают нас к земле до такой степени, что наша вера не выдерживает и начинает колебаться, нам больше всего нужен верующий друг. Нам нужно, чтобы кто-то поверил Богу *вместо* нас, от нашего имени, и помог нам не сдаваться и идти дальше. В маленькой группе верующих Тело Христа остаётся реальным и осязаемым даже тогда, когда Бог кажется далёким. Именно этого Иову так не хватало во время его мучений. Он возопил: *«К страждущему должно быть сожаление от друга его, если только он не оставил страха к Вседержителю»*[32].

---

[32] Иов 6:14. (Интересно, что в английском переводе этого стиха, приведённом автором, смысл несколько иной: «К страждущему должно быть сожаление от друга его, *даже если* он оставил страх к Вседержителю» — *прим. перев.*)

В подлинном общении мы отдаём и принимаем милость. Это место благодати, где нам не сыплют соль на рану, безжалостно напоминая нам о совершённых ошибках, но, напротив, стремятся простить наши прегрешения и навсегда оставить их позади. Подлинное общение начинается, когда милость превозмогает над справедливостью.

Без милости не обойтись ни одному из нас, потому что все мы спотыкаемся, падаем и нуждаемся в помощи, чтобы снова встать на ноги. Нам нужно милостиво относиться к окружающим и уметь принимать милость друг от друга. В Библии сказано, что согрешившего нужно «*простить... и утешить, дабы он не был поглощён чрезмерною печалью*» (2 Кор. 2:7).

ДЕНЬ
ВОСЕМНАДЦАТЫЙ:
ОПЫТ СОВМЕСТНОЙ
ЖИЗНИ

Общение и прощение всегда идут рука об руку. Бог призывает нас «*снисходить друг другу и прощать взаимно*» (Кол. 3:13), потому что обида и непрощение до основания разрушают всякое общение. Будучи грешными, несовершенными людьми, мы часто обижаем друг друга — когда нечаянно, а когда нарочно. Это значит, что для совместной жизни нам необходимо прямо-таки невероятное количество благодати и милости. В Библии сказано: «*Переносите терпеливо друг друга и прощайте, если кто-то на кого-то в обиде. Как Господь простил вас, так и вы прощайте!*» (Кол. 3:13 [РВ]).

Божья милость по отношению к нам должна побуждать нас оказывать такую же милость другим. Бог никогда не попросит вас простить другому больше, чем Он уже простил вам. Всякий раз, когда кто-то наносит вам обиду, перед вами встаёт выбор: на что направить свою душевную энергию — на то, чтобы *отомстить*, или на то, чтобы *разрешить* конфликт? Сделать и то, и другое одновременно просто не получится.

Многие из нас не решаются вести себя милостиво, потому что не понимают разницу между прощением и доверием. Прощая, мы отпускаем от себя прошлое. Доверие же связано с тем, как человек будет вести себя в будущем.

Прощать мы должны немедленно, и неважно, просят у нас прощения или нет. Доверие же придётся восстанавливать со временем. Для того, чтобы снова начать доверять человеку, нам нужно убедиться, что на него действительно можно положиться. Если кто-то обижает вас снова и снова, Бог всё равно заповедает вам сразу же прощать этого человека, но это не значит, что вы обязаны тут же начать ему доверять или снова подставлять себя под новые удары. Сначала обидчик должен доказать вам, что действительно изменился, и для этого тоже требуется время. Самое лучше место для восстановления доверия — это заботливая маленькая группа, которая будет не только ободрять вас, но и интересоваться, как идут дела.

Участие в маленькой группе, члены которой решительно стремятся к подлинному общению, даст вам и многие другие преимущества. Это один из самых существенных аспектов христианской жизни, который нельзя упускать. Уже более двух тысяч лет христиане собираются вместе небольшими группами для того, чтобы общаться. Если вы никогда не были членом такой группы, то сами не понимаете, чего лишаетесь.

В следующей главе мы посмотрим на то, что требуется для создания такого общения между верующими, но я надеюсь, что эта глава вызвала у вас жажду по искренности, взаимности, состраданию и милости подлинного общения. Вы были созданы именно для этого.

День восемнадцатый
Размышляя о своём жизненном предназначении

Истина для обдумывания: В своей жизни я нуждаюсь в других людях.

Стих для заучивания наизусть: *«Носите бремена друг друга, и таким образом исполните закон Христов»* (Гал. 6:2).

Вопрос для размышления: Какой конкретный шаг я мог бы сделать уже сегодня, чтобы начать общаться хотя бы с одним верующим человеком на более искреннем, сердечном уровне?

Созидая совместную жизнь

*«А те, которые созидают мир вокруг себя, мирно
сеют, чтобы пожать плод праведности»*

Иак. 3:18 (РВ)

*«И они постоянно пребывали в учении Апостолов, в
общении и преломлении хлеба и в молитвах»*

Деян. 2:42

Для созидания подлинного общения потребуется серьёзное посвящение.

Создать подлинное общение может только Святой Дух, но действует Он посредством тех решений, которые принимаем мы. Павел подчёркивал двойной характер этой работы, когда писал: *«Всеми силами старайтесь сохранить единство Духа, скрепляя его узами мира»* (Еф. 4:3 [РВ]). Для созидания христианского сообщества, исполненного любви, требуются одновременно и Божья сила, и наши совместные усилия.

К сожалению, многие люди выросли в очень нездоровых, дисфункциональных семьях и потому вообще не знают, что такое нормальные отношения. У них не выработались элементарные социальные навыки и умения, и их нужно специально учить тому, как общаться с другими членами Божьей семьи. К счастью, в Библии содержится великое множество наставлений о том, как жить сообща. Павел писал Тимофею: *«Я пишу,...*

чтобы ты знал, как вести себя в Божьем владении, то есть в Церкви Живого Бога» (1 Тим. 3:14-15 [РВ]).

Если вы устали от поверхностности и хотите способствовать созиданию подлинного общения у себя в церкви или в маленькой группе, вам придётся принять кое-какие нелёгкие решения и пойти на немалый риск.

Для созидания подлинного общения необходима честность. Вам придётся научиться любить своих братьев и сестёр настолько, чтобы при необходимости сказать им правду, даже если на самом деле вам хочется поскорее сгладить возникшую неловкость или вовсе отмахнуться от той или иной проблемы. Конечно, гораздо легче промолчать, когда живущий рядом человек наносит ущерб себе или другим, потакая своим греховным привычкам. У большинства людей нет в жизни ни одного человека, который любит их так сильно, что готов сказать им горькую правду, и потому они продолжают жить по-прежнему, идя к верной гибели. Нередко мы прекрасно *знаем*, что именно нужно им сказать, но слишком боимся и не решаемся это сделать. Во множестве церквей и маленьких групп подлинное общение подрывается именно страхами: никто не решается заговорить, хотя все видят, что жизнь одного из членов группы или общины находится на грани срыва.

Библия велит нам *«говорить правду с любовью»* (Еф. 4:15 [РВ]), потому что без откровенности настоящего общения не бывает. Соломон сказал: *«В уста целует, кто отвечает словами верными»* (Пр. 24:26). Иногда это обязывает нас так заботиться о человеке, чтобы не побояться с любовью обличить его, если он грешит или явно готов поддаться искушению. Павел говорит: *«Братия! если и впадёт человек в какое согрешение, вы, духовные, исправляйте такового в духе кротости, наблюдая каждый за собою, чтобы не быть искушённым. Носите бремена друг друга, и таким образом исполните закон Христов»* (Гал. 6:1-2).

Многие церковные общины и маленькие группы сохраняют поверхностные отношения, потому что боятся конфликта. Всякий раз, когда возникает вопрос, могущий вызвать напряжение или неловкость, его немедленно замазывают, затирают, чтобы удержать ложное ощущение мира. Тут же выскакивает вездесущий брат-примиритель с жизненным лозунгом *«Не надо возмущать спокойствие!»* и пытается всех ублажить и утихомирить, а щекотливый вопрос так и остаётся неразрешённым, и все продолжают жить с тайным раздражением. Все знают о существующей проблеме, но никто не говорит о ней открыто. В результате создаётся нездоровая атмосфера, где у всех есть какие-то секреты от других и где процветают сплетни. В такой ситуации Павел предлагает самое радикальное решение: *«Откажитесь от лжи и говорите каждый своему ближнему правду, ведь все мы части одного тела»* (Еф. 4:25 [РВ]). В современном английском переводе «The Message» этот стих завершается фразой: *«Обманывая других, вы, в конце концов, обманываете самого себя».*

Когда конфликт ведётся правильно, мы становимся друг другу ближе.

Настоящее общение между супругами, друзьями или братьями и сёстрами в церкви зависит от откровенности. Вообще, конфликт — это путь к близости в любых взаимоотношениях. Пока между вами не будет достаточно любви, чтобы убрать подводные камни, вы никогда не обретёте подлинной близости. Когда конфликт ведётся правильно, мы приближаемся друг к другу, смело глядя в лицо нашим различиям и разрешая их. В Библии сказано: «*Обличающий человека найдет после бо́льшую приязнь, нежели тот, кто льстит языком*» (Прит. 28:23).

Быть честным и откровенным — это не значит позволять себе говорить всё, что заблагорассудится, в любое время и в любом месте. Это не значит грубить. Библия говорит, что всё на свете нужно делать в своё время и подобающим образом (Еккл. 8:6). Необдуманные слова часто наносят раны, которые долго не заживают. Бог повелел, чтобы в церкви мы говорили друг с другом как члены одной любящей семьи: «*Человека, старшего по возрасту, не отчитывай резко, но увещевай, как отца. С людьми моложе себя разговаривай, как с братьями. С женщинами старше — как с матерями; с теми, кто моложе, — как с сёстрами, скромно и целомудренно*» (1 Тим. 5:1-2 [РВ]).

К сожалению, тысячи общин погибли именно из-за недостатка честности. Павлу пришлось упрекать коринфскую церковь за всеобщий заговор молчания и за пассивное потворство явной безнравственности, творившейся у них в общине. Поскольку никто из коринфян не решался обличить грешника, Павел писал: «*... Нельзя просто отворачиваться в другую сторону и надеяться, что всё как-нибудь разрешится само собой. Вынесите всё это на свет и разберитесь с этим... Лучше горе и стыд, чем вечное проклятие... Вы стараетесь преуменьшить значение произошедшего, но на самом деле всё серьёзно... Нельзя вести себя так, словно всё прекрасно, когда один из ваших товарищей-христиан впал в безнравственность или обман, легкомысленно относится к Богу или грубит друзьям, напивается или ведёт себя как жадный хищник. Нельзя просто терпеть всё это или считать приемлемым поведением. Я не отвечаю за то, чем занимаются люди вне церкви,* *но разве на нас с вами не лежит ответственность за общение верующих?»* (1 Кор. 5:3-12 [«Message»]).

Для созидания подлинного общения необходимо смирение. Больное самомнение, высокомерие и упрямая гордыня разрушают общение быстрее всего. Гордыня разделяет людей стенами, в то время как смирение протягивает между ними мосты. Смирение — это бальзам, умягчающий и успокаивающий наши взаимоотношения. *«Облекитесь смиренномудрием»,* — призывает нас Писание (1 Пет. 5:5б). Самое подобающее одеяние для христианского общения — это смирение.

В конце этого же самого стиха поясняется, почему это так: *«...потому что Бог гордым противится, а смиренным даёт благодать».* Это ещё одна причина, по которой нам так нужно смирение: гордыня загораживает путь Божьей благодати, которая совершенно необходима нам для того, чтобы расти, меняться, исцеляться и помогать другим. Мы принимаем Божью благодать, когда смиренно признаём, что нуждаемся в ней. В Библии сказано, что всякий раз, давая волю своей гордыне, мы тем самым *противимся* Богу! Жить так глупо и опасно.

Быть смиренным — не значит думать о себе хуже. Это значит поменьше думать о себе.

Есть весьма практические и конкретные способы оставаться смиренным: признавать свои слабости, терпеливо относиться к слабостям других людей, открыто принимать критику и считать других важнее и выше себя. *«Живите в полном согласии друг с другом,* — советовал Павел. — *Не будьте заносчивы, будьте в дружбе со всеми — и с простыми, и с малыми. Не будьте самодовольны»* (Рим. 12:16 [РВ]). Филиппийским христианам он писал: *«Ни-*

чего не делайте по любопрению или по тщеславию, но по смиренномудрию почитайте один другого высшим себя. Не о себе только каждый заботься, но каждый и о других» (Фил. 2:3-4).

Быть смиренным — не значит думать о себе хуже. Это значит поменьше думать о себе и больше думать о других. Смиренные люди так заняты служением другим, что о себе почти не вспоминают.

Для созидания подлинного общения нужны почтительность и такт. Вежливость — это проявление уважения к нашим различиям, почтение к другому человеку даже тогда, когда мы с ним не согласны, и терпеливое отношение к тем, кто нас раздражает. Павел писал Титу, что должно *«никого не бранить, не затевать ссор, относиться ко всем людям с неизменной добротой и мягкостью»* (Тит 3:2 [РВ]).

ДЕНЬ
ДЕВЯТНАДЦАТЫЙ:
СОЗИДАЯ
СОВМЕСТНУЮ
ЖИЗНЬ

В каждой церкви и маленькой группе всегда найдётся хотя бы один «трудный» человек (обычно их куда больше). Такие люди могут отличаться особыми эмоциональными нуждами, глубокой неуверенностью в себе, раздражающими привычками и манерами или неадекватными социальными навыками. Если хотите, это люди из разряда ТОБ: «Требующие Особой Благодати».

Бог поместил их среди нас как для их блага, так и для нашего. Они создают возможность для роста и испытывают качество нашего общения: станем ли мы любить их как настоящих братьев и сестёр и относиться к ним с подобающим достоинством?

В семье мы принимаем друг друга не на основании блестящего ума, способностей или внешности. Мы принимаем друг друга, потому что принадлежим друг другу. Мы защищаем и оберегаем свою семью. Возможно, один из наших родственников слегка странноват, но он всё равно наш, всё равно свой. Согласно Библии, точно так же мы должны быть «*братолюбивы друг к другу с нежностью; в почтительности друг друга предупреждать*» (Рим. 12:10).

По правде говоря, у каждого из нас есть свои странности и привычки, которые раздражают окружающих. Однако единство сообщества строится не на взаимной совместимости. Основанием христианского общения являются отношения с Иисусом Христом. Мы — семья.

Один из секретов вежливости — это понять, почему человек ведёт себя так, а не иначе. Попробуйте разузнать о его прошлом. Стоит вам увидеть, что ему пришлось пережить, и вы сразу же станете относиться к нему куда снисходительнее. Вместо того, чтобы размышлять о том, как много ему ещё предстоит узнать и преодолеть, подумайте лучше о том, как много он уже добился, несмотря на всю прошлую боль.

Ещё одна составная часть вежливости — это не преуменьшать значительность и серьёзность чужих сомнений. Даже если

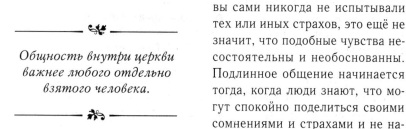

Общность внутри церкви важнее любого отдельно взятого человека.

вы сами никогда не испытывали тех или иных страхов, это ещё не значит, что подобные чувства несостоятельны и необоснованны. Подлинное общение начинается тогда, когда люди знают, что могут спокойно поделиться своими сомнениями и страхами и не нарвутся на осуждение.

Для созидания подлинного общения нужна конфиденциальность. Только в безопасной атмосфере дружелюбного принятия, доверия и конфиденциальности люди будут открываться друг другу и рассказывать о самых глубоких и тайных обидах, нуждах и ошибках. Сохранять конфиденциальность — не значит молчать, когда брат или сестра согрешают. Это означает, что всё, сказанное внутри группы, не выходит за её пределы, и членам группы придётся с этим разбираться, ничего не вынося за порог.

Бог ненавидит сплетни, особенно когда их «подают» под видом молитвенной просьбы о ком-то отсутствующем. Он говорит, что «*коварный сеет раздоры, клеветник разлучает друзей*» (Прит. 16:28 [РБО]). Сплетни всегда порождают обиды и разделения, и Бог очень недвусмысленно даёт понять, что нам непременно надо обличать всякого, кто сеет раздор между христианами (Тит. 3:10 [РВ]). Возможно, этот человек разозлится и покинет вашу группу или даже уйдёт из общины после того, как вы поговорите с ним насчёт его поведения, сеющего ссоры и разделения, однако общность внутри церкви важнее любого отдельно взятого человека.

Для созидания подлинной общности требуется частое общение. Чтобы построить внутри своей группы подлинно тесные отношения, вам *просто необходимо* общаться часто и регулярно. Взаимоотношениям всегда требуется время. В Библии говорится: «*Не будем оставлять собрания своего, как есть у некоторых обычай; но будем увещевать друг друга...*» (Евр. 10:25). Нам следует развить в себе *привычку* собираться вместе. Привычка — это регулярное и частое действие, а не что-то такое, чем вы занимаетесь лишь иногда. Чтобы построить взаимоотношения с какими-то людьми, нужно проводить с ними время — *много времени!* Вот почему во многих церквах общение остаётся поверхностным: мы почти не бываем вместе, а когда всё же собираемся, то почти всё время слушаем монолог проповедника или учителя.

Общение строится не на принципе удобства («соберёмся, когда мне этого захочется»), а на убеждении, что я нуждаюсь в нём ради собственного духовного здоровья. Надо встречаться даже тогда, когда не хочется, потому что мы верим в важность христианского общения. Первые христиане собирались вместе ежедневно! Они *«каждый день единодушно пребывали в храме и, преломляя по домам хлеб, принимали пищу в веселии и простоте сердца»* (Деян. 2:46). Общение требует серьёзного вложения вашего времени.

Если вы уже входите в состав маленькой группы, я призываю членов вашей группы заключить друг с другом завет, посвящая себя всем девяти слагаемым настоящего общения: Мы будем делиться своими подлинными чувствами (*искренность и открытость*), воодушевлять друг друга (*взаимность и обоюдность*), поддерживать друг друга (*сочувствие и сострадание*), прощать друг друга (*милосердие*), говорить правду в любви (*честность*), признавать свои слабости (*смирение*), уважать различия между нами (*вежливость*), никогда не сплетничать (*конфиденциальность*) и сделаем наши встречи одним из главных приоритетов (*частота общения*).

Если взглянуть на перечисленные признаки подлинного общения, становится понятно, почему оно встречается так редко: ведь для него требуется, чтобы мы перестали думать и заботиться только о себе, отказались от своей независимости и начали всерьёз полагаться друг на друга, переплетая наши жизни воедино. Но плоды такой общности **более чем перевешивают** все затраченные усилия, и, кроме того, она отлично подготавливает нас к жизни на Небесах.

День девятнадцатый

Размышляя о своём жизненном предназначении

Истина для обдумывания: Для созидания подлинного общения требуется серьёзное посвящение.

Стих для заучивания наизусть: *«Любовь познали мы в том, что Он положил за нас душу Свою: и мы должны полагать души свои за братьев»* (1 Ин. 3:16).

Вопрос для размышления: Что я могу сделать уже сегодня для того, чтобы поддержать хотя бы один из аспектов подлинного общения в своей маленькой группе и в своей церкви?

Восстанавливая
разрушенное общение

«Всё же от Бога, Иисусом Христом примирившего нас с Собою и давшего нам служение примирения»

2 Кор. 5:18

Нарушенные отношения всегда стоят того, чтобы их восстановить.

Поскольку вся жизнь состоит в том, чтобы учиться любить, Бог хочет, чтобы мы по-настоящему ценили взаимоотношения с людьми и прилагали все усилия к тому, чтобы сохранять их и не ставить на них крест всякий раз, когда возникает разрыв, обида или конфликт. Более того, в Библии сказано, что Бог вверил нам служение восстановления нарушенных взаимоотношений (2 Кор. 5:18). Не случайно значительная часть Нового Завета посвящена учению о том, как нам общаться друг с другом в мире и согласии. Апостол Павел писал: *«Если есть какое утешение во Христе, если есть какая отрада любви, если есть какое общение духа, если есть какое милосердие и сострадательность, то дополните мою радость: имейте одни мысли, имейте ту же любовь, будьте единодушны и единомысленны»* (Фил. 2:1-2). Павел учил, что одним из признаков духовной зрелости является наше умение ладить друг с другом (Рим. 15:5).

Христос хочет, чтобы членов Его семьи узнавали именно по любви между собою, а нарушенное общение среди христиан свидетельствует как раз об обратном и приносит церкви один позор и неуважение со стороны неверующих. Вот почему апостолу было так стыдно из-за того, что члены коринфской церкви разделялись на воинствующие группировки и даже подавали друг на друга в суд! *«К стыду вашему говорю: неужели нет между вами ни одного разумного, который мог бы рассудить между братьями своими?»* (1 Кор. 6:5) — писал он, обращаясь к ним. Он был неприятно поражён тем, что в церкви не нашлось ни одного члена, достаточно зрелого для того, чтобы мирно разрешить возникший конфликт. В том же самом послании он пишет: *«Именем Господа нашего Иисуса Христа умоляю вас, братья, будьте все согласны друг с другом»* (1 Кор. 1:10 [РВ]).

Если вы желаете ощущать Божье благословение в своей жизни и хотите, чтобы окружающие видели в вас Божье дитя, вам нужно стать миротворцем. Иисус говорил: *«Блаженны миротворцы, ибо они будут наречены сынами Божиими»* (Мф. 5:9). Обратите внимание, Иисус не говорил: «Блаженны миролюбивые», потому что жить в мире и согласии нравится всем. И Он не говорил: «Блаженны невозмутимые», которых никогда ничего не беспокоит. Он сказал: «Блаженны те, кто *трудится* ради мира», активно стремится к разрешению конфликта. Миротворцев среди нас довольно мало, потому что добиваться примирения очень и очень нелегко.

Поскольку мы сотворены для того, чтобы быть частью Божьей семьи, а вторая цель нашей земной жизни заключается в том, чтобы научиться любить людей и по-настоящему с ними общаться, умение восстанавливать мир является одним из самых важных, которые только можно приобрести. К сожалению, большинство из нас никогда не учили искусству разрешения конфликтов.

Стремиться к миру — не значит *избегать конфликтов*. Бежать от проблемы, притворяться, что её не существует, или бояться о ней заговорить — всё это самая настоящая трусость. Иисус, Князь мира, никогда не боялся конфликтов. Бывало, Он даже *провоцировал* их ради всеобщего блага. Иногда нам нужно уклониться от конфликта, иногда придётся самим его вызывать, а иногда — разрешать. Вот почему так важно молиться о постоянном водительстве Святого Духа.

Стремиться к примирению — не значит вести политику *умиротворения*. Иисус вовсе не призывал нас к тому, чтобы мы всегда уступали, позволяли другим садиться себе на голову и вытирать о нас ноги. По некоторым вопросам Христос тоже отказывался идти на компромисс и твёрдо стоял на Своём, несмотря на злобное сопротивление.

Как восстановить взаимоотношения

Бог призвал нас, верующих, нести *«слово примирения»* (2 Кор. 5:18). Позвольте мне перечислить семь библейских принципов восстановления разрушенных отношений.

Прежде чем разговаривать с человеком, поговорите с Богом. Обсудите с Ним возникшую проблему. Если первым делом вы будете об этом молиться вместо того, чтобы сплетничать о произошедшем с кем-то третьим, то увидите, что чаще всего Бог либо будет менять ваше собственное сердце, либо без вашей помощи изменит того, с кем у вас конфликт. Все наши взаимоотношения станут гораздо более мирными, если мы будем больше о них молиться.

Как делал когда-то псалмопевец Давид, используйте молитву для того, чтобы *излить Богу свои чувства*. Расскажите Ему о своём недовольстве. Возопите к Нему. Его никогда не шокирует и не удивляет наш гнев, обида, неуверенность или какие-то иные эмоции, так что прямо скажите Ему, что вы чувствуете.

ДЕНЬ ДВАДЦАТЫЙ:
ВОССТАНАВЛИВАЯ
РАЗРУШЕННЫЕ
ОТНОШЕНИЯ

В корне большинства конфликтов лежат неудовлетворённые потребности. Некоторые из этих потребностей может удовлетворить лишь Бог. Требуя от людей — будь то друзья, супруги, начальники или члены семьи — восполнить нужду, утолить которую способен только Бог, мы сами напрашиваемся на разочарование и обиду. *Ни один* человек не может восполнить все наши нужды. На такое способен только Бог.

Апостол Иаков заметил, что многие из наших конфликтов порождаются тем, что мы почти не молимся: *«Откуда у вас вражды и распри? Не отсюда ли, от вожделений ваших, воюющих в членах ваших? Желаете — и не имеете; убиваете и завидуете — и не можете достигнуть; препираетесь и враждуете — и не имеете, потому что не просите»* (Иак. 4:1-2). Вместо того, чтобы опираться на Бога, мы надеемся на то, что друзья и близкие сделают нас счастливыми, а потом сердимся на них, когда этого не происходит. А Бог спрашивает нас: «Почему же вы с самого начала не обратились ко Мне?»

Всегда берите инициативу на себя. Неважно, кто из вас обидчик, а кто обиженный. Бог всегда ждёт, чтобы вы сделали первый шаг к примирению. Не надо ждать инициативы с другой стороны. Подойдите к нему или к ней первым. Восстанавливать разрушенные взаимоотношения так важно, что Иисус заповедал делать это прежде, чем идти и поклоняться

Богу: «*Если ты принесёшь дар твой к жертвеннику и там вспомнишь, что брат твой имеет что-нибудь против тебя,* **оставь** *там дар твой пред жертвенником,* **и пойди** *прежде примирись с братом твоим, и тогда приди и принеси дар твой*» (Мф. 5:23-24).

Когда отношения становятся напряжёнными или вообще прерываются, следует немедленно начать планировать мирные переговоры. Не надо откладывать их на потом, придумывать отговорки или обещать: «Когда-нибудь я этим займусь». Постарайтесь как можно скорее встретиться с этим человеком лично. Задержка только углубляет чувство обиды и ухудшает ситуацию. Если конфликт так и остаётся неразрешённым, время ничего не лечит, а только растравляет нанесённые раны.

Кроме всего прочего, быстрые действия уменьшат духовный ущерб вам самим. Библия говорит, что неразрешённый конфликт не только приносит нам массу неприятных эмоций, но и препятствует нашему общению с Богом, так что мы не получаем ответов на свои молитвы (1 Ин. 4:20-21, 1 Пет. 3:7). Друзья Иова напомнили ему: «*Глупца убивает гневливость, и несмысленного губит раздражительность*» и «*ты только раздираешь себе душу в гневе своём*» (Иов 5:2, Иов 18:4).

Успех мирных переговоров часто зависит от правильного выбора места и времени их проведения. Не надо встречаться, когда один из вас спешит, чувствует себя усталым или знает, что вашу встречу непременно прервёт кто-то третий. Для такого разговора разумнее всего выбрать такое время, когда оба человека находятся в наилучшей форме.

Отнеситесь к чувствам другого с состраданием и пониманием. Это значит, что слушать нужно больше, чем говорить. Прежде чем вы попытаетесь разрешить свои несогласия, надо выслушать и понять чувства друг друга. Павел советовал:

«Не о себе только каждый заботься, но каждый и о других» (Фил. 2:4). Слово, переведённое у нас как «заботиться», в греческом оригинале звучит как *«скопос»*. Именно от него произошли такие слова, как микроскоп и телескоп. Оно означает «пристально смотреть», «присматриваться». Сосредоточьте своё внимание на чувствах, а не на фактах. Начните с сострадания, а не с возможных способов разрешения конфликта.

Бог всегда ждёт, чтобы вы сделали первый шаг к примирению.

Не пытайтесь с самого начала опровергать ощущения других людей и говорить им, что их чувства нелепы и неадекватны. Просто слушайте. Позвольте им излить, сбросить с души все свои эмоции, не вставая при этом в глухую защиту. Кивайте головой в знак понимания, даже если вы не согласны. Чувства не всегда бывают истинными или логичными. Напротив, обида часто заставляет нас поступать неразумно и думать сущие глупости. Давид признавался: *«Когда кипело сердце моё, и терзалась внутренность моя, тогда я был невежда и не разумел; как скот был я пред Тобою»* (Пс. 72:21-22). Все мы ведём себя ужасно, когда не находим себе места от боли и обиды.

И напротив, Библия говорит: *«Благоразумие делает человека медленным на гнев, и слава для него — быть снисходительным к проступкам»* (Прит. 19:11). Терпение рождается из мудрости, а мудрость — из умения выслушивать чужую точку зрения. Слушая, мы как бы говорим собеседнику: «Я ценю твоё мнение. Мне небезразличны наши взаимоотношения и мне важен ты сам». Права поговорка: людям всё равно, что мы думаем, пока они не увидят, что нам не всё равно.

Чтобы восстановить прерванные отношения, *«каждый из нас должен угождать ближнему, во благо, к назиданию»* (Рим. 15:2). Чтобы терпеливо вбирать в себя чужой гнев, особенно когда он необоснован, требуется самоотверженность. Но ведь Христос тоже пожертвовал Собой ради нас. Вспомните, сколько ярости и насмешек пришлось перенести Иисусу для того, чтобы спасти нас: *«Христос не Себе угождал, но, как написано: злословия злословящих Тебя пали на Меня»* (Рим. 15:3).

Признайте свою долю вины в конфликте. Если вы серьёзно взялись за восстановление тех или иных отношений, для начала вам придётся признать собственные ошибки и грехи. Иисус сказал, что только так мы сможем увидеть ситуацию в истинном свете: *«Вынь прежде бревно из твоего глаза и тогда увидишь, как вынуть сучок из глаза брата твоего»* (Мф. 7:5).

Поскольку у каждого из нас есть «слепые пятна», вам может понадобиться участие третьего человека, который поможет вам трезво оценить ваше поведение ещё до того, как вы будете беседовать со вторым участником конфликта. Кроме того, попросите Бога показать вам, какая доля вины за конфликт лежит на вас. Спросите Его: «Быть может, всё дело во мне? Быть может, я требую невозможного, проявляю бестактность или чрезмерную чувствительность?» В Библии сказано: *«Если говорим, что не имеем греха, — обманываем самих себя»* (1 Ин. 1:8).

Чистосердечное раскаяние — это могущественная сила, способствующая примирению. Часто наши способы разрешения конфликтов только раздувают и усугубляют прежнюю обиду. Но когда вы начинаете с того, что смиренно признаёте свои ошибки, гнев вашего собеседника сразу же пропадает и ему уже не нужно набрасываться на вас с обвинениями: ведь он, скорее всего, ожидал, что вы будете защищаться. Не надо оправдываться или перекладывать вину на чужие плечи; лучше просто и честно признаться в том, насколько вы сами виноваты в возникновении конфликта. Возьмите на себя ответственность за свои ошибки и попросите прощения.

Занимайтесь проблемой, не нападая на человека. Вы не сможете разрешить проблему, если стремитесь только к тому, чтобы выяснить, кто в ней виноват. Выбирайте: либо одно, либо другое. В Книге Притчей сказано: «*Кроткий ответ отвращает гнев, а оскорбительное слово возбуждает ярость*» (Прит. 15:1). Гнев не поможет вам как следует объяснить, что вы думаете по поводу случившегося. Так что подбирайте слова мудро. Мягкий, добрый ответ всегда лучше язвительного сарказма.

При разрешении конфликта важно не только то, что именно мы говорим, но и как мы это делаем.

При разрешении конфликта важно не только то, что *именно* мы говорим, но и *как* мы это делаем. Если высказывать свои мысли оскорбительным тоном, ваш собеседник непременно будет защищаться. Бог говорит, что «*мудрый сердцем прозовется благоразумным, и сладкая речь прибавит к учению*» (Прит. 16:21). Колкими речами вам никого не удастся ни в чём убедить. Ворчание и придирчивость тоже пользы не принесут.

Во время холодной войны обе стороны договорились о том, что некоторые виды оружия обладают такой разрушительной силой, что к ним никогда не следует прибегать. Сегодня химическое и биологическое оружие находится под запретом, а накопления ядерного вооружения потихоньку уничтожаются. Ради сохранения общения вам тоже нужно уничтожить свой арсенал оружия, губительного для любых отношений. В него входят осуждение, унижение, сравнение человека с кем-то другим, наклеивание ярлыков, оскорбление, высокомерное снисхождение и сарказм. Можно спорить, не убивая друг друга словами. Павел подытоживает этот принцип в Послании к ефесянам: «*Никакое гнилое слово да не исходит из уст ваших, а только доброе для назидания в вере, дабы оно доставляло благодать слушающим*» (Еф. 4:29).

По мере возможности стремитесь к сотрудничеству. Павел писал: «*Если возможно с вашей стороны, будьте в мире со всеми людьми*» (Рим. 12:18). Мир всегда чего-то стоит. Иногда он стоит нам гордости, часто — эгоизма. Ради подлинного общения мы должны делать всё возможное для того, чтобы достичь компромисса, приспособиться друг к другу и уступить (Рим. 12:10, Фил. 2:3). Современное переложение Нового Завета «The Message» передаёт седьмую заповедь блаженства следующим образом: «*Блаженны вы, когда показываете людям, как трудиться сообща, вместо того, чтобы соперничать или ссориться. Именно тогда вам открывается, кто вы такие на самом деле, и вы осознаёте своё место в Божьей семье*» (Мф. 5:9).

Делайте упор на примирение, а не на полное устранение разногласий. Неразумно и нереально требовать от людей, чтобы они всегда и во всём друг с другом соглашались. Примирение делает упор на взаимоотношениях, а стремление достичь какого-то решения уделяет основное внимание самой проблеме. Когда мы заботимся прежде всего об отношениях, проблемы утрачивают свою значимость и часто становятся неважными.

Можно восстановить отношения, даже если не удаётся найти компромисс. Христиане часто придерживаются разных и притом вполне обоснованных воззрений, но ведь можно оставаться при своём мнении, не переходя при этом на уровень личных оскорблений и обид. Один и тот же бриллиант выглядит по-разному, если смотреть на него с разных сторон. Бог призывает нас к единству, а не к единообразию, и можно идти рядом, взявшись за руки, даже если мы не смотрим на все вопросы одинаково.

Это не значит, что нужно махнуть на всё рукой и даже не пытаться искать общее решение. Возможно, для этого вам придётся разговаривать дальше и даже спорить, но делать это в духе мира и согласия. Примиряясь, мы «зарываем топор войны», но зарывать вместе с топором и все спорные вопросы вовсе не обязательно.

Подумайте, с кем вам нужно поговорить теперь, когда вы прочитали эту главу. Какие взаимоотношения вам следует восстановить? Не медлите больше ни одной секунды! Прямо сейчас отложите всё и поговорите с Богом про этого человека. А потом снимите телефонную трубку и начните процесс примирения. Эти семь шагов очень просты, но даются они нелегко.

Примирение делает упор на взаимоотношениях, а стремление достичь какого-то решения уделяет основное внимание самой проблеме.

Чтобы восстановить прерванные отношения, требуется множество усилий. Апостол Пётр призывал нас «*искать мира и стремиться к нему*» (1 Пет. 3:11). Добиваясь примирения, вы делаете то, что сделал бы на вашем месте Сам Бог. Вот почему Бог называет миротворцев Своими детьми (Мф. 5:9).

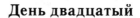

День двадцатый
Размышляя о своём жизненном предназначении

Истина для обдумывания:
Взаимоотношения всегда стоят того, чтобы их восстанавливать.

Стих для заучивания наизусть: *«Если возможно с вашей стороны, будьте в мире со всеми людьми»* (Рим. 12:18).

Вопрос для размышления: Что мне нужно сделать для того, чтобы уже сегодня сделать шаг к восстановлению нарушенных отношений?

Оберегая свою церковь

*«Всеми силами старайтесь хранить единство
Духа, скрепляя его узами мира»*

Еф. 4:3 (РВ)

*«Более же всего облекитесь в любовь, которая
есть совокупность совершенства»*

Кол. 3:14

В наши обязанности входит оберегать единство в своей церкви.

Единство церкви настолько важно, что Новый Завет уделяет ему куда больше внимания, нежели даже учению о Небесах и аде. Бог жаждет, чтобы между нами царили *единодушие* и согласие.

Единство — это основа подлинного общения. Нарушьте его — и вы вырвете сердце из Тела Христова. Это сущность, основа той совместной жизни, которую Бог желает видеть среди нас в церкви. Главным примером такого единства является единение внутри Божественной Троицы. Отец, Сын и Святой Дух полностью связаны друг с другом в одно целое. Сам Бог показывает нам, как выглядит наивысшее проявление жертвенной любви, смиренного бескорыстия и совершенного согласия.

Как и любому другому родителю, Небесному Отцу нравится видеть, что его дети ладят между собой. В последние минуты перед арестом Иисус страстно молился Отцу о единстве среди Своих учеников (Ин. 17:20-23). Даже в эти мучительные часы единство верующих было Его главной заботой. Вот насколько оно важно.

У Бога нет ничего ценнее церкви. Он заплатил за неё непомерную цену, и она стоит того, чтобы её оберегать — особенно от пагубного влияния раздоров, конфликтов и разногласий. Если

У Бога нет ничего ценнее церкви.

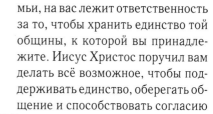

вы являетесь членом Божьей семьи, на вас лежит ответственность за то, чтобы хранить единство той общины, к которой вы принадлежите. Иисус Христос поручил вам делать всё возможное, чтобы поддерживать единство, оберегать общение и способствовать согласию

между всеми верующими. В Библии говорится: *«Всеми силами старайтесь хранить единство Духа, скрепляя его узами мира»* (Еф. 4:3 [РВ]). Как нам это делать? В Писании содержится немало практических советов.

Смотрите на то, что нас объединяет, а не ищите различия. Павел писал, что мы *«должны стремиться к тому, что несёт нам мир и взаимную поддержку»* (Рим. 14:19 [РВ]). У нас, верующих, один Господь, одно Тело, одно предназначение, один Отец, один Дух, одна надежда, одна вера, одно крещение и одна любовь (Рим. 10:12, Рим. 12:4-5, 1 Кор. 1:10, 1 Кор. 8:6, 1 Кор. 12:13, Еф. 4:4, Еф. 5:5, Фил. 2:2). У нас одно спасение, одна жизнь и одно будущее — и всё это гораздо важнее, чем любые другие различия, которые только можно перечислить. И мы должны помнить об этом прежде всего.

Нам нужно помнить, что Сам Бог сотворил нас всех непохожими, и по этой причине ценить существующие между нами различия, радоваться им, а не только проявлять друг к другу терпимость. Бог хочет видеть между нами единство, а не единообразие. Поэтому мы никогда не должны позволять незначительным различиям вставать на пути общения и разделять нас. Мы должны не спускать глаз с тех общих целей, которые Бог обозначил для нас и для Своей церкви: учиться любить друг друга так, как возлюбил нас Христос, и исполнять пять аспектов Божьего предназначения для нас и Его церкви.

Наличие конфликта обычно показывает, что наше внимание сосредоточено на менее важных вопросах, на том, что Библия называет *«спорами о мнениях»* (Рим. 14:1, 2 Тим. 2:23). Когда мы делаем упор на личных предпочтениях, авторитетах, толкованиях, стилях или методах, раздоры и разногласия просто неизбежны. Но если мы будем прежде всего стремиться к взаимной любви и исполнению Божьих целей, между нами воцарится гармония. Павел горячо просил: *«Умоляю вас, братия, именем Господа нашего Иисуса Христа, чтобы все вы говорили одно, и не было между вами разделений, но чтобы вы соединены были в одном духе и в одних мыслях»* (1 Кор. 1:10).

Следите, чтобы ваши ожидания и требования оставались реалистичными. Стоит нам увидеть, каким Бог задумал *подлинное* общение, мы часто начинаем испытывать разочарование, видя, насколько далеко *реальное* положение вещей в церкви отстоит от *идеала*. И всё равно мы должны горячо любить церковь, несмотря на её несовершенство. Тосковать по идеалу, одновременно критикуя то, что существует в действительности, — признак незрелости. С другой стороны, довольствоваться тем, что имеешь, не стремясь достичь идеала, — признак самодовольства. Зрелость умеет жить в напряжённом равновесии между одним и другим.

Верующие *обязательно* принесут вам жестокое разочарование и не раз подведут вас, но это ещё не причина, чтобы перестать с ними общаться. Они — члены вашей семьи, даже если по их поведению этого не скажешь, так что не нужно просто отворачиваться и уходить от них прочь. Вместо этого Бог призывает нас: «*Будьте всегда скромны и кротки. Терпеливо, с любовью переносите друг друга*» (Еф. 4:2 [РВ]).

Мы должны горячо любить церковь, несмотря на её несовершенство.

Люди разочаровываются в церкви по многим понятным причинам. Перечислять их можно долго: конфликт, обида, лицемерие, пренебрежение людьми, мелочность, законничество и другие грехи. Вместо того, чтобы отшатываться в изумлённом негодовании, нам надо помнить, что церковь состоит из самых что ни на есть отъявленных грешников, из которых мы — не последние. Будучи грешниками, мы обижаем друг друга, иногда нарочно, а иногда неосознанно. Однако вместо того, чтобы уйти из церкви, нам нужно остаться и по возможности разрешить возникшие сложности. Путь к крепкому характеру и глубокому общению лежит не через бегство, а через примирение.

Развод с церковью при первом же разочаровании и крушении иллюзий говорит о незрелости. Бог многому хочет научить и вас, и всех остальных. Кроме того, идеальной церкви, куда можно было бы сбежать, просто не существует. У каждой общины — свой букет слабостей и проблем. Куда бы вы ни пришли, там вас тоже ждёт скорое разочарование.

Граучо Маркс[33] шутил, что не захочет присоединиться ни к одному клубу, который согласился бы принять его в свои чле-

---

[33] Граучо (Ворчун) Маркс — один из братьев-участников известного комедийного трио в США.

ны. Если церковь должна быть идеальной для того, чтобы удовлетворить ваши требования, её совершенство автоматически исключает возможность вашего в ней членства, потому что вы небезгрешны!

Дитрих Бонхёффер, немецкий пастор, принявший мученическую смерть за сопротивление нацистам, написал классическую книгу, посвящённую церковному общению, под названием «*Жить вместе*». В ней он утверждает, что разочарование в поместной церкви даже полезно, потому что оно сокрушает наши ложные надежды на совершенство. Чем быстрее мы откажемся от иллюзии, что по-настоящему можно любить только безупречную церковь, тем быстрее перестанем притворяться и признаем, что *все* мы не без греха и нуждаемся в благодати. Это и есть начало подлинного общения.

В принципе, каждая церковь могла бы вывесить возле входа объявление: «Безгрешных просим не обращаться. Приглашаются только люди, признающие свою греховность, нуждающиеся в благодати и желающие расти».

Бонхёффер писал: «Тот, кто любит свою мечту больше, чем само христианское единение, станет разрушителем любого христианского сообщества... Благодарим ли мы ежедневно за христианское сообщество, в которое мы вошли, в том числе и там, где нет большого опыта, нет ощутимого богатства, а есть много слабостей, маловерия, трудностей? А ведь если мы только жалуемся Богу на бедность, на то, что не всё соответствует нашим ожиданиям, — мы мешаем Ему поддерживать рост нашего сообщества»[34].

Старайтесь воодушевлять, а не критиковать. Всегда легче стоять в стороне и ронять критические замечания в адрес

---

[34] Дитрих Бонхёффер, «*Жить вместе*» (М.: Рашн Ресорсес Пресс, Триада, 2000), стр. 22, 24. Или «*Жизнь в христианском общении*», Евангелическое лютеранское служение, 2003.

тех, кто пытается служить, нежели самому влиться в общее дело и внести в него свой вклад. Бог снова и снова предупреждает нас о том, чтобы мы не критиковали, не осуждали друг друга и не сравнивали одного с другим (Рим. 14:13, Иак. 4:11, Еф. 4:29, Мф. 5:9, Иак. 5:9). Когда мы критически отзываемся о том, что другой христианин делает в вере, следуя своим искренним убеждениям, то тем самым непрошено суём нос в дела Самого Бога: *«Кто ты такой, чтобы осуждать чужого слугу? Его господин сам решит, стоит тот или упал»* (Рим. 14:4 [РВ]).

Павел добавляет, что мы не должны осуждать или презирать других верующих, если их воззрения расходятся с нашими: *«Что же ты осуждаешь своего брата? А ты? Что ты презираешь своего брата? Все мы предстанем перед судом Божьим»* (Рим. 14:10 [РВ]).

Всякий раз, когда я осуждаю собрата-верующего, моментально происходит четыре вещи: я теряю общение с Богом, выставляю напоказ собственную гордыню и неуверенность в себе, подставляю себя под Божий суд и наношу ущерб общению церкви. Осуждающий, критичный дух — весьма дорогостоящий порок!

ДЕНЬ ДВАДЦАТЬ ПЕРВЫЙ: ОБЕРЕГАЯ СВОЮ ЦЕРКОВЬ

Библия называет сатану *«клеветником братий»* (Откр. 12:10). Это дьяволу пристало обвинять членов Божьей семьи, жаловаться на них и относиться к ним с осуждением.

Всякий раз, когда мы поступаем так же, мы попадаемся на дьявольскую удочку и вместо сатаны выполняем его работу. Помните, нашим настоящим врагом являются вовсе не другие христиане, как бы сильно мы ни расходились с ними во мнениях. Всё время, которое мы тратим на критику других верующих или сопоставление их с кем-то другим, должно было быть потрачено на созидание христианского единства. В Библии сказано: «*Итак, будем искать того, что служит к миру и ко взаимному назиданию*» (Рим. 14:19).

Решительно откажитесь выслушивать сплетни. Человек сплетничает, когда передаёт другому сведения о той или иной проблеме, не будучи причастным ни к её причине, ни к её разрешению. Все мы знаем, что передавать слухи нехорошо, но если вы действительно хотите уберечь свою церковь, то должны перестать их даже *слушать*. Выслушивать сплетни — всё равно, что принимать в подарок краденое имущество: вы автоматически становитесь сообщником преступления.

Когда кто-то начинает сплетничать, наберитесь мужества и скажите: «Перестань, пожалуйста. Мне вовсе не нужно этого знать. Ты уже говорил с этим человеком напрямую?» Тот, кто передаёт сплетни *вам*, скорее всего, так же легко сплетничает и *про вас*. Ему нельзя доверять. А людей, слушающих сплетни, Бог называет коварными злодеями (Прит. 17:4, 16:28, 26:20, 25:9, 20:19). «*Злодей внимает устам беззаконным, лжец слушается языка пагубного*» (Прит. 17:4). «*Это люди, отделяющие себя от единства веры, душевные, не имеющие духа*» (Иуд. 1:19).

Самое грустное заключается в том, что наиболее глубокие раны Божьей пастве чаще всего наносят не волки, а свои же овцы. Павел предостерегает нас насчёт христиан-людоедов, «*пожирающих друг друга*» и разрушающих общение (Гал. 5:15). В Библии говорится, что таких людей следует избегать. «*Кто распускает сплетни, тот и секреты выдаст, так что не связывайся с болтуном*» (Прит. 20:19 [РБО]). Самый быстрый способ завершить церковный конфликт — это с любовью обличить сплетников и попросить их прекратить распускать слухи у других за спиной. Как заметил Соломон, «*кончились дрова — и погас огонь, сплетника нет — и утих раздор*» (Прит. 26:20 [РБО]).

Практикуйте Божьи методы разрешения конфликтов. В дополнение к принципам, перечисленным в предыдущей главе, Иисус объяснил Своей церкви простой процесс разрешения конфликтов, состоящий из трёх шагов: «*Если же согрешит против тебя брат твой, пойди и обличи его между тобою и им одним; если послушает тебя, то приобрёл ты брата твоего; если же не послушает, возьми с собою ещё одного или двух, дабы устами двух или трёх свидетелей подтвердилось всякое слово; если же не послушает их, скажи церкви*» (Мф. 18:15-17а).

Когда возникает конфликт, всегда хочется пойти и пожаловаться кому-то третьему вместо того, чтобы мужественно и с любовью сказать правду своему обидчику. От этого ситуация только ухудшается. На самом деле нужно идти прямо к тому, на кого вы рассердились.

Самым первым шагом всегда является разговор с глазу на глаз, и сделать это лучше как можно быстрее. Если не получается вдвоём разрешить возникшие разногласия, нужно привлечь нескольких свидетелей, которые подтвердили бы наличие проблемы и помогли вам достичь примирения. А что если обидчик заупрямился и не хочет ничего менять? Иисус велел нам рассказать обо всём церкви, а если он и тогда никого не станет слушать, то мы должны относиться к нему как к человеку неверующему (Мф. 18:17, 1 Кор. 5:5).

Поддерживайте своих пасторов и лидеров. Безупречных лидеров не бывает, но как раз на них Бог возлагает ответственность и власть для того, чтобы сохранять единство церкви. Когда в общине разгорается конфликт, именно лидеры обязаны стремиться к примирению противостоящих друг другу сторон. На пасторов часто ложится тяжкая и неблагодарная задача служить посредником между обиженными, поссорившимися, духовно незрелыми членами. Кроме того, подчас мы предъявляем им невыполнимое требование: сделать так, чтобы *всем без исключения* было хорошо. А ведь этого не смог сделать даже Сам Иисус!

Библия даёт нам очень ясные наставления насчёт того, как мы должны относиться к тем, кто нам служит: «*Повинуйтесь наставникам вашим и будьте покорны, ибо они неусыпно пекутся о душах ваших, как обязанные дать отчёт; чтобы они делали это с радостью, а не воздыхая, ибо это для вас неполезно*» (Евр. 13:17).

Однажды все пасторы предстанут перед Богом, чтобы отчитаться Ему в том, как они заботились о вашем благосостоянии. «*Они не смыкают глаз, заботясь о вас, потому что должны дать Богу отчёт*» (Евр. 13:17 [РВ]). Но на

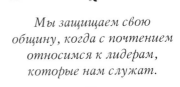

Мы защищаем свою общину, когда с почтением относимся к лидерам, которые нам служат.

вас тоже лежит определённая ответственность. Вам придётся отчитываться перед Богом в том, насколько вы повиновались и следовали своим лидерам.

В Библии содержатся очень конкретные указания о том, как пасторы должны поступать с людьми, привносящими в церковь расколы и разделения. Они должны избегать пререканий, в кротости учить противящихся членов церкви, всё время молясь о том, чтобы они изменились, предупреждать тех, кто любит заводить споры, призывать всех к согласию и единству, обличать тех, кто неуважительно относится к лидерству церкви, и удалять из общины тех, кто сеет раздор, если они не вняли двум предостережениям (2 Тим. 2:14, 23-26, Фил. 4:2, Тит. 2:15-3:2, 10-11).

Мы защищаем свою общину, когда с почтением относимся к тем, кто служит нам, ведя нас за собой. Пасторам и дьяконам необходима наша поддержка, наши молитвы, наша любовь и осознание того, что мы ценим их труд. Вот что нам заповедано: «*Просим же вас, братия, уважать трудящихся у вас, и предстоятелей ваших в Господе, и вразумляющих вас, и почитать их преимущественно с любовью за дело их*» (1 Фес. 5:12-13а).

Я призываю вас взять на себя обязанность хранить и созидать единство вашей церкви. Направьте на это все свои силы, и Бог будет очень этим доволен. Иногда вам будет нелегко. Иногда придётся делать то, что лучше не для вас самих, а для всего Тела, отдавая предпочтение чужим нуждам. Это одна из причин, по которой Бог помещает каждого из нас в церковь: Он хочет научить нас бескорыстию и заботе о других. В христианском сообществе мы учимся говорить «мы», а не «я», «наш», а не «мой». Бог говорит: «*Никто не ищи своего, но каждый пользы другого*» (1 Кор. 10:24).

Бог благословляет церкви, живущие в единстве и согласии. В церкви «Сэддлбэк» каждый новый член подписывает завет, включающий в себя обещание защищать единство общины. В результате за много лет у нас не было ни одного раскола. Кроме того, благодаря любви и единству, царящему в такой общине, очень многие люди *хотят* к ней присоединиться! За последние семь лет водное крещение в нашей церкви приняли более 9100 новообращённых. Когда у Бога появляются новорождённые духовные младенцы, Он ищет для них самую тёплую церковь-инкубатор, где они могли бы успешно подрастать.

А что вы делаете для того, чтобы в вашей церковной семье было больше любви и тепла? Вокруг вас живёт множество людей, нуждающихся в любви и близких, семейных отношениях.

На самом деле, *каждому из нас* нужна любовь, и все мы хотим, чтобы нас любили. Так что если люди вдруг обнаружат церковную общину, члены которой искренне любят друг друга и заботятся друг о друге, они будут так усиленно пытаться туда попасть, что удержать их смогут только плотно запертые двери.

День двадцать первый

Размышляя о своём жизненном предназначении

Истина для обдумывания: На мне лежит обязанность оберегать единство в своей церкви.

Стих для заучивания наизусть: «*Итак, будем искать того, что служит к миру и ко взаимному назиданию*» (Рим. 14:19).

Вопрос для размышления: Что я лично делаю сейчас для того, чтобы оберегать единство в своей церковной семье?

ЦЕЛЬ ТРЕТЬЯ

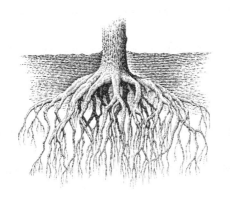

ВЫ СОЗДАНЫ ДЛЯ ТОГО, ЧТОБЫ УПОДОБИТЬСЯ ХРИСТУ

«Живите в единении с Ним,
укореняясь в Нём, созидая на Нём
свою жизнь, укрепляя себя верой,
в которой вы были наставлены,
с сердцем, переполненным
благодарностью»

Кол. 2:6-7 (РВ)

Созданы, чтобы уподобиться Христу

«Бог с самого начала знал, что делает. Ещё от вечности Он решил уподобить жизнь тех, кто любит Его, жизни Своего Сына... В Нём мы видим оригинал и изначальный замысел человеческой жизни»

Рим. 8:29 («The Message»)

«Он — видимый образ невидимого Бога, Первенец, выше всего творения»

Кол. 1:15 (РВ)

Вы были сотворены, чтобы стать похожим на Христа.

С самого начала Бог задумал уподобить вас Своему Сыну, Иисусу. К этому движется вся ваша жизнь, и в этом заключается её третья цель. Бог объявил о Своём намерении ещё во время сотворения мира: *«И сказал Бог: сотворим человека по образу Нашему и по подобию Нашему»* (Быт. 1:26).

Из всего творения только люди созданы «по образу» Бога. Это великая честь, которая сама по себе придаёт нам немалое достоинство. Мы не знаем *всего* смысла этой фразы, но понимаем некоторые его аспекты. Подобно Богу, мы — *существа духовные*: наш дух бессмертен, он переживёт наше тело. Как и Он, мы *обладаем разумом* — то есть, способны думать, рассуждать, разрешать проблемы. Подобно Ему, мы *существа социальные* — умеющие любить и принимать подлинную любовь. Кроме того, у нас есть *нравственное самосознание* — мы можем отличать хорошее от плохого и, значит, несём ответственность перед Богом.

Библия говорит, что не только верующие, но и все люди вообще, несут в себе часть Божьего образа. Именно поэтому убийства и аборты являются нравственно неприемлемыми (Быт. 6:9, Пс. 138:13-16, Иак. 3:9). Однако Его подобие в нас нельзя назвать полным; к тому же, оно сильно искажено и разрушено грехом. Бог послал в мир Иисуса для того, чтобы Он восстановил в нас тот изначальный образ, который мы утратили.

На что же похожи «образ и подобие Бога» во всей их полноте? На Иисуса Христа! В Библии сказано, что Иисус — это *«образ Бога невидимого»* и *«образ ипостаси Его»* (2 Кор. 4:4, Кол. 1:15, Евр. 1:3).

Глядя на детей и подмечая в них семейное сходство, люди нередко восклицают: «Ну надо же, вылитый отец!» Мне очень приятно, когда кто-то замечает, что мои дети похожи на меня. Богу тоже хочется, чтобы Его дети носили в себе Его образ и подобие. В Писании говорится: Мы созданы *«по образу Бога, в истинной праведности и святости»* (Еф. 4:24 [РВ]).

Мне хочется, чтобы вы ясно меня поняли: нам никогда не стать Богом или даже одним из сонма богов. Эта ложь, исполненная гордыни, является одним из древнейших сатанинских искушений. Сатана обещал Адаму и Еве, что, последовав его совету, они *«будут как боги»* (Быт. 3:5). Многие религии и философии Нью Эйдж до сих пор распространяют многовековой обман о том, что мы наделены божественной сущностью или способны стать богами.

Желание быть Богом всплывает всякий раз, когда мы пытаемся взять в свои руки жизненные обстоятельства, своё будущее или принимаемся контролировать окружающих нас людей. Но, будучи тварными существами, мы никогда не займём место *Творца*. Бог не хочет, чтобы мы становились богами. Он хочет, чтобы мы в благочестии уподобились Ему по характеру. В Писании сказано: «*Обновите свой ум и дух и облекитесь в Нового Человека, созданного по образу Бога, в истинной праведности и святости!*» (Еф. 4:23-24 [РВ]).

Конечной целью нашей земной жизни Бог поставил не безмятежное удобство, а духовный рост и христоподобный характер. Уподобиться Христу — не значит утратить свою собственную личность или превратиться в Его бездумного, нерассуждающего двойника.

> *Конечной целью нашей земной жизни Бог поставил не безмятежное удобство, а духовный рост и христоподобный характер.*

Ведь это Бог наделил вас уникальностью и, уж конечно, не хочет её уничтожать. Говоря об уподоблении Христу, мы имеем в виду становление характера.

Бог хочет, чтобы в нас проявились черты характера, названные в Блаженствах из Нагорной проповеди Иисуса (Мф. 5:1-12), в описании плода Святого Духа (Гал. 5:22-23), в великой главе о любви из послания Павла (1 Кор. 13) и в перечисленных Петром признаках плодотворной и полноценной жизни (2 Пет. 1:5-8). Всякий раз, когда мы забываем об этой истине, жизнь приносит нам сплошное расстройство и разочарование. «*Ну почему всё это со мной происходит? Почему Бог не отвечает на мои молитвы? Почему мне так тяжело?*» Знаете что? Жизнь *и должна* быть нелёгкой! Ведь это единственный способ заставить нас расти. Помните, земля — это ещё не Небеса!

Многие христиане неверно понимают обещание Иисуса о «жизни с избытком». Они полагают, что Он имел в виду безупречное здоровье, комфортабельные жизненные условия, непрекращающееся счастье, полное осуществление всех мечтаний и немедленное избавление от любой проблемы через веру и молитву. Одним словом, они считают, что христианская жизнь должна быть лёгкой. Он хотят видеть Небеса уже здесь, на земле.

Эти крайне эгоистические рассуждения превращают Бога в джинна из бутылки, существующего исключительно для удовлетворения нашего личного стремления к счастью и самореализации. Но Бог существует не для того, чтобы быть у нас в услужении, так что если вы увлечётесь этим обманчивым мифом, то либо испытаете жестокое разочарование, либо будете жить в полном отрыве от реальности.

Помните, дело совсем не в вас! Это вы живёте для свершения Божьих замыслов, а не наоборот. Зачем Богу устраивать *рай на земле,* когда в вечности Он и так приготовил вам настоящий Рай? Земные годы предназначены для того, чтобы сформировать, испытать и укрепить ваш характер для грядущей небесной жизни.

Внутреннее действие Святого Духа

Воспитание в нас христоподобного характера — дело Святого Духа. В Библии говорится: «*Мы же все открытым лицом, как в зеркале, взирая на славу Господню, преображаемся в тот же образ от славы в славу, как от Господня Духа*» (2 Кор. 3:18). Этот процесс преображения нас в людей, всё больше похожих на Иисуса, называется *освящением,* и как раз в нём заключается третья Божья цель для нашего земного существования.

Вы не можете сами взрастить в себе Христов характер. Недостаточно снова и снова начинать с понедельника, собирать в кулак всю свою волю и старательно следовать самым лучшим своим намерениям. Только Святой Дух обладает сверхъестественной силой произвести те перемены, которые Бог хочет видеть в вашей жизни. В Писании сказано: «*Бог производит в вас и хотение и действие по Своему благоволению*» (Фил. 2:13).

Стоит только упомянуть о «силе Святого Духа», и многим людям сразу же представляются чудесные проявления Его присутствия или сильные, глубокие эмоции. Однако большую часть времени сила Святого Духа действует в нашей жизни очень тихо, скромно, почти незаметно, без нашего ведома. Он часто подталкивает нас к действию лишь еле слышным шёпотом, «*веянием тихого ветра*» (3 Цар. 19:12).

ДЕНЬ ДВАДЦАТЬ ВТОРОЙ:

СОЗДАНЫ, ЧТОБЫ УПОДОБИТЬСЯ ХРИСТУ

Христов характер возрастает в нас не посредством подражания, а посредством внутреннего обитания. Мы позволяем Христу жить *через* нас. «*Тайна в том, что Христос живёт в вас*» (Кол. 1:27 [РВ]). Как это происходит в реальной жизни? Посредством тех решений, которые мы принимаем. Мы принимаем благочестивые решения в самых разных жизненных ситуациях, а затем полагаемся на то, что Святой Дух даст нам Свою силу, любовь, веру и мудрость сделать всё так, как нужно. Поскольку Дух Святой живёт внутри нас, стоит только попросить, и Он даст нам всё необходимое.

Действуйте вместе со Святым Духом. Через всю Библию проходит одна очень важная истина: Святой Дух начинает действовать в силе, *как только* мы делаем шаг веры. Когда перед Иисусом Навиным встала непреодолимая преграда, воды реки Иордан разошлись лишь *после* того, как старейшины израильского народа в вере и послушании вступили в бурлящий поток (Нав. 3:13-17). Послушание высвобождает Божью силу.

Бог ждёт, пока мы сами выступим вперёд. Не надо откладывать до тех пор, пока вы почувствуете себя сильным и уверенным. Шагайте вперёд прямо в своей слабости, совершайте верные поступки, несмотря на свои страхи и ощущения. Именно так мы действуем вместе со Святым Духом, и наш характер растёт и укрепляется.

Библия сравнивает духовный рост с растущим семенем, строящимся зданием и подрастающим ребёнком. Все эти метафоры указывают на необходимость нашего активного участия в процессе: семена нужно посадить и поливать, здания приходится строить — они не вырастают сами, как грибы, — а детям для роста обязательно надо есть и побольше двигаться.

Если для спасения наши усилия не нужны, то для духовного роста они совершенно необходимы. По меньшей мере, восемь раз Новый Завет призывает нас «*подвизаться*», «*прилагать все старания*», чтобы возрастать, постепенно становясь похожими на Иисуса (Лк. 13:24, Рим. 14:19, Еф. 4:3, 2 Тим. 2:15, Евр. 4:11, Евр. 12:14, 2 Пет. 1:5, 2 Пет. 3:14). Нельзя просто сидеть, сложа руки и ждать, пока зрелость придёт сама собой.

В Послании к ефесянам 4:22-24 Павел разъясняет три обязанности, которые нам следует выполнять для того, чтобы уподобиться Христу. Во-первых, нам нужно избавиться от прежнего образа жизни и поступков. «*Нужно отказаться от того, что было свойственно вашему прежнему образу жизни, от ветхого человека в себе, которого губят обманчивые страсти*» (Еф. 4:22 [РВ]).

Во-вторых, нам нужно изменить своё мышление. *«Обновите свой ум и дух»* (Еф. 4:23 [РВ]). В Библии говорится, что мы преображаемся благодаря обновлению своего ума (Рим. 12:2). Греческое слово *«метаморфозис»* (употреблённое в Рим. 12:2 и 2 Кор. 3:18) означает *«преображение».* Сейчас с помощью слова *«метаморфоза»* мы описываем, например, процесс превращения гусеницы в бабочку. Это чудесный образ того, что происходит с нами в духовном отно-

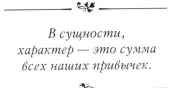

В сущности, характер — это сумма всех наших привычек.

шении, когда мы позволяем Богу направлять наши мысли: мы преображаемся изнутри, внутренние перемены постепенно изменяют и внешний наш облик, мы становимся всё красивее и обретаем свободу подниматься на всё новые и новые высоты.

В-третьих, мы должны «облечься» в характер Христа, воспитывая в себе новые, благочестивые привычки. В сущности, характер — это сумма всех наших привычек. Это *привычный* образ вашего поведения. В Писании говорится: *«Облекитесь в Нового Человека, созданного по образу Бога, в истинной праведности и святости!»* (Еф. 4:24 [РВ]).

Бог формирует нас с помощью Своего Слова, Своих детей и жизненных обстоятельств. Все три фактора являются совершенно незаменимыми для становления характера. Божье Слово даёт *истину,* нужную для роста. Божий народ обеспечивает для него необходимую *поддержку,* а повседневные обстоятельства предоставляют нам *возможность упражняться* в благочестии. Если сатане удастся заставить вас забросить Божье Слово, отрезать себя от других верующих и старательно избегать трудных ситуаций, у вас не останется ни малейшего шанса стать похожими на Иисуса. Подробнее мы рассмотрим каждый из этих факторов в дальнейших главах.

Многие полагают, что для духовного роста нужно только читать Библию и молиться. Однако в жизни есть такие моменты, которые *никогда* не изменятся с помощью одного изучения Писания и молитвы. Бог действует через людей. Большую часть своих дел Он вершит именно человеческими руками, а не посредством чудесного вмешательства — и всё это для того, чтобы мы учились постоянно обращаться друг к другу и пребывать в общении. Бог хочет, чтобы мы росли вместе.

Во многих религиозных течениях самыми святыми и духовными людьми считаются отшельники, ушедшие от людей куда-нибудь в отдалённый горный монастырь и неосквернённые мирским общением. Но ведь такое понимание духовной зрелости в корне неверно! Духовное становление — это не сугубо личное, одиночное поприще. Достичь христианской зрелости в полном уединении просто невозможно. Для этого необходимо пребывать с другими людьми и общаться с ними, быть частью церкви, частью христианского сообщества. Почему? Потому что подлинная духовная зрелость заключается в том, чтобы любить так, как любит Христос, а христоподобной любви не научишься, если не будешь общаться с другими людьми. Помните, вся суть возрастания состоит в том, чтобы любить: любить Бога и любить людей.

Уподобление Христу — это долгий, медленный процесс возрастания. Духовная зрелость не достигается автоматически или моментально. Это постепенное, последовательное развитие, которое займёт у нас всю оставшуюся жизнь. Павел говорил об этом так: «...*пока мы все не достигнем, наконец, единства в вере и познании Сына Бога и встречи с Совершенным Человеком, со Христом, образцом совершенной зрелости*» (Еф. 4:13 [РВ]).

Помните, что вы — незаконченный проект, всё ещё находящийся в работе. Ваше духовное преображение и уподобление Христу займёт всю оставшуюся жизнь на земле — и даже тогда оно всё ещё не будет полностью завершено. Точка в этом деле будет поставлена, либо когда мы попадём к Иисусу на Небеса, либо когда Он вернётся на землю. В тот момент будет завершена вся оставшаяся работа по отделке вашего характера. В Библии сказано, что стоит нам увидеть Иисуса напрямую, лицом к лицу, и мы станем в точности такими, как Он: *«Мы теперь дети Божии; но ещё не открылось, что будем. Знаем только, что, когда откроется, будем подобны Ему, потому что увидим Его, как Он есть»* (1 Ин. 3:2).

Множество смятений и трудностей в христианской жизни появляется из-за того, что мы забываем один простой факт: Бог куда больше заинтересован в созидании нашего характера, чем в чём-либо другом. Мы начинаем беспо-

> *Бог заботится прежде всего не о том, чем вы заняты, а о том, что вы за человек.*

коиться, когда Бог ничего не отвечает нам на конкретные вопросы вроде: «На какую работу мне устроиться?» На самом деле Божья воля предоставляет вам довольно *широкий выбор* самой разноплановой работы. Что бы вы ни выбрали, Богу гораздо важнее, чтобы вы выполняли своё дело в благочестии и святости (1 Кор. 10:31, 1 Кор. 16:14, Кол. 3:17, 23).

Бог заботится прежде всего не о том, *чем вы заняты*, а о том, *что вы за человек*. Все мы — человеческие *существа*, а не *машины*, нужные лишь для того, чтобы эффективно выполнять какие-то определённые операции. Ваша внутренняя сущность интересует Его намного больше, чем ваша профессия, потому что в вечность вы возьмёте с собой именно характер, а не работу или карьеру.

Библия предупреждает нас: «*Не надо так приспосабливаться к окружающему вас миру, чтобы бездумно ему потворствовать. Вместо этого устремите своё внимание на Бога, и тогда вы преобразитесь изнутри... Современный мир всё время пытается низвести вас до своего убогого, незрелого уровня, но Бог извлекает из вас самое лучшее, выводит это на поверхность и созидает в вас крепкий, устоявшийся характер*» (Рим. 12:2 [«The Message»]). Вы должны пойти наперекор общепринятым мнениям и принять твёрдое решение посвятить себя тому, чтобы всё больше уподобляться Христу. Иначе другие силы — например, сверстники, родители, коллеги по работе, общественные веяния — попытаются преобразить вас по своему образу и подобию.

К сожалению, даже самый беглый взгляд на многие книги, популярные сейчас среди христиан, свидетельствует о том, что многие верующие уже не живут ради исполнения великих Божьих целей, а удовлетворяются лишь поиском личной самореализации и эмоциональной стабильности. Но ведь это же не ученичество, а самый настоящий нарциссизм [35]. Иисус умер на кресте не ради того, чтобы обеспечить нам безмятежную, комфортную жизнь. Его замысел простирается гораздо глубже. Он хочет, чтобы мы стали похожими на Него перед тем, как настанет время забрать нас на Небеса. Это величайшая честь, неотложная обязанность и конечная цель нашего бытия.

---

[35] Нарциссизм — крайняя и губительная степень эгоцентризма. Термин происходит от имени одного из греческих богов, Нарцисса, который влюбился в своё собственное отражение и в результате умер от голода и жажды.

День двадцать второй

Размышляя о своём жизненном предназначении

Истина для обдумывания: Я создан для того, чтобы уподобиться Христу.

Стих для заучивания наизусть: *«Мы же все открытым лицом, как в зеркале, взирая на славу Господню, преображаемся в тот же образ от славы в славу, как от Господня Духа»* (2 Кор. 3:18).

Вопрос для размышления: По отношению к какому аспекту моей жизни мне нужно просить о силе Святого Духа для того, чтобы уже сегодня чуть больше уподобиться Христу?

Как мы растём

«Если будем говорить правду с любовью, то будем расти, во всём приближаясь к Нему»

Еф. 4:15а (РВ)

«Мы больше не должны быть малыми детьми...»

Еф. 4:14а (РВ)

Бог хочет, чтобы мы выросли.

Наш Небесный Отец желает, чтобы мы стали взрослыми, обрели черты Христова характера и вели жизнь любви и смиренного служения. К сожалению, многие христиане становятся *старше*, но так и не достигают *взрослости*. Они застревают в духовном младенчестве, навсегда оставаясь в пелёнках и распашонках. А дело всё в том, что они вовсе и не *намеревались* расти.

Духовное возрастание не происходит автоматически. Для него необходимо сознательное и твёрдое решение. Человек должен *захотеть* расти, принять *решение*, приложить к этому *усилия* и *упорство*. Ученичество — процесс уподобления Христу — всегда начинается с сознательного решения. Иисус призывает нас, а мы откликаемся на Его призыв. *«Иисус увидел человека, сидящего у сбора пошлин, по имени Матфея, и говорит ему: следуй за Мною. И он встал и последовал за Ним»* (Мф. 9:9).

234

Когда первые ученики решили последовать за Иисусом, они не понимали всего, что повлечёт за собой такое решение. Они просто откликнулись на Его призыв. Для того, чтобы начать расти, нужно только это: *принять решение* стать Его последователем.

Ничто не оказывает на нашу жизнь такого сильного влияния, как те обязательства, которые мы берём на себя вследствие принятых решений. Такие обязательства могут привести вас к росту или к гибели, но, в любом случае, во многом определят вас как человека. Расскажите мне, чему вы посвящаете сейчас свою жизнь, и я скажу вам, кем вы станете через двадцать лет. Мы становимся именно тем, чему себя посвящаем.

Именно здесь люди чаще всего упускают Божьи замыслы для своей жизни. Большинство из нас вообще боится брать на себя какие-то серьёзные обязательства и потому скользит по волнам жизни, так и не приставая ни к какому берегу. Другие поочерёдно и не слишком серьёзно увлекаются совершенно несовместимыми ценностями, и это приводит к внутреннему разладу или посредственности. Кто-то ещё полностью посвящает себя чисто мирским целям, как то: стать богатым или прославиться, и их, в конце концов, постигает горькое разочарование. Каждое такое решение влечёт за собой вечные последствия, так что выбирать лучше мудро и не спеша. Пётр предупреждает: «*Придёт же день Господень,.. земля и все дела на ней сгорят. Если так всё это разрушится, то какими должно быть в святой жизни и благочестии вам, ожидающим и желающим пришествия дня Божия!*» (2 Пет. 3:10-12).

За что отвечает Бог, а за что — мы. Христов характер начнёт формироваться в нас только в том случае, если мы будем принимать благочестивые решения и полагаться на Святого Духа в том, что Он поможет нам поступать правильно и выполнять то, что мы решили. Если вы всерьёз стремитесь к тому, чтобы уподобиться Христу, вам нужно начать вести себя иначе. Вы должны освободиться от прежних пристрастий, обрести новые привычки и сознательно изменить своё мышление. Можете не сомневаться: Святой Дух непременно поможет вам совершить эти перемены. В Библии сказано: *«Со страхом и трепетом совершайте своё спасение, потому что Бог производит в вас и хотение и действие по Своему благоволению»* (Фил. 2:12-13).

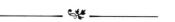

Мы становимся именно тем, чему себя посвящаем.

В этом стихе явно видны две составляющие духовного роста: *«совершать»* и *«производить».* *«Совершать»* должны мы сами, а *«производить»* что-то в нас будет Бог. Духовное возрастание — это общее дело, в котором участвуем мы и Святой Дух. Кроме того, Божий Дух трудится и *вместе* с нами, а не только у нас внутри.

Этот стих, обращённый к христианам, говорит не о спасении, а о возрастании. Нас не призывают *«зарабатывать»* спасение, потому что никто из нас не способен добавить что-то к жертве Иисуса Христа. Сравните это с занятиями в спортзале: ведь упражняясь, мы только развиваем или совершенствуем своё тело, а не пытаемся его приобрести!

Ещё это можно сравнить с тем, как мы пытаемся составить, «совершить» мозаику: все её кусочки у нас уже есть, осталось только сложить их воедино. Земледельцы трудятся на земле не с тем, чтобы *приобрести* себе тот или иной участок, а для того, чтобы как можно лучше использовать то, что у них уже есть. Бог даровал вам новую жизнь, и теперь на вас возложена ответственность за то, чтобы «совершать», развивать её *«со страхом и трепетом»*, — а значит, серьёзно отнестись к духовному возрастанию, потому что оно определит вашу роль в вечности. Когда люди небрежно и легкомысленно относятся к своему возрастанию в благочестии, это показывает, что они не понимают, к чему это приведёт (как мы уже видели в 4 и 5 главах).

Сменить настройки автопилота. Чтобы изменить свою жизнь, нужно изменить своё мышление. За всеми нашими действиями стоят какие-то мысли. Каждый поступок обусловлен тем или иным убеждением, каждый шаг делается в соответствии с какой-то установкой. Бог открыл эту истину людям за тысячи лет до того, как о ней заговорили психологи: *«Больше всего хранимого храни сердце твоё, потому что из него источники жизни»* (Прит. 4:23).

Представьте себе, что вы отправились покататься по озеру на скоростной яхте, установив автоматическое управление так, что она всё время плывёт на восток. Если вы решите развернуться и направиться на запад, сделать это можно двумя способами. Можно схватиться за руль и *физически* принудить яхту повернуть в направление, противоположное тому, на которое настроен автопилот. Можно преодолеть автопилот одной силой воли и мускулов, но при этом вы будете ощущать постоянное сопротивление и вскоре выбьетесь из сил, отпустите руль, и ваша яхта немедленно повернёт назад, на восток, повинуясь установленному на приборах режиму.

ДЕНЬ ДВАДЦАТЬ
ТРЕТИЙ:

КАК МЫ РАСТЁМ

То же самое происходит, когда вы пытаетесь изменить свою жизнь исключительно с помощью силы воли. Вы говорите: «Я *заставлю* себя меньше есть,.. бросить курить,.. быть организованнее и пунктуальнее». Да, сила воли может дать краткосрочные результаты, но она производит постоянное внутреннее напряжение, потому что вы так и не разобрались с самим корнем проблемы. Перемены кажутся неестественными, и вскоре вы сдаётесь, опускаете руки, бросаете начатую было диету и перестаёте посещать спортзал — то есть снова возвращаетесь к былым привычкам и пристрастиям.

Но ведь есть способ куда быстрее и лучше: смените настройку своего автопилота — то есть своё мышление. В Библии сказано: *«Преобразуйтесь обновлением ума вашего»* (Рим. 12:2б). Первым шагом вашего духовного возрастания должно стать изменение образа мыслей. Все перемены, прежде всего, происходят в сознании. Наши мысли определяют наши *чувства*, а чувства, в свою очередь, влияют на *поступки*. *«Обновитесь духом ума вашего»* (Еф. 4:23) — говорил Павел.

Чтобы стать похожим на Христа, вы должны научиться думать так, как думает Он. Новый Завет называет эту перемену сознания *«покаянием»*, что по-гречески буквально означает «изменить своё мнение». Покаяться — значит изменить своё мнение о Боге, о себе, о грехе, о других людях, о будущем и всём остальном. Мы усваиваем Христово отношение к миру и Его взгляд на жизнь.

Наши мысли определяют наши чувства, а чувства, в свою очередь, влияют на поступки.

Библия говорит, что в нас *«должны быть те же чувствования, какие и во Христе Иисусе»* (Фил. 2:5). Чтобы научиться думать так, как думает Иисус, необходимо сделать два важных шага. Первая часть этого перелома в мышлении состоит в том, чтобы *перестать* поддаваться *незрелым*, эгоистичным и себялюбивым мыслям. *«Братья, не будьте детьми по уму,* — увещевает нас апостол. — *Будьте несмышлёныши для зла, но по уму — зрелые люди»* (1 Кор. 14:20 [РВ]). Младенцы по самой своей природе — самые настоящие эгоисты. Они думают только о себе и своих потребностях. Такое мышление никак не назовёшь зрелым. К сожалению, многие люди так никогда и не перерастают подобное отношение к жизни. Писание утверждает, что как раз эгоистические помышления и являются источником греховных поступков: *«Живущие по плоти о плотском помышляют, а живущие по духу — о духовном»* (Рим. 8:5).

Второй шаг к «Христову уму» заключается в том, чтобы *начать* думать подобно *зрелому* человеку, уделяя главное внимание не себе, а другим. В замечательном отрывке, посвящённом сущности подлинной любви, апостол Павел делает вывод, что забота о других людях является признаком зрелости: *«Когда я был младенцем, то по-младенчески говорил, по-младенчески мыслил, по-младенчески рассуждал; а как стал мужем, то оставил младенческое»* (1 Кор. 13:11).

В наши дни многие полагают, что духовная зрелость определяется тем, насколько мы знаем содержание и доктрины Писания. Хотя знание действительно является *одним* из показателей зрелости, само по себе оно ещё ни о чём не говорит. Христианская зрелость включает в себя не только знание символов веры и верные убеждения, но также поведение и характер. Дела должны соответствовать тому, что мы исповедуем, а убеждения должны подкрепляться благочестивыми поступками.

Христианство — это не религия или философия, а взаимоотношения и образ жизни, основой которого является стремление думать не о себе, а о других, как делал это Христос. В Библии сказано: *«Каждый из нас должен угождать ближнему, во благо, к назиданию. Ибо и Христос не Себе угождал»* (Рим. 15:2-3).

Думать о других — это сущность Христова благочестия и наилучший признак духовного возрастания. Жить так нелегко, по натуре это нам вовсе не свойственно, это противоречит современным настроениям в обществе и встречается довольно редко. К счастью, Бог даёт нам для этого всю необходимую помощь: *«Помыслы Бога может познать только Дух Божий. А мы получили не дух этого мира, а Дух от Бога»* (1 Кор. 2:11-12а [РВ]). В следующих нескольких главах мы посмотрим на то, как именно Дух Святой помогает нам расти.

День двадцать третий
Размышляя о своём жизненном предназначении

Истина для обдумывания: Начать расти никогда не поздно.

Стих для заучивания наизусть:
«Преобразуйтесь обновлением ума вашего, чтобы вам познавать, что есть воля Божия, благая, угодная и совершенная» (Рим. 12:2).

Вопрос для размышления: В каком отношении мне надо перестать думать *по-своему* и начать думать *по-Божьему*?

Преображённые истиной

«Не хлебом одним будет жить человек, но всяким
словом, исходящим из уст Божиих»

Мф. 4:4

«Предаю вас, братия, Богу и слову благодати
Его, могущему назидать вас более и дать вам
наследие со всеми освящёнными»

Деян. 20:32

Истина преображает нас.

Духовное возрастание — это постепенная замена лжи правдой. Иисус молился: *«Освяти их истиною Твоею: слово Твоё есть истина»* (Ин. 17:17). Для освящения нам необходимо откровение. Божий Дух преображает нас в подобие Божьего Сына посредством Божьего Слова. Чтобы стать похожими на Иисуса, мы должны наполнить свою жизнь Его Словом. В Библии сказано: *«Писание... помогает учить, обличать, исправлять, наставлять, как жить честной жизнью, так что слуга Божий всем снабжён и приготовлен к любому доброму делу»* (2 Тим. 3:16-17).

Божье Слово не похоже ни на какое другое слово. Оно живое (Евр. 4:12, Деян. 7:38, 1 Пет. 1:23). Иисус говорил: *«Слова, которые говорю Я вам, суть дух и жизнь»* (Ин. 6:63). Когда

Бог что-то говорит, происходят перемены. Всё вокруг — всё творение — существует, потому что *«и сказал Бог...»* Своим Словом Он дал бытие всему существующему. Без Божьего Слова вы не имели бы сейчас жизни и дыхания. Иаков писал: *«Он по Своей воле родил нас словом истины, чтобы сделать нас начатком Своего творения»* (Иак. 1:18 [РВ]).

Божий Дух преображает нас в подобие Божьего Сына посредством Божьего Слова.

Библия — это не просто справочник по христианским доктринам. Божье Слово порождает жизнь, созидает веру, производит перемены, пугает дьявола, свершает чудеса, исцеляет обиды, укрепляет характер, преображает обстоятельства, даёт радость, преодолевает несчастья, побеждает искушения, вселяет надежду, высвобождает силу, очищает сознание, вызывает к жизни творения и навеки обеспечивает ваше будущее! Жить без Божьего Слова просто нельзя! *Никогда* не принимайте его как нечто само собой разумеющееся. Для нас оно должно стать таким же жизненно важным, как вода и пища. В одном из английских переводов Библии слова Иова переданы следующим образом: *«Глаголы Его я хранил больше, нежели свой насущный хлеб»* (Иов 23:12).

Божье Слово — это духовное питание, которое *совершенно необходимо* нам для исполнения своего предназначения. Его называют чистым словесным молоком, хлебом, твёрдой пищей и сладким мёдом (1 Пет. 2:2, Мф. 4:4, 1 Кор. 3:2, Пс. 118:103). Этот обед из четырёх блюд составляет своеобразное «меню», приготовленное Духом для того, чтобы мы обретали духовную силу и росли. Пётр советует нам: *«Как новорождённые младенцы, возлюбите чистое словесное молоко, дабы от него возрасти вам во спасение»* (1 Пет. 2:2).

Пребывать в Божьем Слове

Сейчас в мире печатается больше Библий, чем когда-либо раньше, но от Библии, пылящейся на полке, толку мало. Миллионы верующих страдают от отсутствия духовного аппетита, погибают от духовного недоедания. Чтобы быть здоровым учеником Христа, мы должны сделать насыщение Божьим Словом одним из своих главных приоритетов. Иисус говорил об этом как о *«пребывании»* в Божьем Слове. *«Если пребудете в слове Моём,* — сказал Он, — *то вы истинно Мои ученики»* (Ин. 8:31). В повседневной жизни пребывание в Божьем Слове включает в себя три аспекта.

Я должен признать его авторитет. Библия должна стать конечным авторитетом в моей жизни: компасом, на который я полагаюсь для ориентации, советчиком, помогающим мне принимать важные решения, эталоном, с помощью которого я измеряю и оцениваю всё остальное. За Библией всегда должно оставаться первое и последнее слово в моей жизни.

Многие наши неприятности происходят именно из-за того, что мы основываем свой выбор на весьма шатких авторитетах: общепринятых мнениях («Да сейчас все так делают!»), традиции («Мы всегда так поступали»), доводах рассудка («Это показалось мне логичным») или эмоциях («Я почувствовал, что так будет правильно»). Все эти авторитеты сильно искалечены грехопадением человека. Нам нужен безупречный эталон, который никогда не уведёт нас в неверном направлении. А такую гарантию может дать только Божье Слово. *«Все речения Божьи непорочны и чисты»* (Прит. 30:5 [РБО]), — напоминает нам Соломон, а Павел поясняет: *«Всё Писание богодухновенно и полезно для научения, для обличения, для исправления, для наставления в праведности»* (2 Тим. 3:16).

В ранние годы служения у Билли Грэма был один период времени, когда он сильно сомневался в достоверности и авторитетности Библии. В конце концов, однажды ночью он в слезах упал на колени и сказал Богу, что, несмотря на противоречивые места, которые он никак не может понять, с той самой минуты он решает полностью доверять Библии как конечному авторитету для своего служения и всей своей жизни. С этого дня жизнь Билли Грэма отличалась необыкновенной силой и плодотворностью.

Самое важное решение, которое мы можем сегодня принять, — это раз и навсегда установить, что именно будет конечным авторитетом в нашей жизни. Скажите себе, что, несмотря на уверения современной культуры, традиций, разума или эмоций, вы всегда будете выбирать Библию в качестве своего главного стандарта. Пообещайте себе, что, принимая какие-то решения, вы непременно будете спрашивать: «А что сказано об этом в Библии?» Твёрдо установите для себя, что если Бог повелит вам что-то сделать, то вы поверите Божьему Слову и поступите именно так, вне зависимости от того, понятно вам это повеление или нет, и хочется ли вам ему следовать. Пусть слова апостола Павла станут вашим личным исповеданием веры: «*Я верю во всё то, что написано в Законе Моисея и у пророков*» (Деян. 24:14 [РВ]).

Я должен усвоить истину Писания, сделав её частью своей жизни. Одной веры в Библию мало. Я должен наполнить ею свой разум, чтобы Святой Дух мог преображать меня с помощью истины. Есть пять способов сделать это: можно слушать и принимать Слово, читать его, изучать его, заучивать его наизусть и размышлять над ним.

Во-первых, мы *принимаем* Божье Слово, когда слушаем и усваиваем его открытым сердцем и умом. Притча о сеятеле наглядно показывает, что в большой степени наша собственная готовность принять Слово определяет, укоренится ли оно в нашей жизни и принесёт ли плод. Иисус обозначил три состояния сердца и разума, не способные по-настоящему принять Слово: закрытость (каменистая земля), поверхностность (неглубокая почва) и несобранность, рассеянность (земля с сорняками). Затем Он сказал: *«Присмотритесь к себе, как вы слушаете»* (Лк. 8:18 [РВ]).

Всякий раз, когда вам кажется, что вы ничего не получаете из проповеди или во время чтения Библии, проверьте своё внутреннее состояние и настрой — особенно на наличие гордыни, потому что смиренный и восприимчивый человек способен научиться даже у самого скучного проповедника. *«С кротостью принимайте Слово, которое укоренил в вас Бог, потому что оно может спасти вас»* (Иак. 1:21б), — советует нам Иаков.

Во-вторых, на протяжении большей части двухтысячелетней истории церкви самостоятельно *читать* Библию могли только священники, но теперь она стала доступна миллиардам людей. Несмотря на это, большинство верующих гораздо ревностнее относятся к чтению ежедневной газеты, нежели к чтению Библии. Неудивительно, что мы так плохо растём. Нельзя проводить по три часа перед телевизором, а потом читать Библию в течение трёх минут и ожидать при этом феноменального роста.

Многие из тех, кто на словах верит в Библию «от первой до последней буквы», ни разу не читали её целиком.

Многие из тех, кто на словах верит в Библию «от первой до последней буквы», ни разу не читали её полностью. Но даже если читать Библию хотя бы по пятнадцать минут в день, можно за год прочитать её от корки до корки. А если отказаться от одной получасовой телепрограммы в пользу чтения Библии, то за год можно прочитать её дважды.

Ежедневное чтение Библии поможет вам всегда оставаться в пределах слышимости Божьего голоса. Вот почему Бог заповедал царям Израиля неизменно хранить при себе Книгу Закона: *«Пусть он [закон] будет у него, и пусть он читает его во все дни жизни своей»* (Втор. 17:19а). Просто держать Библию под рукой мало; её необходимо регулярно читать! Одним из действенных способов обеспечить такую регулярность является ежедневный план чтения Библии. Он поможет вам не читать Писание наугад, как придётся, и позаботится о том, чтобы вы не пропустили ту или иную книгу Библии.

В-третьих, *изучение* Библии — это ещё один практический способ пребывать в Божьем Слове. Разница между чтением и изучением состоит в том, что при изучении мы не только прочитываем текст, но задаём к нему вопросы и записываем то, что увидели или поняли. Настоящего изучения не получится, если вы не записали свои мысли и открытия на бумаге или не занесли их в компьютер.

В этой книге просто нет места для того, чтобы подробно описывать разные методы изучения Библии. Существует несколько хороших книг, посвящённых методам изучения Писания, включая ту, что написал я сам более двадцати лет назад[36]. Секрет успешного изучения Библии состоит в том, чтобы задавать верные вопросы. В разных методиках они могут быть

---

[36] Рик Уоррен, *«Двенадцать методов личного изучения Библии»* (*«Twelve Personal Bible Study Methods»*). Эта книга переведена на шесть языков. Заказать её можно по адресу www.pastors.com.

разными. Но в любом случае вы увидите в Библии гораздо больше, если, глядя в текст, зададите себе самые простые вопросы: Кто? Что? Когда? Где? Почему? Как? В Библии сказано: «*Только тот, кто пристально всмотрелся в совершенный закон, несущий свободу, и уже не отступился от него, то есть не забывчивый слушатель, а делатель дела, — будет по-настоящему счастлив в своих начинаниях*» (Иак. 1:25 [РВ]).

Четвёртый способ пребывать в Божьем Слове — это *заучивать его наизусть*. Способность запоминать дарована нам Богом. Может, вы считаете, что у вас плохая память, но на самом деле вы прекрасно помните миллионы самых разных идей, истин, фактов и чисел. Человек запоминает то, что ему *важно*. Если вы считаете Божье Слово действительно важным, то будете уделять время для того, чтобы запоминать и заучивать его.

Заучивание стихов Писания наизусть принесёт вам огромную пользу. Оно поможет вам сопротивляться искушению, принимать мудрые решения, снижать уровень стресса, становиться увереннее, давать хорошие советы и делиться своей верой с другими людьми (Пс. 118:11, Пс. 118:105, Пс. 118: 49-50, Иер. 15:16, Прит. 22:18, 1 Пет. 3:15).

Память похожа на мышцу. Чем больше мы ею пользуемся, тем крепче она становится, и со временем запоминание Писания будет становиться всё легче. Для начала можно выбрать несколько библейских стихов, приведённых в этой книге, которые больше других коснулись вашего сердца, выписать их на маленькие карточки и повсюду носить их с собой. В течение дня несколько раз вынимайте их из кармана и читайте *вслух*. Писание можно учить где и когда угодно: на работе, во время бега или занятий в тренажёрном зале, за рулём, во время ожидания в очереди или перед сном. Три ключевых момента при запоминании библейских стихов состоят в том, чтобы повторять их, повторять и ещё раз повторять! В Библии говорится: «*Слово Христово да вселяется в вас обильно, со всякою премудростью*» (Кол. 3:16а).

Пятый способ пребывать в Божьем Слове — это *раздумывать* о нём. Библия называет это «размышлением», а некоторые верующие — «медитацией». Многие полагают, что размышлять над Словом, думать о Боге — и тем более медитировать — значит полностью отключить мысли и пустить своё сознание в свободный полёт. Однако это полностью противоположно тому, что называет размышлением сама Библия. Размышляя, мы наоборот думаем *сосредоточенно, целенаправленно*. Для этого требуются значительные усилия. Мы выбираем тот или иной стих из Библии и снова и снова возвращаемся к нему, раздумывая над его значением.

ДЕНЬ ДВАДЦАТЬ ЧЕТВЁРТЫЙ:

ПРЕОБРАЖЁННЫЕ ИСТИНОЙ

Как я уже говорил в 11 главе, если вы умеете беспокоиться, то умеете и размышлять. Беспокойство — это сосредоточенные, целенаправленные раздумья о чём-то негативном. Библейское размышление — это то же самое, только направлено оно не на проблемы, а на Божье Слово.

Никакая другая привычка не поможет вам так преобразить свою жизнь и уподобиться Христу, как ежедневные размышления над Писанием. По мере того, как мы раздумываем о Божьей истине и серьёзно размышляем над примером Христа, мы «*преображаемся, становясь Его подобием и сияя всё более яркой славой*» (2 Кор. 3:18б [РВ]).

Если вы прочитаете все стихи Библии, где идёт речь о размышлении, то поразитесь, сколько всего Бог обещает тем, кто не забывает думать о Его Слове в течение дня. Благодаря этому мы получаем ответы на свои молитвы, обретаем подлинное благосостояние и успех (Ин. 15:7, Нав. 1:8, Пс. 1:2-3). Одна из причин, по которой Бог называл Давида «*мужем по сердцу Своему*» (Деян. 13:22), состояла в том, что тот любил раздумывать над Божьим Словом. «*Как люблю я закон Твой!* — восклицал он. — *Весь день размышляю о нём*» (Пс. 118:97). Серьёзные размышления над Божьей истиной открывают нам путь к плодотворной молитве и подлинному преуспеванию (Ин. 15:7, Нав. 1:8, Пс. 1:1-3).

Я должен применять его принципы. Даже если я принимаю библейские истины, читаю Писание, изучаю его, заучиваю наизусть и регулярно о нём размышляю, всё это бесполезно, если не применять усвоенные принципы на практике. Я должен стать «*исполнителем Слова*» (Иак. 1:22). Это самый трудный шаг, потому что сатана непрестанно и напряжённо старается удержать вас от него. Он не станет мешать вам посещать группу по изучению Библии: главное, чтобы вы ничего не делали по поводу изученного и понятого.

Истина действительно делает нас свободными, но бывает, что сначала она приносит нам уйму страданий!

Мы обманываем себя, если полагаем, что хорошо усвоили ту или иную истину только потому, что услышали её, прочли или открыли для себя во время изучения. На самом деле, можно так увлечься посещением занятий воскресной школы, групп по изучению Библии и христианских конференций, что не останется времени на то, чтобы применять услышанное и прочитанное на практике. Мы напрочь забываем всё то новое, что узнали, пока бежим на следующую встречу или библейский урок. Иисус сказал: «*Всякого, кто слушает слова Мои сии и исполняет их, уподоблю мужу благоразумному, который построил дом*

свой на камне» (Мф. 7:24). Кроме того, Он подчёркивал, что Божье благословение проистекает из послушания истине, а не только из знаний о ней: *«Если это знаете, блаженны вы, когда исполняете»* (Ин. 13:17).

Мы увиливаем от практического применения библейских принципов ещё и потому, что нередко оно бывает трудным или даже болезненным. Истина *действительно* делает нас свободными, но бывает, что сначала она приносит нам уйму страданий! Божье Слово обнажает тайные мотивы, указывает на недостатки, обличает в грехах и неумолимо требует, чтобы мы изменились. Человеку свойственно сопротивляться переменам, так что применение Божьего Слова — работа нелёгкая. Именно поэтому так важно обсуждать способы практического применения Писания с другими людьми.

Невозможно переоценить всю значимость участия в маленькой группе по обсуждению Библии. Мы всегда узнаём от других людей истины, которые не смогли бы увидеть сами. Окружающие помогают нам открыть для себя то, что мы непременно пропустили бы. Благодаря им, мы можем применять Божье Слово как можно более реально и конкретно.

Самый лучший способ стать «исполнителем Слова» — это всегда записывать конкретный план действий или следующий шаг, который вы собираетесь предпринять, после изучения Библии или размышления над Божьим Словом. Воспитайте в себе привычку чётко и полно записывать то, что вам надлежит сделать. Этот шаг должен быть *личным* (требующим действий от *вас самих*), *практическим* (что-то конкретное, что можно было бы *сделать*) и *поддающимся проверке* (назначьте себе *срок его исполнения*). Каждое такое действие должно иметь отношение либо к вашим взаимоотношениям с Богом, либо к отношениям с людьми, либо к вашему собственному характеру.

Перед тем, как приступать к следующей главе, хорошенько подумайте вот над таким вопросом: Какие дела, *уже* заповеданные вам Богом в Его Слове, вы так и не начали исполнять? Затем запишите несколько конкретных шагов, которые помогут вам предпринять по этому поводу какие-то реальные действия. Можно рассказать о принятом решении другу и попросить его время от времени проверять, как у вас дела. Как сказал однажды Дуайт Мооди[37], «Библия дана людям не для того, чтобы умножить их знания, а для того, чтобы преобразить их жизнь».

День двадцать четвёртый

Размышляя о своём жизненном предназначении

Истина для обдумывания: Истина преображает меня.

Стих для заучивания наизусть: *«Если пребудете в слове Моём, то вы истинно Мои ученики, и познаете истину, и истина сделает вас свободными»* (Ин. 8:31-32).

Вопрос для размышления: Какие заповеди Божьего Слова я пока не начал исполнять?

---

[37] Дуайт Мооди (1837 — 1899) — известный американский проповедник, основатель Библейского института в Чикаго.

Преображённые страданием

*«Кратковременное лёгкое страдание наше
производит в безмерном преизбытке вечную славу»*

2 Кор. 4:17

*«Золото благочестия выплавляется
только в горниле страданий»*

Жанна Гийон[38]

У Бога не бывает напрасной ни одна проблема.

Он развивает наш характер посредством повседневных обстоятельств. Более того, в деле нашего уподобления Христу Он полагается на них даже больше, чем на Библию. И понятно почему: разнообразные жизненные ситуации окружают нас двадцать четыре часа в сутки.

Иисус предупреждал, что в мире нас ждёт множество скорбей (Ин. 16:33). Ни один из нас не застрахован от боли, не защищён от трудностей и не скользит по жизни без сложностей и неприятностей. Жизнь — это постоянная череда проблем. Не

---

[38] Жанна Гийон (1648 — 1717) — французская писательница-христианка, автор классических трудов, посвящённых христианской духовности и возрастанию, «Познание глубин Христа» (*«Depths of Christ»*), «Единение с Богом» (*«Union with God»*), «Духовные потоки» (*«Spiritual Torrents»*). Русский текст книги «Познание глубин Христа» можно найти на сайте *Christian Classic Eternal Library*, www.ccel.org.

успеешь справиться с одной, как тут же наваливается другая. Не все они являются такими уж большими и серьёзными, но каждая из них играет немаловажную роль в процессе роста, обозначенном для вас Богом. Апостол Пётр уверял, что переживать страдания — это в порядке вещей: *«Дорогие мои, пусть вам не кажется странным то, что вам приходится терпеть мучительные испытания, не считайте это чем-то странным»* (1 Пет. 4:12 [РВ]).

С помощью проблем Бог привлекает нас ближе к Себе. В Библии сказано: *«Близок Господь к сокрушённым сердцем и смиренных духом спасёт»* (Пс. 33:19). Ваши самые глубокие и близкие встречи с Богом, скорее всего, произойдут в самые мрачные и тёмные дни, когда сердце ваше будет сокрушено, когда вы будете чувствовать себя покинутым, когда вам некуда будет податься, когда боль достигнет крайнего предела — и вы вынуждены будете обратиться только к Нему. Именно в дни тяжких страданий мы учимся взывать к Богу по-настоящему искренне, честно, из глубины души. Когда нам плохо, на дежурные, поверхностные молитвы просто не остаётся сил.

Джони Эрексон Тада[39] пишет: «Когда жизнь идёт беззаботно и легко, мы вполне обходимся знани-

Ваши самые глубокие и близкие встречи с Богом, скорее всего, произойдут в самые мрачные и тёмные дни.

ями об Иисусе, подражанием Ему, цитатами из Его Слова и разговорами о Нём. Но узнать Иисуса по-настоящему мы сможем только в страдании». Страдание позволяет нам узнать о Боге такие вещи, которые иначе постигнуть просто невозможно.

---

[39] Джони Эрексон Тада — современная американская художница и писательница, в юности ставшая инвалидом; героиня документального фильма *«Джони»*.

Бог вполне мог избавить Иосифа от тюремного заключения (Быт. 39:20-22), Даниила — от львиного рва (Дан. 6:16-23), Иеремию — от зловонной ямы (Иер. 38:6), Павла — от неоднократных кораблекрушений (2 Кор. 11:25), а трёх молодых израильтян — от жаркого пламени огненной печи (Дан. 3:1-26). Но Он этого не сделал. Он допустил все эти проблемы и неприятности, и в результате каждый из этих людей ещё больше приблизился к Нему.

Проблемы заставляют нас поднимать свой взор на Бога и надеяться на Него вместо того, чтобы полагаться на собственные силы. Об этом свидетельствовал апостол Павел: *«Нам казалось, что смертный приговор нам уже вынесен, и на себя мы больше не полагались, а на одного только Бога, Который даже мёртвых воскрешает»* (2 Кор. 1:9 [РВ]). Вы никогда не поймёте, что для жизни вам достаточно одного Бога, пока у вас действительно не останется ничего кроме Него.

Откуда бы ни исходили ваши проблемы, ни одна из них не обрушится на вас без Божьего разрешения. Всё, что происходит в жизни любого Божьего чада, тщательно *отобрано Небесным Отцом*, и Он намеревается обратить всё это в добро, даже если сатана или другие люди изначально замышляли зло.

Всё происходящее с вами имеет немалый духовный смысл.

Поскольку Бог единовластно правит миром и держит всё в Своих руках, все несчастные случаи являются вполне рядовыми, плановыми событиями в Его благом замысле для нашей жизни. Поскольку все дни вашего земного существования были записаны в Божьем календаре задолго до вашего рождения (Пс. 138:16), *всё* происходящее с вами имеет немалый духовный смысл. Абсолютно всё! В Послании к римлянам 8:28-29 Павел объясняет нам, почему это так: «*Мы знаем, что для тех, кто любит Бога, кто был призван согласно Его замыслам, Он всё обращает во благо. Это те, кого Бог знал ещё тогда, когда их не было, и предназначил быть истинным подобием Своего Сына...*» (РВ).

Как правильно понять Рим. 8:28-29

Пожалуй, ни один другой библейский отрывок не цитируют так часто и неуместно, приписывая ему совершенно иное значение, чем то, что в него заложено. Здесь не сказано: «Бог устраивает всё так, как хочется мне». Понятно, что это не так. В этом стихе также не сказано: «Бог устраивает всё так, чтобы уже здесь, на земле, всё завершалось счастливым концом». Это тоже неправда. На земле очень многие события заканчиваются весьма печально.

Мы живём в греховном мире. Только на Небесах всё делается в полном соответствии с Божьей волей. Именно поэтому Иисус учил нас молиться: «*Да будет воля Твоя на земле, как и на небе*» (Мф. 6:10). На Небесах действительно вершится только Божья воля. Чтобы правильно понять, о чём идёт речь в этих стихах из Послания к римлянам 8:28-29, нам нужно разобрать их последовательно, фразу за фразой:

«**Мы знаем**». В трудные времена наша надежда основывается не на позитивном мышлении, радужных мечтаниях или здоровом оптимизме. Она покоится на истине Божьего всевластия и любви.

«**Он... обращает**». За всеми событиями стоит Великий Архитектор. Ваша жизнь не является продуктом случайного совпадения, судьбы или удачного стечения обстоятельств. У неё есть генеральный план. История человечества — это *история Бога*, потому что именно Он является скрытым двигателем всего происходящего. Мы совершаем ошибки, но Бог не ошибается никогда. Он *не способен* на ошибку, потому что Он — Бог.

«**Всё**». Божий замысел для вашей жизни учитывает *всё,* что с вами случается, включая ваши промахи, грехи и нанесённые вам обиды. Это включает и рак, и выкидыш, и долги, и болезни, и развод, и смерть близких людей. Бог способен обратить во благо даже самое чёрное зло. Именно это Он сделал на Голгофе.

Кроме того, события вашей жизни обращаются Богом во благо не по отдельности. Все они сотканы воедино и действуют *вместе* ради исполнения Божьего замысла. Они являются не разрозненными эпизодами, а взаимозависимыми частями процесса освящения и уподобления Христу. Чтобы испечь пирог, нужны мука, соль, сырые яйца, сахар и масло. Есть всё это по отдельности довольно противно и невкусно. Но совсем другое дело, если перемешать и испечь их вместе. Если вы отдадите Богу все неприятные и горькие переживания своей жизни, Он может переплести, смешать их так, что они принесут вам много добра.

«**Во благо**». Здесь не сказано, что в жизни с нами случается только хорошее. Многое из того, что происходит в мире, является самым настоящим злом. Легко сделать доброе из доброго, но Бог специализируется и на том, чтобы извлекать доброе из дурного. В официальной родословной Иисуса Христа (Мф. 1:1-16) перечислены четыре женщины: Фамарь, Раав, Руфь и Вирсавия. Фамарь соблазнила своего собственного тестя, чтобы забеременеть. Раав была блудницей. Руфь даже не была еврейкой по рождению и нарушила закон, выйдя замуж за израильтянина. Вирсавия вступила в незаконную связь с Давидом, что привело к убийству её мужа. Как видите, это были женщины не с самой безупречной репутацией, но Бог сотворил добро из зла и греха, и они стали прародительницами Иисуса. Божий замысел куда более велик, чем все наши проблемы, страдания и даже грехи.

«Кто любит Бога, и кто был призван». Это обещание относится только к Божьим детям. Оно дано не для всех. Всё соделывается *ко злу* для тех, кто живёт в противлении Богу и настаивает на своём.

«Согласно Его замыслам». Какой смысл Бог вкладывает в страдание? Чего Он хочет добиться, устраивая все события так, а не иначе? Он стремится к тому, чтобы мы превратились в **«истинное подобие Его Сына».** Все события вашей жизни допускаются именно ради этого!

Созидание христоподобного характера

Подобно драгоценным камням, нас ограняют, отделывают и шлифуют молотками и резцами страдания. Если ювелирного молоточка окажется недостаточно для того, чтобы удалить из нашего характера неровности и инородные вкрапления, Бог не постесняется воспользоваться кузнечной кувалдой. А если мы всё равно продолжаем упрямиться, в ход идёт чуть ли не отбойный молоток или даже бурильная установка. Ради этого Он готов делать, что угодно.

Каждая проблема даёт нам возможность отточить характер, и чем она сложнее, тем больше в ней потенциала для развития наших духовных мышц и нравственного скелета. Павел говорил: *«Из страданий рождается стойкость, из стойкости — твёрдость»* (Рим. 5:3-4 [РВ]). Внешние обстоятельства далеко не так важны, как то, что происходит у вас *внутри*. События приходят и уходят, а вот появляющийся благодаря им характер остаётся с нами навеки.

Библия часто сравнивает испытания с очищающим огнём, выжигающим всякую нечистоту. Пётр писал: *«О сём радуйтесь, поскорбев теперь немного, если нужно, от различных искушений, дабы испытанная вера ваша оказалась драгоценнее гибнущего, хотя и огнём испытываемого золота»* (1 Пет. 1:6-7).

Внешние обстоятельства далеко не так важны, как то, что происходит у вас внутри.

Одного серебряных дел мастера спросили: «Как вы узнаёте, что серебро очистилось до конца?» «В нём появляется моё отражение», — ответил он. Когда страдания по-настоящему очищают вашу веру, люди начинают видеть в вас отражение Иисуса Христа. Апостол Иаков говорил: *«Испытания, которым подвергается ваша вера, вырабатывают у вас стойкость»* (Иак. 1:3 [РВ]) — и обнажают подлинную сущность вашей веры и характера.

Поскольку Бог намеревается уподобить вас Иисусу, Он проведёт вас через те же самые испытания, которые пришлось пережить Его Сыну, включая одиночество, искушение, сильный стресс, критику и неприятие со стороны окружающих и многое другое. В Библии сказано, что Иисус *«через страдания научился послушанию и стал совершенным»* (Евр. 5:8-9 [РВ]). Почему Бог должен освобождать нас от того, что пришлось пережить Его Сыну? Вспомните, что написал однажды апостол Павел: *«...если мы разделили Его страдания, то разделим и Его славу»* (Рим. 8:17б [РВ]).

Реагировать на проблемы так, как делал бы это Иисус

Сами по себе неприятности ещё не обеспечивают духовной зрелости. Многие люди вместо того, чтобы возрастать, только злятся и обижаются на судьбу, так никогда и не достигая духовной взрослости. Нам нужно научиться реагировать на них так, как сделал бы это Иисус.

Помните, что Божьи намерения всегда благи. Он знает, что лучше всего пойдёт нам на пользу, и печётся о наших интересах. Бог сказал Иеремии: «*Ибо только Я знаю намерения, какие имею о вас, говорит Господь, намерения во благо, а не на зло, чтобы дать вам будущность и надежду*» (Иер. 29:11). Иосиф понимал это, когда сказал братьям, продавшим его в рабство: «*Вы умышляли против меня зло; но Бог обратил это в добро*» (Быт. 50:20). Езекия говорил то же самое о болезни, которая чуть не стоила ему жизни: «*Во благо мне была сильная горесть, и Ты избавил душу мою от рва погибели*» (Ис. 38:17). Так что, если Бог почему-то говорит «нет», когда мы умоляем Его об облегчении и послаблении, помните, что Он делает это «*для нашего истинного блага, чтобы сделать нас сопричастными Своей святости*» (Евр. 12:10б [РВ]).

При этом совершенно необходимо держать перед глазами Божий замысел, а не свои проблемы и страдания. Именно благодаря этому Иисус претерпел крестную смерть, и мы призваны следовать Его примеру: «*С терпением будем проходить предлежащее нам поприще, взирая на начальника и совершителя веры Иисуса, Который, вместо предлежавшей Ему радости, претерпел крест, пренебрегши посрамление, и воссел одесную престола Божия*» (Евр. 12:1-2). Корри Тен Бум, пережившая ужасы нацистского концлагеря, тоже говорила, насколько важно, куда именно устремлён наш взор: «Если смотреть на мир, не будет конца печалям. Если смотреть на себя, впадёшь в депрессию. Но если смотреть на Христа, обретёшь покой». То, на чём вы будете сосредотачивать своё внимание, во многом определит ваши чувства. Секрет стойкости и мужества заключается в том, чтобы помнить: страдания наши временны, а ожидающая нас награда пребудет в вечности. Моисей сумел перенести жизнь, полную постоянного напряжения и трудностей, потому что «*устремлял свой взор к будущей награде*» (Евр. 11:26б [РВ]). Павел справлялся с проблемами точно так же: «*Страдания наши легки и мимолётны, а приносят они нам огромную, полновесную, вечную славу, которая многократно перевешивает страдания*» (2 Кор. 4:17 [РВ]).

Не позволяйте себе думать лишь о том, что временно и краткосрочно. Помните о конечном результате: «*С Ним страдаем, чтобы с Ним и прославиться. Ибо думаю, что нынешние временные страдания ничего не стоят в сравнении с тою славою, которая откроется в нас*» (Рим. 8:17-18).

Радуйтесь и благодарите Бога. Библия учит нас: «*За всё благодарите, ибо такова о вас воля Божия во Христе Иисусе*» (1 Фес. 5:18). Разве такое возможно? Дело в том, что Бог заповедует нам благодарить Его *в любых обстоятельствах.* Он не призывает нас благодарить Его за зло, за грех, за страдания и их скорбные последствия во всём мире. Вместо этого Он хочет, чтобы мы благодарили Его за то, что Он непременно использует все выпавшие нам страдания ради исполнения Своих замыслов.

ДЕНЬ ДВАДЦАТЬ ПЯТЫЙ:

ПРЕОБРАЖЁННЫЕ СТРАДАНИЕМ

В Библии сказано: «*Радуйтесь всегда в Господе*» (Фил. 4:4). Нас не призывают получать удовольствие от боли. Это уже мазохизм. Здесь сказано, чтобы мы радовались «*в Господе*». Что бы ни происходило, мы можем радоваться Божьей любви, заботе, мудрости, силе и верности. Иисус говорил: «*Возрадуйтесь в тот день и возвеселитесь, ибо велика вам награда на небесах*» (Лк. 6:23).

А ещё во время страданий можно радоваться тому, что Бог переживает их вместе с нами. Мы служим не отстранённому и далёкому Богу, время от времени изрекающему откуда-то свысока благодушные, утешительные слова. Нет, наш Бог непосредственно участвует во всём, что с нами происходит. Иисус вошёл в страдания человечества, когда воплотился и стал одним из нас. А сейчас Дух Святой переживает всё вместе с нами, потому что живёт в нас. Бог никогда не оставит нас одних.

Не опускайте руки. Запаситесь терпением и упорством. В Библии сказано: «*Испытание вашей веры производит терпение; терпение же должно иметь совершенное действие, чтобы вы были совершенны во всей полноте, без всякого недостатка*» (Иак. 1:3-4).

Формирование характера — дело небыстрое. Всякий раз, когда мы пытаемся избежать трудностей или увильнуть от неприятностей, мы сами тормозим этот процесс, замедляем собственный рост и, в конечном итоге, причиняем себе ещё бо́льшие и к тому же бессмысленные страдания, которые всегда сопровождают трусость и отказ смотреть в лицо реальности. Стоит вам только понять, какие вечные последствия влечёт за собой этот процесс становления характера, и вы уже не будете так часто умолять Бога об избавлении и спокойствии (*«Господи, сделай так, чтобы мне было хорошо!»*), а начнёте просить Его изменить вас и сделать подобными Христу (*«Господи, пусть эти страдания помогут мне стать больше похожим на Тебя»*).

Вы поймёте, что начали расти и приближаться к духовной зрелости, когда станете замечать Божью руку в самых неожиданных, непонятных и, казалось бы, случайных и бессмысленных обстоятельствах.

Если в данный момент вы тоже переживаете трудности, не спрашивайте Бога: «За что мне такое?» Вместо этого спросите

Его: «Чему Ты хочешь меня научить?» А потом доверьтесь Ему и продолжайте поступать верно и благочестиво. *«Вам нужна стойкость, чтобы исполнить волю Бога и получить обещанное»* (Евр. 10:36 [РВ]). Не опускайте руки. Продолжайте расти!

День двадцать пятый
Размышляя о своём жизненном предназначении

Истина для обдумывания: Ни одна проблема не бывает напрасной.

Стих для заучивания наизусть: *«Знаем, что любящим Бога, призванным по Его изволению, всё содействует ко благу»* (Рим. 8:28).

Вопрос для размышления: Какая проблема в моей жизни больше всего помогла мне вырасти?

Возрастание через искушения

*«Блажен человек, который переносит искушение,
потому что, быв испытан, он получит венец жизни,
который обещал Господь любящим Его»*

Иак. 1:12

*«Искушения всегда были для меня
школой богословия»*

Мартин Лютер

Каждое искушение — это возможность поступить правильно.
Даже искушение может превратиться из камня преткновения в очередную ступеньку к духовному возрастанию, если мы осознаем, что оно одновременно заключает в себе не только возможность согрешить, но и возможность сотворить добро. Искушение просто ставит нас перед выбором. И если сатана видит в нём оружие, несущее вам гибель, то Бог использует искушение для того, чтобы ещё больше взрастить вас. Всякий раз, когда мы выбираем добро вместо греха, мы делаем новый шаг к преображению в подобие Христа.

Чтобы как следует всё это понять, нам прежде всего необходимо определить черты Христова характера. Одно из самых полных его описаний — это отрывок, посвящённый плоду Святого Духа: *«Плод же духа: любовь, радость, мир, долготерпение, благость, милосердие, вера, кротость, воздержание»* (Гал. 5:22-23).

Эти девять качеств полнее раскрывают суть Наибольшей заповеди и подробно описывают удивительный характер Иисуса Христа. В Иисусе соединились и воплотились *совершенные* любовь, радость, покой, терпение и остальные плоды Духа. Иметь в себе всё это — значит быть похожим на Христа.

Каким же образом Святой Дух производит эти девять качеств в нашей жизни? Быть может, они появляются мгновенно?

Чтобы произвести в нас плод Святого Духа, Бог допускает в нашей жизни такие обстоятельства, которые подталкивают нас выразить прямо противоположные качества!

Быть может, однажды утром вы проснётесь и почувствуете, что эти качества, зрелые и совершенные, вдруг наполнили вас раз и навсегда? Нет. Любой плод созревает постепенно и *медленно*.

Следующее предложение содержит в себе одну из наиважнейших духовных истин, которые вам только предстоит узнать: чтобы произвести в нас плод Святого Духа, Бог допускает в нашей жизни такие обстоятельства, которые подталкивают нас выразить *прямо противоположные качества!* Становление характера всегда предполагает выбор, а искушение как раз даёт нам возможность выбирать.

Например, Бог обучает нас *любви*, сталкивая нас с людьми, которые нам вовсе *не нравятся*. Чтобы любить приятных людей, вполне достойных любви и относящихся к нам с любовью, особого характера не требуется. А подлинной *радости* Бог учит нас посреди скорбей, когда мы обращаемся к Нему.

Счастье зависит от внешних обстоятельств, но радость укоренена в наших отношениях с Богом.

Чтобы взрастить в нас истинный *покой*, Бог вовсе не стремится устроить всё так, как нам того хочется, но, напротив, проводит нас через периоды сумятицы и беспорядка. Любой человек чувствует в душе мир, когда любуется прекрасным закатом или отдыхает на природе. Но подлинный покой мы обретаем лишь тогда, когда сознательно принимаем решение довериться Богу в обстоятельствах, внушающих нам страх или беспокойство. По тому же принципу, *терпение* проявляется только в таких ситуациях, где мы вынуждены ждать и из-за этого так сильно злимся, что вот-вот готовы взорваться.

Для созревания каждого плода Святого Духа Бог допускает ситуацию, провоцирующую нас на прямо противоположную реакцию, чтобы предоставить нам возможность выбора. Нельзя называть себя хорошим человеком, если у вас никогда не было повода быть плохим. Нельзя считать себя верным, если у вас ни разу не было возможности совершить предательство. Мы становимся честными, когда преодолеваем искушение солгать, смирение возрастает, когда мы отказываемся гордиться, а стойкость — когда мы боремся с желанием опустить руки. Каждый раз, когда мы побеждаем то или иное искушение, мы становимся чуть более похожими на Христа.

Как действует искушение

Нам полезно помнить, что действия сатаны легко предугадать. Со времени сотворения земли и до наших дней он пользуется одной и той же стратегией и одними и теми же уловками.

Все искушения действуют одинаково. Именно поэтому Павел говорил: *«Ведь мы-то хорошо знаем его козни»* (2 Кор. 2:11 [РВ]). Писание показывает, что любое искушение состоит из четырёх стадий, с помощью которых сатана подталкивал к греху и Адама с Евой, и Самого Иисуса.

Прежде всего, сатана выделяет внутри нас какое-то *желание*. Оно может быть греховным (как, например, желание отомстить или желание контролировать других людей) или совершенно законным, нормальным (как, например, желание быть любимым и уважаемым или желание ощущать удовольствие). Искушение начинается, когда сатана (с помощью мысли) предлагает нам либо поддаться дурному желанию, либо удовлетворить благое желание неблагочестивыми средствами или в неподходящее время. Когда вам хочется срезать путь, найти кратчайшую дорогу к желаемому результату, будьте особенно настороже. Часто это и есть искушение. Сатана шепчет: «Ты этого заслуживаешь! Так чего тут ждать? Это же будет так здорово, так приятно, принесёт тебе такое облегчение!»

Нам кажется, что искушения подстерегают нас извне, но Бог говорит, что они начинаются *внутри*. Без внутреннего желания они не привлекли бы вашего внимания. Искушение всегда начинается в голове, а не во внешних обстоятельствах. Иисус сказал: *«Извнутрь, из сердца человеческого, исходят злые помыслы, прелюбодеяния, любодеяния, убийства, кражи, лихоимство, злоба, коварство, непотребство, завистливое око, богохульство, гордость, безумство, — всё это зло извнутрь исходит и оскверняет человека»* (Мк. 7:21-23). А Иаков добавляет, что всё это — *«от страстей, что борются в нашем теле»* (Иак. 4:1 [РВ]).

Вторая стадия искушения — это *сомнение*. Сатана пытается заставить нас усомниться в том, что Бог сказал по поводу греха: Неужели это действительно плохо? Неужели Бог и вправду велел нам не делать этого? А, может быть, этот запрет предназначен для других людей, для другого времени? Разве Бог не хочет, чтобы я был счастлив? «*Так смотрите же, братья,* — предостерегает нас Библия, — *пусть ни у кого сердце не будет настолько злым и неверующим, что вы окажетесь способны отступиться от Живого Бога!*» (Евр. 3:12 [РВ]).

Нам кажется, что искушения подстерегают нас извне, но Бог говорит, что они начинаются внутри.

Третья стадия — это *обман.* Сатана не способен говорить правду, и его называют «*отцом лжи*» (Ин. 8:44). Всё, что он вам говорит, либо полная неправда, либо лишь отчасти соответствует истине. Своей ложью сатана пытается заменить то, что Бог уже сказал в Своём Слове. Он шепчет: «Нет, вы не умрёте, но станете мудрыми, как Сам Бог. И вам ничего за это не будет, потому что никто ничего не узнает. Зато все ваши проблемы останутся позади. И потом, все вокруг и так этим занимаются. Подумаешь, грешок! Он же совсем маленький!» Но даже самый маленький грех — это всё равно, что беременность: рано или поздно его заметят все.

И четвёртая стадия — это *непослушание,* когда мы в конце концов поддаёмся неблагочестивой мысли, с которой всё это время заигрывали, и совершаем греховный поступок. Зародившаяся в сознании мысль воплощается в действие. Мы уступаем желанию, завладевшему нашим вниманием. Мы начинаем верить сатанинскому обману и попадаем в ту самую ловушку, о которой предупреждает нас Иаков: «*Каждый человек искушает себя сам: его увлекают и манят собственные желания.*

А желание, зачав, рождает грех. Грех же, созрев, производит на свет смерть. Братья мои любимые, не обманывайте себя!» (Иак. 1:14-16 [РВ]).

Преодоление искушения

Понять, как именно действует искушение, довольно полезно, но давайте теперь перечислим конкретные шаги, которые помогут нам его преодолеть.

Не поддавайтесь запугиванию. У многих христиан искушения вызывают панический, парализующий страх и чувство вины за то, что они «не выше» дьявольских хитросплетений. Им стыдно уже из-за того, что они ощущают в себе неблагочестивые желания и побуждения. Но такие настроения показывают, что они неверно понимают сущность духовной зрелости. Мы *никогда* не перерастём искушения.

В каком-то смысле можно воспринимать искушение как комплимент. Сатане незачем искушать тех, кто и так исполняет его волю. Эти люди уже принадлежат ему. Искушение — это не проявление слабости или обмирщённости, это признак того, что сатана ненавидит вас. Не надо удивляться, впадать в панику или отчаиваться. Искушения неизбежны, и относиться к этому нужно трезво и разумно: вам никогда не удастся полностью их избежать. Библия прямо говорит, как нам нужно вести себя *«в искушении»*, принимая его как нечто само собой разумеющееся. А Павел добавляет: *«Испытания, которые вам придётся перенести, это обычные человеческие испытания»* (1 Кор. 10:13 [РВ]).

Ощущать искушение — это ещё не грех. Иисус тоже подвергался искушениям, но ни разу не согрешил (Евр. 4:15). Искушение становится грехом, когда мы уступаем ему. Мартин

Лютер говорил: «Нельзя помешать птицам летать у нас над головой, но вполне можно помешать им свить гнездо у нас в волосах». У нас не получится запретить дьяволу нашёптывать нам греховные мысли, но мы можем принять сознательное решение не возвращаться к этим мыслям и не поддаваться им.

Например, многие люди не видят разницы между физическим влечением, половым возбуждением и похотью. Это *не одно и то же*. Бог наделил сексуальностью каждого из нас, и это хорошо. Влечение и возбуждение — это естественная, спонтанная, вложенная в нас Богом реакция на физическую красоту, в то время как похоть — это *сознательное и намеренное действие*. Похоть — это решение совершить у себя в сознании то, что вам хотелось бы совершить физически. Можно испытывать влечение и даже возбуждение, но при этом не совершать намеренного греха похоти. Многие люди, особенно мужчины-христиане, чувствуют себя виноватыми за то, что в их теле действуют данные Богом гормоны. Автоматически замечая красивую женщину, они тут же решают, что это похоть, и начинают стыдить и всячески казнить себя. Но влечение не становится похотью до тех пор, пока мы не начинаем прокручивать и развивать его у себя в воображении.

Искушение — это не проявление слабости или обмирщённости, это признак того, что сатана ненавидит вас.

На самом деле, чем ближе мы узнаём Бога, тем больше сатана пытается увлечь нас своими искушениями. Стоит человеку войти в Божью семью, сатана, как наёмный убийца из злобной шайки гангстеров, наводит о нём справки и устанавливает за ним наблюдение. Вы — его враг, и он будет всячески стараться погубить вас.

Иногда во время молитвы сатана будет подсовывать вам злые или дикие мысли, чтобы отвлечь и унизить вас. Не пугайтесь и не вините себя. Помните, что сатана боится ваших молитв и готов сделать что угодно, лишь бы помешать вам. Вместо того, чтобы стыдить себя, говоря: «Как я мог такое подумать?», отнеситесь к этой мысли как к сатанинскому искушению и немедленно снова устремите свой взор на Бога.

Определите, как именно сатана обычно искушает вас, и будьте начеку. Существуют определённые ситуации, в которых вы быстрее поддаётесь искушению, нежели в другое время. Некоторые обстоятельства почти сразу же толкают вас на грех, в то время как другие почти совсем на вас не действуют. Эти обстоятельства уникальным образом соответствуют вашим слабостям, и вам нужно определить их для себя, потому что сатане они хорошо известны! Он *прекрасно знает*, как именно подставить вам подножку, и постоянно пытается подстроить вам именно такую ситуацию. Пётр предупреждает: «*Будьте трезвы, не спите! Ваш противник, дьявол, бродит, как лев рыкающий, ищет, кого сожрать*» (1 Пет. 5:8 [РВ]).

Спросите себя: «*Когда* ко мне сильнее всего подступает искушение? В какой день недели? В какое время дня?» Подумайте: «*Где* я ощущаю искушения сильнее всего? На работе? Дома? В гостях у соседей? В бильярдной? В аэропорту или в гостиничном номере, когда уезжаю в командировку?»

Спросите себя: «*В чьём обществе* я чаще всего чувствую искушение? Рядом с друзьями? Или с коллегами по работе? Или в толпе незнакомых людей? Или когда я один?» А ещё подумайте вот о чём: «*В каком состоянии* я сильнее всего ощущаю искушения?» Возможно, вы становитесь податливее на искушения, когда вам одиноко, скучно, тоскливо или тревожно. А может быть, вы легче поддаётесь греху, когда вас обижают, когда вы сердитесь, беспокоитесь, ощущаете сильный стресс или только что пережили грандиозный успех, духовный подъём.

Вам нужно определить, в каких именно обстоятельствах сатана обычно искушает вас, и затем быть готовым к тому, чтобы по возможности избегать подобных ситуаций. Библия неоднократно призывает нас предвосхищать искушения и быть готовыми сразиться с ними (Мф. 26:41, Еф. 6:10-18, 1 Фес. 5:6-8, 1 Пет. 1:13, 4:7, 5:8). *«Не давайте места диаволу»*, — говорит апостол Павел (Еф. 4:27). При мудром планировании времени и событий риск искушения становится меньше. Последуйте совету из Книги Притчей: *«Обдумай стезю для ноги твоей, и все пути твои да будут тверды. Не уклоняйся ни направо, ни налево; удали ногу твою от зла* (Прит. 4:26-27). *Путь праведных — уклонение от зла: тот бережёт душу свою, кто хранит путь свой»* (Прит. 16:17).

Просите помощи у Бога. У нас есть круглосуточная «горячая линия» связи с Небесами. Бог хочет, чтобы для преодоления искушений мы просили помощи у Него. Он говорит: *«Призови Меня в день скорби; Я избавлю тебя, и ты прославишь Меня»* (Пс. 49:15).

Я называю эти молитвы «молитвами скорой помощи», потому что они короткие, без лишних слов и прямо по делу: «Скорее! На помощь! SOS!!!» Когда подступает искушение, на долгий разговор с Богом просто нет времени, и мы отчаянно зовём Его на помощь. Давид, Даниил, Пётр, Павел и миллионы других христиан в тяжкие минуты молились вот такой скоростной молитвой.

ДЕНЬ ДВАДЦАТЬ ШЕСТОЙ:

ВОЗРАСТАНИЕ ЧЕРЕЗ ИСКУШЕНИЯ

Библия обещает, что наши крики о помощи непременно будут услышаны, потому что Иисус относится к нашим бедствиям с состраданием. Ему пришлось перенести те же самые искушения, что и нам. *«Мы имеем не такого первосвященника, который не может сострадать нам в немощах наших, но Который, подобно нам, искушён во всем, кроме греха»* (Евр. 4:15).

Если Бог только и ждёт, пока мы воззовём к Нему, и всегда готов помочь нам преодолеть искушение, почему мы не обращаемся к Нему чаще? Если честно, иногда нам просто *не хочется*, чтобы нам помогали! Нам *хочется* поддаться искушению, хотя мы и знаем, что это нехорошо. В такие минуты нам обычно кажется, что мы вернее Бога знаем, что именно для нас лучше.

Иногда нам бывает неловко просить Бога о помощи, потому что мы уже столько раз поддавались одному и тому же искушению. Однако Бог никогда не раздражается, не устаёт и не теряет терпения из-за того, что мы снова и снова возвращаемся к Нему с той же самой проблемой. В Библии сказано: *«Так приблизимся же смело и бесстрашно к Престолу милости, чтобы обрести доброту и милость именно тогда, когда мы нуждаемся в помощи»* (Евр. 4:16 [РВ]).

Божья любовь не перестаёт, и долготерпение Его пребывает вовеки. Если даже вам придётся взывать к Нему о помощи по двести раз в день, чтобы справиться с одним и тем же искушением, Он всё равно будет рад излить на вас Свою милость и доброту, так что идите к Нему смело. Просите Его дать вам силы на то, чтобы поступить правильно, и с уверенностью ожидайте, что Он даст вам всё, что нужно.

Искушения заставляют нас во всём полагаться на Бога. Когда дереву приходится выдерживать мощные порывы ветра, его корни становятся только крепче. Так же и тут: всякий раз, когда нам удаётся справиться с искушением, мы становимся чуть больше похожими на Иисуса. Когда вы споткнётесь и упадёте — а это случится непременно, — помните, что это не смертельно. Вместо того, чтобы опустить руки или уступить искушению, снова и снова поднимайте глаза на Бога, уповайте на Его помощь и помните о той награде, которая ожидает вас на Небесах: «*Счастлив человек, который стойко переносит испытания, потому что он, выдержав их, получит венок жизни, обещанный Богом тем, кто Его любит*» (Иак. 1:12 [РВ]).

День двадцать шестой
Размышляя о своём жизненном предназначении

Истина для обдумывания: Каждое искушение — это возможность поступить правильно.

Стих для заучивания наизусть: «*Блажен человек, который переносит искушение, потому что, быв испытан, он получит венец жизни, который обещал Господь любящим Его*» (Иак. 1:12).

Вопрос для размышления: Какое качество Христова характера я смогу в себе развить, преодолевая искушение, возникающее у меня чаще всего?

Побеждая искушение

*«Юношеских похотей убегай, а держись
правды, веры, любви, мира со всеми
призывающими Господа от чистого сердца»*

2 Тим. 2:22

*«Вас постигло искушение не иное, как
человеческое; и верен Бог, Который не
попустит вам быть искушаемыми сверх сил,
но при искушении даст и облегчение, так
чтобы вы могли перенести»*

1 Кор. 10:13

Выход есть всегда.

Иногда нам кажется, что искушение слишком сильно и нам его просто не выдержать, но это тоже сатанинская ложь. Бог обещал никогда не допускать в вашу жизнь никаких испытаний *извне*, которые были бы больше тех *внутренних* сил, которые Он в вас вложил. Он не позволит вам встретиться с такими искушениями, которые вы не могли бы преодолеть. Однако для этого нам придётся сделать всё, что зависит от нас самих. Мы должны знать и практиковать четыре библейских шага к преодолению искушения.

Переключите своё внимание на что-нибудь другое.
Наверное, вы удивитесь, узнав, что Библия ни разу не пред-

лагает нам «сопротивляться искушению». Нам велено «*противиться дьяволу*» (Иак. 4:7), но это *совсем другое дело*, и чуть позже я объясню это поподробнее. Вместо этого нам советуют переключить своё внимание, потому что никакие попытки сопротивляться мысли или желанию не увенчаются успехом. В результате вы ещё больше будете думать о том, о чём думать не следует, и желание ваше только усилится. Позвольте мне пояснить, как это происходит.

Чем настойчивее мы пытаемся вытеснить ту или иную мысль из своего сознания, тем глубже укореняем её у себя в разуме. Сопротивляясь ей, мы на самом деле лишь подкрепляем её. Особенно это касается искушений. Невозможно справиться с искушением, сражаясь с одолевающими нас чувствами. Чем больше мы пытаемся подавить в себе то или иное чувство, тем больше оно поглощает нас и управляет нами. Оно усиливается каждый раз, когда мы о нём думаем.

Поскольку искушение всегда начинается с мысли, самый быстрый способ нейтрализовать его

Что ждёт нас в битве за грех, победа или поражение, решается в нашей голове. Нами завладевает то, что завладевает нашим вниманием.

притягательную силу — это перевести внимание на что-нибудь другое. Не пытайтесь избавиться от навязчивой идеи, просто переключите канал в своём сознании и начните думать о чём-нибудь другом. Это первый шаг к преодолению искушения.

Что ждёт нас в битве за грех, победа или поражение, решается в нашей голове. Нами завладевает то, что завладевает нашим вниманием. Вот почему Иов сказал: «*Условился я с глазами моими, что на девушек заглядываться не буду*» (Иов 31:1 [РБО]).

А Давид молился: «*Отврати очи мои, чтобы не видеть суеты*» (Пс. 118:37а).

Бывает ли такое, что вы смотрите по телевизору рекламный ролик какого-нибудь пищевого продукта, и вас внезапно охватывает чувство голода? Бывает ли, что рядом кто-то кашляет, и вам тут же хочется самому откашляться, прочистить горло? Или кто-то из сидящих рядом вдруг сладко зевает, и вам тоже неудержимо хочется зевнуть? (может, вы и сейчас зеваете, когда читаете всё это!). Такова сила внушения. Мы естественным образом склоняемся к тому, на что устремляем своё внимание. Чем больше человек думает о том или ином предмете, тем больше этот предмет завладевает его мыслями.

Вот почему, постоянно повторяя: «Я должен перестать так много есть», или «Мне надо бросить курить», или «Мне надо преодолеть похотливые мысли», вы сами себя подставляете. Ведь таким образом вы снова и снова обращаете своё внимание на то, от чего вам надо избавиться. Это всё равно, что говорить: «Никогда не буду вести себя так, моя мама!» Говоря такие вещи, вы сами настраиваете себя на то, чтобы повторять нежелательные поступки.

Большинство диет оказываются неэффективными, потому что во время диеты человек всё время думает о еде, а значит, постоянно испытывает чувство голода. И если перед презентацией докладчик непрестанно повторяет себе: «Не надо нервничать!», он тем самым только вызывает у себя мандраж. Вместо этого ему лучше думать о чём угодно, только не о своих чувствах — ну, скажем, о Боге, о важности своей презентации или о потребностях своих слушателей.

Искушение начинает с того, что завладевает вашим вниманием. Всякий предмет, завладевающий вниманием человека, пробуждает его эмоции. Затем эмоции подталкивают его к действию, и человек поступает в соответствии со своими чувствами. Чем больше вы повторяете: «Я не хочу этого делать», тем сильнее желание влечёт вас в свои сети.

Гораздо более эффективно будет просто его проигнорировать. Стоит вам сосредоточиться на чём-то ином, как навязчивое желание лишается своей силы. Так что когда искушение вдруг звонит вам по телефону, не надо с ним спорить. Повесьте трубку — и всё!

Иногда для этого вам придётся встать и в буквальном смысле уйти от опасной ситуации. Это единственный случай, когда бегство вполне оправданно. Поднимитесь с дивана и выключите телевизор. Отойдите прочь от кучки шепчущихся сплетников. Встаньте и выйдите из кинотеатра прямо посередине фильма. Чтобы вас не ужалили пчёлы, отойдите подальше от улья. Сделайте всё, что нужно, чтобы отвлечься и переключиться на другую тему.

В духовном отношении наш разум является самым уязвимым и ранимым органом. Чтобы уменьшить силу искушения, наполняйте своё сознание Божьим Словом и другими добрыми мыслями. Дурные мысли можно преодолеть только размышлениями о хорошем. Это принцип замещения. Мы преодолеваем зло добром (Рим. 12:21). Сатана не сможет завладеть вашим вниманием, когда ваши мысли заняты чем-то другим. Вот почему Библия неоднократно призывает нас постоянно взирать на Иисуса Христа: «*Устремите духовный взор на Иисуса*» (Евр. 3:1 [РВ]). «*Помни Господа Иисуса Христа*» (2 Тим. 2:8). «*Что только истинно, что честно, что справедливо, что чисто, что любезно, что достославно, что только добродетель и похвала, о том помышляйте*» (Фил. 4:8).

Если вы всерьёз хотите преодолевать искушения, вам нужно научиться справляться со своими мыслями и контролировать всю входящую информацию. Самый мудрый человек всех времён и народов предупреждал: «*Больше всего хранимого храни сердце твоё, потому что из него источники жизни»* (Прит. 4:23). Не надо без разбора валить себе в голову всякий мусор. Будьте избирательны. Тщательно выбирайте, о чём думать, а о чём нет. Следуйте примеру апостола Павла: *«Мы... берём в плен всякие помышления, покоряя их Христу»* (2 Кор. 10:5 [РВ]). В этом нужно упражняться до конца дней, но с помощью Святого Духа мы действительно можем изменить, перепрограммировать своё мышление.

Поделитесь своими трудностями с другом или с членами маленькой группы. Не надо оповещать об этом весь мир, но вам нужен хотя бы один человек, с которым можно было бы честно поделиться своими проблемами. В Библии сказано: *«Двоим лучше, нежели одному; потому что у них есть доброе вознаграждение в труде их: ибо если упадёт один, то другой поднимет товарища своего. Но горе одному, когда упадёт, а другого нет, который поднял бы его»* (Еккл. 4:9-10).

Скажу вам прямо: если вы терпите поражение в битве с навязчивой дурной привычкой, зависимостью или искушением, если вы застряли в порочном кругу благих намерений, постоянных срывов и чувства вины, вы не сможете выбраться из него в одиночку! Вам необходима помощь со стороны. Некоторые искушения можно преодолеть только с помощью друга или товарища, который молится за вас, ободряет вас и постоянно проверяет, как ваши дела.

ДЕНЬ ДВАДЦАТЬ СЕДЬМОЙ:
ПОБЕЖДАЯ ИСКУШЕНИЕ

Бог устроил всё так, что процесс вашего возрастания и освобождения непременно подразумевает участие других христиан. Подлинное, честное общение является противоядием против одиночной борьбы с неподдающимися грехами.

Бог говорит, что это единственный способ обрести настоящую свободу: *«Признавайтесь друг пред другом в проступках и молитесь друг за друга, чтобы исцелиться»* (Иак. 5:16).

Хочется ли вам и на самом деле исцелиться от неотвязного искушения, которое раз за разом одерживает над вами победу? Божий путь освобождения чрезвычайно прост: не надо подавлять в себе это искушение; лучше признайтесь в нём кому-нибудь! Не скрывайте его, расскажите о нём другому! Открывая кому-нибудь свои чувствах, мы встаём на путь исцеления.

Когда мы прячем свою боль, от этого она только усиливается. Во тьме проблемы разрастаются, становясь всё огромнее и огромнее, однако на свету они усыхают и съёживаются. Корень нашей болезни сидит именно в тех вещах, которые мы пытаемся утаить. Так что снимите маску, перестаньте притворяться, что у вас всё отлично, и идите к свободе.

У себя в церкви «Сэддлбэк» мы видим, как удивительная сила этого принципа побеждает пристрастия и искушения, которые на первый взгляд кажутся непреодолимыми и неотвязными. Это происходит посредством разработанной у нас программы, которую мы назвали «Возвращение к жизни». Она представляет собой процесс выздоровления, который состоит из восьми шагов, основан на библейских истинах, заключённых в Заповедях Блаженства из Нагорной проповеди, и строится вокруг маленьких групп. За последние десять лет более пяти тысяч человек получили освобождение от самых разных дурных привычек, зависимостей и обид. Сейчас этой программой пользуются тысячи других общин, и я настоятельно рекомендую её и вашей церкви.

Если у вас в жизни есть что-то такое, о чём вы «не можете говорить», это уже означает, что данный аспект вашей жизни выбился из равновесия и вы утратили над ним контроль.

Сатана хочет убедить вас в том, что никто и никогда не испытывал тех искушений, с которыми сражаетесь вы, и не совершал грехов, подобных вашим, и потому вы непременно должны держать всё это в строжайшем секрете. На самом деле, все мы находимся в одинаковом положении. Все мы встречаем в жизни одни и те же искушения (1 Кор. 10:13), и *«все мы согрешили»* (Рим. 3:23). Миллионы других людей чувствовали и чувствуют то же самое, что и вы, и испытывали те же самые проблемы, которые подступили сейчас к вам.

Мы скрываем свои недостатки из-за гордыни. Мы хотим, чтобы другие считали нас воспитанными, уравновешенными людьми. На самом деле, если у вас в жизни есть что-то такое, о чём вы «не можете говорить», это уже означает, что данный аспект вашей жизни выбился из равновесия и вы утратили над ним контроль, будь то денежные трудности, отношения с супругом или супругой, проблемы с детьми, нехорошие мысли, сексуальные вожделения, тайные привычки или что-то ещё. Если бы вы могли справиться с этим в одиночку, то уже давным-давно сделали бы это. Но у вас не получается. Одной силы воли и благих намерений просто недостаточно.

Некоторые привычки слишком глубоко въелись в ваш характер, стали неотъемлемой частью вашей жизни и потому слишком велики для того, чтобы справиться с ними собственноручно. Вам нужна маленькая группа или партнёр по взаимной поддержке и контролю, который мог бы воодушевлять вас, помогать вам, молиться за вас, любить вас без всяких условий и проверять, как у вас дела. А вы можете делать то же самое для него.

Всякий раз, когда кто-то признаётся мне: «Я ещё никогда никому об этом не рассказывал», я начинаю радоваться за этого человека, потому что знаю, что теперь его ожидает огромное облегчение и освобождение. Чистосердечное признание выпустит весь скопившийся внутри пар, и впервые за долгое время он увидит лучик надежды. Это происходит каждый раз, когда мы повинуемся Божьей заповеди и признаёмся благочестивому другу в своих проблемах.

Позвольте мне задать вам трудный вопрос: какую из своих проблем вы изо всех сил стараетесь скрыть от чужих глаз? О чём боитесь говорить? У вас не получится справиться с этим в одиночку. Да, признаваться в своих слабостях очень стыдно, но от того, чтобы сделать шаг к исцелению, вас удерживает именно недостаток смирения. В Библии сказано: *«Бог гордым противится, а смиренным дает благодать. Итак покоритесь Богу»* (Иак. 4:6-7).

Противостаньте дьяволу. В Библии говорится, что, смирившись перед Богом и покорившись Ему, мы должны противостать дьяволу. Продолжение 7 стиха из 4 главы Послания Иакова звучит так: *«Противостаньте дьяволу, и убежит от вас»*. Мы не обязаны терпеть его нападки сложа руки. Мы должны активно ему сопротивляться.

Новый Завет нередко называет христианскую жизнь духовной битвой против злых сил и употребляет военные термины, например: «пленять», «побеждать», «преодолевать», «сражаться» и «подвизаться». Христиане часто сравниваются с воинами, несущими службу на вражеской территории.

Что значит противостать дьяволу? Это объясняет нам Павел: *«Шлем спасения возьмите, и меч духовный, который есть Слово Божие»* (Еф. 6:17). Первое, что нужно сделать, — это принять от Бога спасение. Вы не сможете сказать сатане «нет», пока не скажете «да» Христу. Без Христа мы беззащитны перед дьяволом, но благодаря «шлему спасения» наш разум находится под охраной Самого Бога. Помните: если вы верующий, сатана не имеет права принуждать вас к тем или иным действиям; он может только воздействовать на вас силой внушения.

Во-вторых, вы должны сражаться против дьявола мечом Божьего Слова. Иисус показал нам, как это делается, когда сатана искушал Его в пустыне. Каждый раз, когда сатана подходил к Христу с новым искушением, Иисус противостоял ему, цитируя Писание. Он не пытался спорить с дьяволом. Он не говорил: «А мне вовсе и не хочется есть», когда лукавый побуждал Его воспользоваться сверхъестественной силой ради удовлетворения личных потребностей. В ответ Он просто цитировал наизусть Писание. Мы должны поступать точно так же. В Божьем Слове заключена сила, и сатана боится его.

Никогда не пытайтесь спорить с сатаной. В этом деле он куда искуснее вас — хотя бы потому, что упражняется в нём уже не одно тысячелетие. Вам не поставить его в тупик безупречной логикой или собственными мнениями, но от одного вашего оружия — от Божьей истины! — он всегда приходит в дрожь. Вот почему заучивание Писания наизусть так важно для защиты от искушений: когда бы они ни подступили, у вас всегда будет быстрый доступ к Божьему Слову. Подобно Иисусу, сохраняйте истину у себя в сердце, чтобы её можно было вспомнить в любой момент.

Никогда не пытайтесь спорить с сатаной. В этом деле он куда искуснее вас — хотя бы потому, что упражняется в нём уже не одно тысячелетие.

Если вы не знаете наизусть ни одного отрывка Писания, это значит, что вы совершенно безоружны! Я настоятельно советую вам выучивать хотя бы по одному стиху из Библии в неделю до конца своей жизни. Представьте себе, насколько сильнее вы будете благодаря этому простому упражнению.

Поймите, насколько вы уязвимы. Бог предупреждает нас, чтобы мы никогда не заносились, потому что чрезмерная самоуверенность непременно доведёт нас до беды. Иеремия говорил: «*Коварно сердце человека, оно неисправи-*

мо» (Иер. 17:9 [РБО]). Это значит, что мы на удивление удачно умеем себя обманывать. При определённом стечении обстоятельств каждый из нас способен на любой грех. Мы никогда не должны терять бдительности и считать себя недосягаемыми для искушений.

Не надо легкомысленно ставить себя в такие ситуации, где вас подстерегает искушение. Избегайте их (Прит. 14:16). Помните, что гораздо легче заранее уклониться от искушения, нежели выбраться из его сетей. В Библии сказано: «*Пусть каждый, кто думает, что твёрдо стоит на ногах, смотрит, как бы ему не упасть*» (1 Кор. 10:12 [РВ]).

День двадцать седьмой
Размышляя о своём жизненном предназначении

Истина для обдумывания: Выход есть всегда.

Стих для заучивания наизусть: «*Верен Бог, Который не попустит вам быть искушаемыми сверх сил, но при искушении даст и облегчение, так чтобы вы могли перенести*» (1 Кор. 10:13).

Вопрос для размышления: Кого я могу попросить стать моим партнёром по взаимной поддержке и контролю, чтобы этот человек молился за меня и тем самым помогал мне бороться с навязчивым искушением?

Всё требует времени

«Всему своё время, и время всякой вещи под небом»

ЕККЛ. 3:1

«Я уверен в том, что начавший в вас доброе дело будет совершать его даже до дня Иисуса Христа»

ФИЛ. 1:6

Достичь духовной зрелости короткими путями невозможно. Для того, чтобы стать по-настоящему взрослыми людьми, нам потребовались долгие годы, и любому плоду для того, чтобы созреть, надо, по меньшей мере, несколько месяцев. То же самое можно сказать и о плоде Святого Духа. Развитие благочестивого характера нельзя торопить. Для духовного возрастания, как и для физического, требуется время.

Если искусственно подстегнуть сроки созревания овощей или фруктов, они потеряют вкус. В Америке помидоры обычно собирают с ветвей ещё неспелыми, чтобы они не помялись при перевозке в магазины. Затем перед продажей их обрабатывают углекислым газом, чтобы они моментально приобрели красный цвет. Такие вот обработанные помидоры вполне съедобны, но они не идут ни в какое сравнение с сочными, вкусными плодами, которые вызревали на кусте до самого конца, постепенно и без всякой спешки.

Мы нередко беспокоимся насчёт *темпов* своего роста, но Бог печётся о том, насколько *сильными* мы вырастаем. Бог смотрит на нашу жизнь *с точки зрения вечности* и потому никогда и никуда не торопится.

Лейн Адамс однажды сравнил процесс духовного роста с военной стратегией антифашистской коалиции во Второй мировой войне, в операциях по освобождению тихоокеанских островов. Подобравшись к очередному острову, артиллеристы «смягчали почву», буквально забрасывая его бомбами, гранатами и другими взрывчатыми средствами. У военных это называется обработкой обороны арт-огнём с целью сломить сопротивление врага. На втором этапе небольшая группа морских пехотинцев высаживалась на острове и занимала на берегу плацдарм, пусть даже совсем небольшой, чтобы хоть как-то за-

Мы нередко беспокоимся насчёт темпов своего роста, но Бог печётся о том, насколько сильными мы вырастаем.

крепиться на побережье. Заняв такой плацдарм, солдаты начинали долгий процесс освобождения всего острова, постепенно отвоёвывая у врага всё новые и новые кусочки территории. В конце концов они освобождали весь остров, и обычно это стоило им множества кровопролитных боёв.

Адамс провёл такую параллель: перед тем, как завоевать нашу жизнь, подведя нас к покаянию и обращению, Христу иногда приходится «смягчать почву» нашего сердца, допуская в нашей жизни такие проблемы, справиться с которыми мы не в состоянии. Некоторые люди открывают Христу дверь после первого же Его стука, но большинство из нас сопротивляются и встают в глухую защиту. Нередко перед тем, как мы всё-таки приходим к покаянию, Иисусу приходится говорить: *«Се, Я стою у двери и бомблю!»*

Как только мы открываем перед Христом дверь своего сердца, Бог фактически занимает в нашей жизни «плацдарм». Возможно, вам кажется, что вы уже отдали Ему *всю* свою жизнь, но на самом деле в ней есть много всего такого, о чём вы даже не подозреваете. Вы можете передать Богу лишь те аспекты своего существования, которые видите и знаете на данный момент. И в этом нет ничего страшного. Стоит Христу закрепиться на Своём «плацдарме», как Он тут же начинает кампанию по завоеванию всё большей и большей территории до тех пор, пока вся ваша жизнь не будет полностью принадлежать Ему. Будут и трудности, и кровопролитные сражения, но в окончательном исходе дела сомневаться не приходится. Бог обещал, что *«начавший в вас доброе дело будет совершать его даже до дня Иисуса Христа»* (Фил. 1:6).

Ученичество — это процесс уподобления Христу. В Библии сказано, что мы *«придём в единство веры и познания Сына Божия, в мужа совершенного, в меру полного возраста Христова»* (Еф. 4:13). В конце концов мы действительно станем подобными Христу, но этот путь к благочестию будет продолжаться всю оставшуюся жизнь.

Мы уже говорили, что на этом пути нам надо *верить* (посредством поклонения), *быть частью Божьей семьи* (посредством членства в церкви) и *становиться похожими на Христа* (посредством ученичества). Бог хочет, чтобы каждый день мы становились хоть немного более похожими на Него: *«Вы облеклись в нового человека, который постоянно обновляется, всё больше уподобляясь образу своего Создателя, и продвигается к истинному познанию Бога»* (Кол. 3:10 [РВ]).

Сегодня нам страшно хочется добиться результатов как можно быстрее, но Богу важна не скорость, а сила и стабильность. Мы жаждем поскорее избавиться от своих проблем, отыскать короткую дорожку к свободе, обрести исцеление прямо сейчас. Нам хочется, чтобы очередная проповедь, семинар или духовное переживание мгновенно разрешили все наши трудности, избавили нас от искушений и освободили нас от всех болезней роста. Но подлинная зрелость никогда не является плодом одного единственного события, каким бы значительным или волнующим оно ни было. Возрастание происходит постепенно. В Библии сказано: *«Мы же все, не закрывая лица покрывалом, видим как в зеркале сияние славы Господней и преображаемся, становясь Его подобием и сияя всё более яркой славой»* (2 Кор. 3:18 [РВ]).

Ну почему так долго?

Хотя, в принципе, Бог *может* преобразить нас в мгновение ока, Он решил, что будет взращивать нас не торопясь. Иисус относится к росту Своих последователей с большой тщательностью. Когда-то Бог позволил израильтянам завоёвывать Обетованную Землю *«мало-помалу»* (Втор. 7:22), чтобы не ошарашивать их сразу таким огромным и трудным делом. Точно так же Он предпочитает и в нашей жизни действовать постепенно, понемногу увеличивая Своё влияние.

Почему же нам требуется так много времени, чтобы измениться и вырасти? Причин несколько.

Мы — очень неспособные ученики. Нередко нам приходится «проходить» один и тот же урок по сорок или пятьдесят раз, чтобы как следует его усвоить. Проблема возникает снова и снова, и мы думаем: «Ну вот, опять то же самое! Я же с ней уже разобрался!» Но Богу виднее. История израильского народа наглядно показывает, как быстро мы возвращаемся к прежним привычкам. Нам необходимы неоднократные повторения.

Нам надо от многого избавиться. Многие люди приходят в психологическую консультацию с личными комплексами или сложностями в отношениях, которые складывались в течение *долгих лет*, и требуют: «У меня час времени. Избавьте меня от этого». И наивно ожидают, что психолог предложит им быстрое решение сложной проблемы с давними и глубокими корнями. Поскольку большинство наших трудностей — и все наши дурные привычки — появились не вчера и не позавчера, было бы нелепо полагать, что они мгновенно исчезнут. Нет такой пилюли, молитвы или библейского принципа, которые моментально уничтожили бы последствия минувших лет.

Возрастание всегда приносит с собой перемены, перемены всегда сопровождаются страхом или потерями, а потери никогда не проходят безболезненно.

Для этого нужно много и упорно трудиться, удаляя из своей жизни грех и заменяя его благочестием. Библия называет этот процесс «совлечением ветхого человека» и «облачением в нового человека» (Рим. 13:12, Еф. 4:22-25, Кол. 3:7-10, 14). Хотя в момент покаяния Бог дал нам новую природу, у нас всё ещё остались прежние пристрастия, старые привычки и реакции, которые нужно отбросить и заменить.

Мы боимся смиренно взглянуть в лицо правде о самих себе. Я уже говорил, что истина действительно сделает нас свободными, но бывает, что сначала она приносит нам уйму страданий. Страх перед тем, что может открыться, если мы осмелимся честно взглянуть на свой характер, держит нас в узах самообмана. Мы сможем начать работать над своими недостатками, проступками и комплексами только по мере того, как Бог будет изливать на них свет Своей истины. Вот почему невозможно расти без смиренного желания и готовности учиться.

Процесс возрастания часто бывает пугающим и болезненным. Возрастание всегда приносит с собой перемены, перемены всегда сопровождаются страхом или потерями, а потери никогда не проходят безболезненно. Любое изменение непременно влечёт за собой какую-то утрату: чтобы научиться чему-то новому, придётся отпустить от себя старое. Мы пугаемся этих изменений, даже если прежние поступки и пристрастия приносили нам только вред: ведь они были, по крайней мере, удобными и привычными, как изношенные ботинки.

Люди часто определяют своими недостатками собственное «я». Мы покаянно говорим: «Вечно я так себя веду» или «Вот такой уж я человек», но при этом подсознательно беспокоимся: если я всё-таки прощу былую обиду, избавлюсь от дурной привычки или комплекса, то кем я тогда буду? Этот страх может серьёзно затормозить процесс возрастания.

Привычки развиваются со временем. Помните, что характер человека — это сумма всех его привычек. Нельзя называть себя добрым, пока доброта не станет *привычной*, пока вы не станете вести себя по-доброму, даже не думая об этом. Нельзя считать себя честным, пока мы не привыкли *всегда* вести себя честно. Мужа, который хранит верность своей жене *большую часть времени*, никак не назовёшь верным! Ваш характер определяют привычки.

ДЕНЬ ДВАДЦАТЬ ВОСЬМОЙ: ВСЁ ТРЕБУЕТ ВРЕМЕНИ

Есть только один способ развивать в себе благочестивые привычки: снова и снова *приучать себя* к благочестивому образу жизни. А на это требуется время. *Мгновенных привычек* просто не бывает. Павел наставлял Тимофея: «*Усердно занимайся всем этим, будь прилежен, и тогда все увидят твои успехи*» (1 Тим. 4:15 [РВ]).

Если долго чем-то заниматься, то непременно научишься делать это очень хорошо. Повторение — мать умения и характера. Эти привычки, направленные на развитие нашего характера, часто называют «*духовными дисциплинами*» или «*духовными упражнениями*», и существует множество замечательных книг, которые научат вас их развивать.

Не торопитесь

По мере духовного возрастания мы можем способствовать тому, что делает Бог в нашем сердце, и идти с Ним в ногу. Для этого нам нужно помнить следующие несколько моментов.

Верьте, что Бог действует в вашей жизни, даже если вы этого не чувствуете. Порой духовное возрастание происходит трудно и медленно, маленькими шажками. Помните, что улучшения будут происходить не сразу, а постепенно. В Библии сказано: «*Всему есть срок, есть время всякому делу под небом*» (Еккл. 3:1 [РБО]). В духовной жизни тоже есть свои времена и сроки. Иногда вы будете проходить через интенсивные, но короткие периоды роста (весна), за которыми последует время укоренения и испытания (осень и зима).

А как быть с теми проблемами, обидами и привычками, от которых вам хотелось бы избавиться мгновенно? Конечно, молить Бога о чуде можно и нужно, но не унывайте, если ответом на ваши молитвы будут последовательные, постепенные перемены. Со временем небыстрое, но непрестанное падение воды подтачивает даже самую твёрдую скалу и превращает огромные валуны в простые камешки. Со временем крохотный росточек может превратиться в гигантскую секвойю высотой в сто пятьдесят метров.

Ведите дневник и записывайте в нём пройденные уроки. Этот дневник предназначен для записи не ежедневных событий, а того, чему вы учитесь. Записывайте в него свои мысли, озарения, то, чему Бог учит вас о Себе, о вас самих, о жизни, о взаимоотношениях и обо всём остальном. Записывайте всё это для того, чтобы время от времени возвращаться к пройденному, вспоминать прежние уроки и передавать их следующему поколению (Пс. 101:19, 2 Тим. 3:14). Богу приходится ещё и ещё раз повторять уже преподанные нам уроки именно потому, что мы быстро их забываем. Регулярное перечитывание своего духовного дневника может уберечь вас от множества ненужной боли и страданий. В Библии сказано: «*Нам следует ещё крепче держаться того, что мы услышали, не то нас снесёт течением*» (Евр. 2:1 [РВ]).

Относитесь с терпением к Богу и к самим себе. В жизни нас часто расстраивает и раздражает то, что Божьи сроки редко совпадают с нашими. Мы часто спешим, хотя Бог никуда не торопится. Может быть, вы уже начали терять терпение из-за того, что продвижение вперёд кажется вам невероятно медленным. Помните, что Бог, хоть и не торопится, всё всегда делает вовремя. Он будет готовить вас к вечности все оставшиеся годы вашей земной жизни.

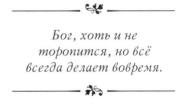

Бог, хоть и не торопится, но всё всегда делает вовремя.

В Библии есть множество примеров того, как медленно и кропотливо Бог взращивает в людях благочестивый характер, особенно в лидерах. В случае с Моисеем Ему понадобилось восемьдесят лет плюс сорокалетнее хождение по пустыне. Целых 14 тысяч 600 дней Моисей ждал и спрашивал про себя: «Ну когда же?», а Бог неизменно отвечал: «Подожди ещё немного».

Несмотря на названия многих современных книг, на свете не существует ни *«Быстрого пути к зрелости»*, ни *«Секретов мгновенной святости»*. Подосиновики Бог выращивает буквально за ночь, но для того, чтобы вырастить мощный, ветвистый дуб ему нужно сто лет. Сильные, любящие души вырастают посредством преодоления трудностей, жизненных бурь и страданий. Так что запаситесь терпением. Иаков советовал: *«Терпение должно иметь совершенное действие, чтобы вы были совершенны во всей полноте, без всякого недостатка»* (Иак. 1:4).

Не унывайте. Когда Аввакум опечалился из-за того, что Бог, по его мнению, действовал недостаточно быстро, Господь ответил ему так: *«Видение относится ещё к определённому времени и говорит о конце и не обманет; и хотя бы и замедлило, жди его, ибо непременно сбудется, не отменится»* (Авв. 2:3). Если Бог медлит, это ещё не значит, что Он отказывается действовать.

Размышляйте о том, какой путь вы уже успели проделать, а не о том, как долго вам ещё идти. Вы ещё не достигли желаемого, но уже довольно далеко продвинулись по сравнению с тем, что было раньше. Когда-то давно у нас в стране был популярен один значок. На нём стояли буквы ППБЕНЗСМР. Это означало: «Пожалуйста, Потерпите — Бог Ещё Не Закончил Со Мной Работать». Над вами Он тоже ещё вовсю трудится, так что продолжайте продвигаться вперёд. Даже улитка добралась-таки до Ноева ковчега, потому что упорно и настойчиво ползла к своей цели!

День двадцать восьмой
Размышляя о своём жизненном предназначении

Истина для обдумывания: Короткой дорожки к духовной зрелости просто нет.

Стих для заучивания наизусть: *«Начавший в вас доброе дело будет совершать его даже до дня Иисуса Христа»* (Фил. 1:6).

Вопрос для размышления: В каком аспекте своего духовного возрастания мне нужно быть более упорным и терпеливым?

ЦЕЛЬ ЧЕТВЁРТАЯ

ВЫ СОЗДАНЫ
ДЛЯ СЛУЖЕНИЯ БОГУ

*Мы «всего лишь слуги... и каждый исполнил то
дело, которое поручил ему Господь. Я посадил,
Аполлос поливал, но вырастил Бог»*

1 Кор. 3:5-6

Принимая порученное дело

*«Мы — Его творение, созданы во Христе
Иисусе на добрые дела, которые Бог
предназначил нам исполнять»*

Еф. 2:10

*«Я прославил Тебя на земле, совершил дело,
которое Ты поручил Мне исполнить»*

Ин. 17:4

Вы появились на земле, чтобы внести свой вклад в историю.

Вы были сотворены не только для того, чтобы быть потребителем — есть, дышать и занимать место. Бог сотворил вас для того, чтобы ваше существование оставило на земле свой след. Хотя многие бестселлеры настойчиво советуют нам *«извлечь»* из нынешней жизни как можно больше, Бог предназначил нас не для этого. Мы призваны не только брать что-то от жизни, но и вносить в неё свой *вклад*. Бог хочет, чтобы мы отдавали другим что-то из того, что получили сами. Это Его четвёртая цель для нашей жизни и называется она «служением». Библия подробно рассказывает нам, что это такое.

Мы сотворены, чтобы служить Богу. В Библии говорится, что Бог *«создал нас... для добрых дел, которые Он нам изначально предначертал совершить»* (Еф. 2:10б [РВ]). Эти добрые дела и есть ваше служение. Всякий раз, когда вы кому-нибудь служите, вы тем самым служите Богу (Кол. 3:23-24, Мф. 25:34-45, Еф. 6:7), исполняя один из аспектов своего предназначения. В следующих двух главах вы увидите, что Бог тщательно и продуманно *сформировал* вас ради этого. То, что Бог сказал Иеремии, относится и к вам: «*Я знал тебя прежде, чем дал тебе облик во чреве, освятил тебя прежде, чем вышел ты из утробы*» (Иер. 1:5 [РБО]). Вас поместили на эту планету для исполнения особого задания.

Мы спасены для того, чтобы служить Богу. В Библии сказано: «*Он спас нас и призвал Своим святым призывом не по нашим делам, но в силу Своего замысла и по Своей великой доброте*» (2 Тим. 1:9 [РВ]). Бог искупил нас для того, чтобы мы могли откликнуться на Его «святой призыв». Мы спасены не *благодаря* своим делам, но *для* того, чтобы исполнять порученное нам дело. В Божьем Царстве у нас есть своё место, своя цель, своя роль и своё задание. Всё это придаёт нашей жизни значимость и ценность.

ДЕНЬ ДВАДЦАТЬ
ДЕВЯТЫЙ:
ПРИНИМАЯ
ПОРУЧЕННОЕ ДЕЛО

Чтобы приобрести для нас спасение, Христу пришлось расплатиться Своей жизнью. Библия напоминает нам: «*Вы куплены дорогою ценою. Посему прославляйте Бога и в телах ваших и в душах ваших*» (1 Кор. 6:20). Мы служим Богу не из страха или чувства вины, или даже чувства долга; нами движет радость и глубокая благодарность за то, что Он для нас сделал. Мы обязаны Ему своей жизнью. Благодаря Его спасению мы получили прощение за прошлые грехи и твёрдую уверенность в будущем. В свете этих удивительных даров Павел призывает нас: «*Умоляю вас, братия, милосердием Божиим, представьте тела ваши в жертву живую, святую, благоугодную Богу, для разумного служения вашего*» (Рим. 12:1).

Апостол Иоанн учил, что мы доказываем подлинность своего спасения, когда с любовью служим другим людям: *«Мы знаем, что мы перешли из смерти в жизнь, потому что любим братьев»* (1 Ин. 3:14). Если во мне нет любви к людям и желания им служить, если я пекусь только о своих нуждах, тогда мне следует задуматься, действительно ли Христос живёт в моей жизни. Спасённое сердце отличается горячим желанием служить другим людям.

Надо заметить, что в современных христианских кругах термин *«служение»* часто понимается не совсем верно. Для большинства людей он связан исключительно с рукоположенными пасторами и профессиональными священниками, но Бог говорит, что служителем является каждый член Его семьи. В Библии слова *«служитель»* и *«служение»* неразрывно связаны со словом *«служить»* в его обычном, повседневном значении. Если вы христианин — значит, вы служитель, а если вы служитель — значит, вы служите, то есть реально и практически помогаете другим людям.

Когда Иисус исцелил заболевшую тёщу Петра, она тут же *«встала и служила им»* (Мф. 8:15), радуясь вновь обретённому здоровью. К этому призваны и мы с вами. Бог исцеляет нас, чтобы мы помогали другим. Мы принимаем благословения, чтобы благословлять других. Мы спасены для того, чтобы служить, а не для того, чтобы сидеть сложа руки в ожидании Небесного Царства.

Если во мне нет любви к людям и желания им служить, мне следует задуматься, действительно ли Христос живёт в моей жизни.

Задумывались ли вы когда-нибудь, почему Бог не забирает нас к Себе на Небеса сразу, как только мы принимаем Его благодать? Почему Он оставляет нас жить в греховном мире? Он оставляет нас здесь, чтобы мы исполняли то, для чего Он нас предназначил. Когда мы обретаем спасение, Бог начинает действовать через нас ради осуществления Своих замыслов. Бог приготовил нам *служение* в Своей церкви и *миссию*, которую мы призваны исполнить в мире.

Мы призваны служить Богу. Быть может, в детстве вам казалось, что Бог «призывает» на служение только миссионеров, пасторов, монахинь и других людей, полностью посвятивших свою жизнь церкви. Однако в Библии говорится, что к служению призван каждый христианин (Еф. 4:4-14. Также см. Рим. 1:6-7, 8:28-30, 1 Кор. 1:2, 9, 26; 7:17, Фил. 3:14, 1 Пет. 2:9, 2 Пет. 1:3). Призыв к спасению подразумевает и призыв к служению. Это одно и то же. Где бы и кем бы вы ни работали, вы призваны посвятить *всю свою жизнь* христианскому служению. «Христиан, не участвующий в служении», — это логическая несообразность.

В Библии сказано, что Бог «*спас нас и призвал званием святым, не по делам нашим, но по Своему изволению*» (2 Тим. 1:9). Пётр добавляет, что мы — «*люди, взятые в удел, дабы возвещать совершенства Призвавшего вас из тьмы в чудный Свой свет*» (1 Пет. 2:9). Каждый раз, когда мы помогаем другим людям, используя дары и способности, данные нам Богом, тем самым мы исполняем своё предназначение.

В Писании говорится: «*Вы умерли,.. чтобы принадлежать Другому,.. и теперь будете приносить плоды Богу*» (Рим. 7:4 [РВ]). Какую долю своей жизни вы посвящаете тому, чтобы приносить пользу, служа Богу? В некоторых китайских церквях новообращённых христиан приветствуют такими словами: «Теперь у Иисуса есть ещё одни глаза, чтобы видеть, ещё одни уши, чтобы слышать, ещё одни руки, чтобы помогать людям, и ещё одно сердце, чтобы любить их».

Нам нужно быть частью церковной семьи ещё и для того, чтобы исполнять своё призвание и служить другим верующим, оказывая им практическую помощь. В Библии сказано: *«Вы — тело Христово, а порознь — члены»* (1 Кор. 12:27). Тело Христово отчаянно нуждается в вашем служении. Если не верите — спросите у любой поместной церкви. Каждый из нас призван исполнять в церкви свою роль, и каждая роль по-своему важна. Незначительного служения Богу просто не бывает; важным оказывается абсолютно всё.

В церковной общине тоже не бывает незначительных служений. Некоторые из них видны всем, другие находятся за кулисами, но все до единого ценны и значимы. На поверку небольшие или незаметные служения часто оказываются чуть ли не самыми важными. Самая главная лампочка в моём доме — это не большая люстра в гостиной, а крохотный ночник, который помогает мне не споткнуться в темноте, когда я встаю ночью. Между размерами и значимостью не существует прямой зависимости. Каждое служение важно, потому что все мы зависим друг от друга и нужны друг другу, чтобы как следует исполнять свою роль.

Что происходит, когда один из органов нашего тела вдруг перестаёт функционировать? Мы заболеваем. Страдает всё тело. Представьте себе, что ваша печень вдруг решила жить исключительно для себя: «Всё, я устала! Не хочу больше служить всему телу! Хочу взять год отпуска, чтобы просто ничего не делать, питаться и возрастать. Должна же я хоть раз сама позаботиться о себе. Пусть моим делом займётся кто-нибудь другой!» Что будет тогда? Ваше тело умрёт. Сегодня тысячи церквей умирают из-за того, что наполняющие их христиане не желают служить. Они сидят на задних скамейках, пассивно наблюдая за происходящим, а Тело продолжает страдать.

Нам заповедано служить Богу. Иисус недвусмысленно дал нам это понять: «*Кто хочет между вами быть большим, да будет вам слугою; и кто хочет между вами быть первым, да будет вам рабом; так как Сын Человеческий не для того пришел, чтобы Ему служили, но чтобы послужить и отдать душу Свою для искупления многих*» (Мф. 20:26-28). Для христиан служение не является чем-то выборочным, необязательным — этаким довеском к ежедневному расписанию, если в нём останется время. Иисус пришёл «послужить» и «отдать», так что эти два глагола должны определять и нашу земную жизнь. Как сказала однажды мать Тереза, «святая жизнь состоит в том, чтобы с улыбкой делать Божье дело».

Духовная зрелость никогда не является самоцелью. Мы растём для того, чтобы отдавать.

Иисус учил, что духовная зрелость никогда не является самоцелью. Она нужна для того, чтобы служить! Мы растём для того, чтобы отдавать. Мало узнавать всё больше и больше. Мы должны действовать в соответствии со своими знаниями, чтобы слова не расходились у нас с делами. Знания и впечатления, так и не нашедшие себе выражения и применения, вгоняют нас в депрессию. Учение без служения ведёт к духовному застою. Старое сравнение между Галилейским и Мёртвым морем остаётся всё таким же истинным. Галилейское море полно жизни, потому что оно не только вбирает в себя воду, но и отдаёт её. И напротив, в Мёртвом море нет никакой жизни; из него не вытекает ни одной реки, оно застоялось и фактически погибло.

Нынешним верующим *вовсе не нужно*, чтобы в их жизни было больше церковных собраний и учений. Они и так знают гораздо больше, чем применяют на практике. Прежде всего, им нужны *возможности практического служения*, с помощью которых они могли бы упражнять свои духовные мышцы.

Служение противоречит нашим естественным склонностям. Большую часть времени нам хочется вовсе не служить *другим*, а чтобы другие служили *нам*. «Я ищу такую церковь, где можно было бы служить и *быть* благословением для других», — говорим мы. Однако на самом деле мы ждём, чтобы кто-то служил нам, а не наоборот. Но по мере того, как мы возрастаем во Христе, нашей главной целью и стремлением всё больше должна становиться жизнь служения другим людям. Возросший последователь Иисуса Христа уже не спрашивает: «Кто сможет восполнить мои нужды?» Он начинает спрашивать: «Чьим нуждам могу послужить я сам?» А вы *хоть когда-нибудь* задаёте себе такой вопрос?

Подготовка к вечности

В конце земной жизни вы предстанете перед Богом, и Он посмотрит, хорошо ли вы служили другим своей жизнью. В Библии говорится: *«Каждый из нас за себя даст отчёт Богу»* (Рим. 14:12). Подумайте, что это значит. Однажды Бог сравнит, сколько времени и сил мы потратили на себя, а сколько — на служение другим людям.

В тот день любые оправдания нашего эгоизма окажутся мелкими и пустыми: «Я был слишком занят», «У меня были свои цели», или «Я был поглощён работой, развлечениями, зарабатыванием денег для хорошей пенсии» — чем бы то ни было. На всё это Бог ответит: «Это не то. Я сотворил, спас и призвал тебя и заповедал тебе посвятить жизнь служению. *Что* тут может быть непонятного?» Библия предупреждает неверующих: *«Себялюбцам, непослушным истине, а послушным злу,* [Он воздаст] *гнев и ярость»* (Рим. 2:8 [PB]). А для христиан себялюбие будет означать потерю вечной награды.

Мы живём полной жизнью лишь тогда, когда помогаем другим. Иисус сказал: *«Кто хочет душу свою сберечь, тот потеряет её, а кто потеряет душу свою ради Меня и Евангелия, тот сбережёт её»* (Мк. 8:35. См. также Мф. 10:39, 16:25, Лк. 9:24, 17:33). Эта истина так важна, что в Евангелиях она повторяется пять раз. Без служения человек не живёт, а просто существует, потому что жизнь предназначена для служения. Бог хочет, чтобы мы научились бескорыстно и щедро любить других людей и служить им.

Служение и значимость

Вы непременно посвятите чему-нибудь свою жизнь. Только вот чему — работе, спорту, любимому увлечению, поискам славы, накоплению богатства? Ни одна из этих целей не обладает непреходящей значимостью. Путём к подлинной значимости является служение. Именно благодаря ему, мы открываем для себя смысл своей жизни. В Библии сказано: *«Каждый из нас находит своё место и познаёт своё значение, будучи частью Христова Тела»* (Рим. 12:5 [«The Message»]). По мере того, как мы вместе служим в составе Божьей семьи, наша жизнь приобретает вечную значимость.

Бог хочет, чтобы каждый из нас внёс что-то своё в историю человечества. Он хочет действовать через нас. В жизни важна не *продолжительность*, а *продуктивность*; не *сколько* мы прожили, а *как*.

Если вы не участвуете ни в каком служении, чем вы до сих пор оправдывали свою пассивность? Авраам был старым, Иаков мучился от неуверенности в себе, Лия была некрасива, Иосифу пришлось перенести насилие и несправедливость со стороны родственников, Моисей заикался, у Гедеона не было денег, Самсон страдал созависимостью, Раав была уличной женщиной, Давид вступил в незаконную связь и потом долго разбирался со всевозможными семейными проблемами. Илия хотел покончить с собой, Иеремия то и дело впадал в депрессию, Иона вообще не хотел служить, Ноеминь потеряла мужа, Иоанн Креститель был, мягко говоря, человеком странноватым и

Путём к подлинной значимости является служение.

эксцентричным. Пётр мгновенно повиновался любому внутреннему порыву и чуть что выходил из себя, Марфа чересчур беспокоилась, женщина-самарянка сменила пять мужей, Закхея презирали и не любили, Фома сомневался, Павел отличался слабым здоровьем, а Тимофей — робостью. Что и говорить, полный набор всевозможных причин не участвовать в служении. Однако через каждого из этих людей Бог совершил великие дела. Через ваше служение Он тоже может совершить очень многое, если вы перестанете оправдываться и увиливать от дела.

День двадцать девятый

Размышляя о своём жизненном предназначении

Истина для обдумывания: У нас нет выбора «служить или не служить».

Стих для заучивания наизусть: *«Мы — Его творение, созданы во Христе Иисусе на добрые дела, которые Бог предназначил нам исполнять»* (Еф. 2:10).

Вопрос для размышления: Что удерживает меня от того, чтобы принять Божий призыв к служению?

Созданные для служения Богу

*«Твои руки трудились надо мною и
образовали всего меня кругом»*

Иов 10:8

*«Этот народ Я образовал для Себя; он
будет возвещать славу Мою»*

Ис. 43:21

Мы созданы и сформированы для того, чтобы служить Богу.
Каждое существо на планете Бог наделил своей особой
«сферой компетентности». Какие-то животные быстро бегают,
какие-то — далеко прыгают; кто-то плавает, кто-то роет под-
земные ходы, а кто-то даже летает. У каждого зверя есть своя
роль в зависимости от того, как он сотворён, как устроен. То
же самое можно сказать и о людях. Каждого из нас Бог сотворил — или *устроил, сформировал* — уникальным образом для
того, чтобы каждый из нас выполнял нечто особенное.

Перед тем, как проектировать новое здание, любой архитектор прежде всего задаёт себе вопрос: «Для чего оно предназначено? Каким образом его собираются использовать?» Из-
начальная функция здания всегда определяет его форму. Перед
тем, как сотворить вас, Бог решил, какую роль вы будете играть на земле. Он точно предначертал, каким образом вы будете Ему служить, и создал вас в соответствии с теми заданиями,

которые вам предстоит выполнять. Вы такой, как есть, именно потому, что Бог сформировал вас для совершенно определённого служения.

В Библии сказано: *«Мы — Его творение, созданы во Христе Иисусе на добрые дела, которые Бог предназначил нам исполнять»* (Еф. 2:10). Наше слово «поэма» происходит от греческого *poiema*, что означает «творение, шедевр». Вы — уникальный шедевр, сделанный искусными руками Бога, а не безликая поделка с конвейерной ленты, в которую не вложено ни частички души. Вы сделаны по особому неповторимому замыслу, и подобного вам не найдётся уже нигде.

Бог сознательно и намеренно устроил и сформировал вас для того, чтобы вы служили Ему совершенно уникальным образом.

Бог никогда и ничего не делает напрасно.

Он тщательно подобрал именно такую комбинацию ДНК, которая требовалась для создания вашей неповторимости. Давид славил Бога за это невероятное, личное внимание ко всем мелочам и подробностям: *«Ты устроил внутренности мои и соткал меня во чреве матери моей. Славлю Тебя, потому что я дивно устроен. Дивны дела Твои»* (Пс. 138:13-14). Как сказала Этель Уотерс [40], «Бог не делает ничего третьесортного».

Бог не только задумал и образовал нас ещё до рождения, но и начертал все дни нашей жизни, чтобы и дальше формировать нас согласно Своему замыслу. В том же самом псалме Давид говорит: *«В Твоей книге записаны все дни, для меня*

---

[40] Этель Уотерс (1896 — 1977) — популярная афро-американская певица и актриса 1920-х годов. В конце 1950-х годов она обратилась к вере и до самой своей смерти участвовала в евангелизационных кампаниях Билли Грэма.

назначенные, когда ни одного из них еще не было» (Пс. 138:16). Это значит, что в вашей жизни не бывает ничего незначительного. Бог использует *всё,* происходящее с нами, чтобы сформировать нас для служения Ему и другим людям.

Бог никогда и ничего не делает напрасно. Он не стал бы наделять вас дарами, способностями, интересами, талантами, уникальной личностью и совершенно особым жизненным опытом, если бы не намеревался употребить всё это ради Своей славы. И если вы определите и поймёте, чем именно наделил вас Бог, то благодаря этому сможете узнать Его волю для своей жизни.

В Библии сказано, что мы *«дивно устроены».* Каждый из нас состоит из переплетения множества разных «нитей». Чтобы помочь вам немного об этом подумать, я выделил пять таких компонентов, пять факторов, образующих нашу уникальность. В главе 30 и 31 мы посмотрим на каждый из них, и я поясню вам, как определить ваши личные особенности и задействовать их в служении.

Каким образом Бог формирует нас для служения

Всякий раз, когда Бог призывает нас к какому-то делу, Он непременно наделяет нас всем необходимым для его исполнения. Это сочетание способностей и умений и определит вашу неповторимость:

Духовные дары

Энтузиазм

Способности и таланты

Личностные особенности

Опыт

Компоненты нашей уникальности: Раскрывая свои *духовные дары*

Каждому христианину Бог даёт духовные дары для использования их в служении (Рим. 12:4-8, 1 Кор. 12, Еф. 4:8-15, 1 Кор. 7:7). Эти особые богодухновенные способности, предназначенные для служения Ему, даруются только верующим. В Библии сказано: «*Природный человек не принимает того, что исходит от Духа*» (1 Кор. 2:14 [PB]).

Духовные дары невозможно заслужить или заработать — на то они и *дары!* Это выражение ниспосланной нам Божьей благодати. «*Всем нам, каждому в отдельности, был дан особый дар — его доля в щедром даре Христа*» (Еф. 4:7 [PB]). Кроме того, не мы сами выбираем себе дары. Это определяет Бог. Павел пояснял: «*Всё же сие производит один и тот же Дух, разделяя каждому особо, как Ему угодно*» (1 Кор. 12:11).

Поскольку Богу нравится разнообразие и Он печётся о неповторимости каждого из нас, нет такого дара, который давался бы всем без исключения (1 Кор. 12:29-30). Точно так же, ни один верующий не обладает абсолютно *всеми* дарами. Будь у вас все дары сразу, другие люди были бы вам просто не нужны, а это идёт вразрез с одной из главных Божьих целей: научить нас любить ближних и полагаться друг на друга.

ДЕНЬ ТРИДЦАТЫЙ:

СОЗДАНЫ ДЛЯ СЛУЖЕНИЯ БОГУ

Уникальное сочетание духовных даров дано вам не для вашей собственной выгоды, а для пользы *других людей* — а они, в свою очередь, наделены дарами для вашей пользы. В Библии говорится: «*Каждому дано проявление Духа для общего блага*» (1 Кор. 12:7 [PB]). Бог устроил всё именно так, чтобы мы нуждались друг в друге. Когда мы вместе действуем в соответствии со своими дарами, выигрывают все. Если другие люди не используют свои дары, то вы не получаете того, что могли бы, а если вы отказываетесь пускать в дело свои способности, то обманутыми оказываются они. Вот почему нам заповедано узнавать свои духовные дары и развивать их. А насколько вы сами знаете и развиваете дарованные вам таланты? Ведь от подарка не будет толка, если не развернёшь нарядную упаковку и не посмотришь, что там внутри.

Всякий раз, когда мы забываем эти простые истины о духовных дарах, в церкви начинаются неприятности. Две самые распространённые проблемы — это *зависть к чужим дарам* и *проекция своих даров на всех остальных.* Первая появляется, когда мы начинаем сравнивать свои дары с чужими, испытываем недовольство тем, что даровал нам Бог, и начинаем сердиться или завидовать, глядя на то, как Бог действует через других братьев и сестёр. Вторая проблема проявляется,

От подарка не будет толка, если не развернёшь нарядную упаковку и не посмотришь, что там внутри.

когда мы считаем, что все вокруг должны обладать точно такими же дарами, что и мы, заниматься тем, чем занимаемся мы, и делать это с не меньшим энтузиазмом. В Библии сказано: *«Служения различны, а Господь один и тот же»* (1 Кор. 12:5).

Иногда духовным дарам придаётся чрезмерно важное значение в ущерб другим факторам, с помощью которых Бог формирует нас для служения. Дары являются лишь *одним* из ключевых моментов в определении Божьей воли для вашего служения, но далеко *не единственным.* Есть ещё четыре важных компонента.

Компоненты нашей уникальности:
К чему вы испытываете особый *энтузиазм?*

Иными словами, нам нужно слушать своё сердце. Говоря о «*сердце*», Библия имеет в виду сложное переплетение наших желаний, надежд, интересов, устремлений, мечтаний и привязанностей. Сердце является источником всех наших побуждений — того, чем мы любим заниматься и что нас больше всего интересует. Даже сейчас мы используем это слово в таком значении, говоря, например: «*Я люблю тебя всем сердцем*».

В Библии сказано: «*Как лицо отражается в воде, так и сердце человеческое — в сердце*» (Прит. 27:19 [РБО]). Ваше сердце отражает ваше *истинное* «я» — кто вы такой *на самом деле*, а не кем *считают* вас окружающие или к чему вынуждают вас обстоятельства. Именно из сердца исходит то, что вы *говорите, чувствуете* и *делаете* (Мф. 12:34, Пс. 33:7, Прит. 4:23).

В физическом плане у каждого из нас есть не только неповторимые отпечатки пальцев, своеобразное строение тонких структур глаз и совершенно особенный тембр голоса, но и уникальный ритм сердцебиения: у каждого из нас сердце бьётся немного по-своему. Просто поразительно, что из многих миллиардов живущих и живших на земле людей ни у одного человека сердце не бьётся точно так же, как у вас.

Кроме того, Бог наделил каждого из нас уникальным *эмоциональным* «сердцебиением». Наш «пульс» учащается, когда мы думаем о предметах, делах и событиях, которые особенно нас интересуют. Мы инстинктивно откликаемся на какие-то вещи, в то время как другие нас совсем не трогают. Всё это позволяет нам понять, где именно мы призваны служить.

«Фактор сердца» можно обозначить ещё одним словом: *энтузиазм*. К каким-то вещам вы относитесь с неподдельной страстью, а до чего-то другого вам, откровенно говоря, нет никакого дела. Какие-то события словно зажигают вас, безраздельно овладевая вашим вниманием, а от других вам становится до зевоты скучно. Всё это раскрывает особенности вашего сердца.

В детстве вы тоже наверняка замечали, что вам интересны какие-то темы или предметы, до которых никому в вашей семье не было ни малейшего дела. Откуда взялась эта увлечённость? От Бога. Бог не напрасно наделил вас такими вот врождёнными интересами. Ваше эмоциональное сердцебиение является вторым фактором, определяющим суть и форму вашего служения. Не надо игнорировать свои увлечения. Подумайте, как использовать их ради Божьей славы. Ведь всё это нравится вам не случайно!

Библия ещё и ещё раз призывает нас *«служить Богу от всего сердца вашего»* (Втор. 11:13, 1 Цар. 12:20, Рим. 1:9, Еф. 6:6). Бог желает, чтобы мы служили Ему с увлечением, а не по обязанности. Люди редко преуспевают в делах, не приносящих им радости и вызывающих у них скуку. Бог хочет, чтобы мы служили Ему и другим людям, следуя своим естественным интересам. И если мы прислушаемся к своим наклонностям, они могут подсказать нам служение, к которому предназначил нас Бог.

Как узнать, служим мы Богу всем своим сердцем или нет? Первый признак такого служения — это *энтузиазм*. Когда мы заняты *любимым* делом, нас не нужно постоянно мотивировать, подгонять или проверять. Мы и за дело-то принимаемся ради удовольствия. Нам не нужны награды, аплодисменты или плата за труд, потому что нам просто нравится служить людям именно таким образом. Верно и противоположное утверждение: если наше сердце не лежит к тому или иному занятию, мы быстро теряем силу и опускаем руки.

Второй признак служения Богу от всего сердца — это *эффективность*. Принимаясь за то дело, которое Бог сделал для нас *особенно желанным*, мы приобретаем мастерство. Энтузиазм заставляет нас стремиться к совершенству. Если то или иное занятие не вызывает у нас интереса, вряд ли мы станем прикладывать к нему особые старания. И напротив, самыми выдающимися мастерами в любой области человеческой жизни становятся именно те люди, которые занимаются своим делом, следуя внутренней страсти, а не ради выгоды или из чувства долга.

Мне не раз приходилось слышать от людей: «Да, я терпеть не могу свою нынешнюю работу, но остаюсь на ней для того, чтобы заработать побольше денег и однажды просто уйти и заняться, наконец, тем, что мне по душе». Это большая ошибка. Не выбрасывайте лучшие годы своей жизни на работу, которая никак не выражает наклонности вашего сердца. Помните, самые важные вещи в жизни — это *не вещи!* Осмысленность и цель куда важнее денег. Самый богатый человек в мире однажды сказал: «*Лучше иметь немногое и бояться Господа, чем стяжать сокровище и жить в страхе*» (Прит. 15:16 [РБО]).

Когда мы заняты любимым делом, нас не нужно постоянно мотивировать.

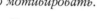

Не надо успокаиваться на том, что вы живёте «как все нормальные люди», потому что этого просто мало. В конечном итоге, материальная обеспеченность не принесёт вам подлинного удовлетворения. Даже если у вас есть, *на что* жить, это ещё не значит, что вы знаете, *ради чего* живёте. Давайте вместо этого стремиться к «*благой части*», к лучшей доле — к тому, чтобы служить Богу именно так, как просит этого наше сердце. Определите, чем вам нравится заниматься больше всего — к чему Бог склонил ваше сердце, — и делайте это ради Его славы.

День тридцатый

Размышляя о своём жизненном предназначении

Истина для обдумывания: Я создан для служения Богу.

Стих для заучивания наизусть:
«Действия различны, а Бог один и тот же, производящий всё во всех» (1 Кор. 12:6).

Вопрос для размышления: Могу ли я представить себе такое служение людям, которое я мог бы исполнять с настоящим энтузиазмом и радостью? Что это за служение?

Осознавая свою уникальность

«Ты устроил внутренности мои и соткал меня во чреве матери моей»

Пс. 138:13

Таким, как вы, можете быть только вы сами.

Бог создал каждого из нас таким образом, чтобы в мире не было повторений и двойников. Ни в одном другом человеке разные факторы не сходятся в таком неповторимом сочетании. Это значит, что никто другой не сможет сыграть ту роль, которую Бог предназначил вам. Если вы не внесёте свой, особенный вклад в Тело Христово, его не сможет внести ни один из других членов Тела. В Библии сказано: *«Есть разные дары, но их даёт один и тот же Дух. И есть разные виды служения, но одному и тому же Господу. И есть разные виды деятельности, но во всех действует для всех один и тот же Бог»* (1 Кор. 12:4-6 [РВ]). В предыдущей главе мы посмотрели на первые два фактора, определяющие нашу уникальность: духовные дары и энтузиазм, или наклонности сердца. А теперь давайте поговорим об остальных особенностях, формирующих наше служение Богу.

Компоненты нашей уникальности: Применяя свои *способности*

Способности — это те естественные таланты, с которыми вы родились. Некоторые люди очень легко говорят и пишут: такое

316

впечатление, что они начали говорить чуть ли не с пелёнок! У других природные способности к спорту: их физическая координация просто поразительна. У некоторых прекрасно получается работать с цифрами и числами, разбираться в сложных механических конструкциях или играть на музыкальных инструментах.

Когда Бог задумал построить Скинию и изготовить все её принадлежности, необходимые для поклонения, среди израильтян обнаружились художники и мастера, оснащённые необходимыми для этого *«мудростью, разумением, ведением и всяким искусством... для всякого дела»* (Исх. 31:3-5). В наши дни Бог всё так же продолжает раздавать людям подобные дары и тысячи других талантов для служения Ему.

Все наши способности — от Бога. Даже те способности, которые мы поворачиваем в сторону греха, даны нам Богом; используя их в греховных целях, мы лишь злоупотребляем ими. В Библии говорится, что каждому из нас Бог дал способность делать что-то очень хорошо (1 Кор. 12:6). Поскольку природные способности даны нам Богом, они так же важны и так же «духовны», как и духовные дарования. Единственная разница состоит в том, что способности даны нам от рождения.

Чаще всего люди пытаются увильнуть от служения с помощью отговорки о том, что им просто нечего предложить, что у них нет никаких способностей. Но это сущая чепуха! В каждом из нас таятся десятки или даже, наверное, сотни нетронутых, неузнанных и невостребованных способностей. Многие исследования показали, что в среднем обычный человек обладает 500 — 700 разными умениями, и это гораздо больше, чем мы думаем.

Например, наш мозг может вместить в себя 100 триллионов фактов. Он способен принять до 15 тысяч решений в секунду — скажем, когда работает наша пищеварительная система. Мы способны уловить до 10 тысяч разных запахов. Мы способны осязать предмет толщиной всего 0,0001016 см, а наш язык может почувствовать в воде вкус хинина, даже если лишь одна его доля растворена в двух миллионах долях воды. Вы представляете собой сочетание невероятных способностей, удивительное Божье творение. И кроме всего прочего, церковь ответственна за то, чтобы помочь вам определить и реализовать свои способности в служении Богу.

Любой способностью можно пользоваться ради Божьей славы. Павел сказал: *«Едите ли, пьёте ли, или иное что делаете, всё делайте в славу Божию»* (1 Кор. 10:31). В Библии содержится немалое количество примеров самых разных способностей, которыми люди пользовались во славу Божью: способности художника, архитектора, администратора, пекаря, судостроителя, дизайнера и кондитера; умение вести дебаты, бальзамировать тела, вышивать, гравировать, обрабатывать землю, ловить рыбу, работать в саду, вести за собой других, распределять ресурсы, обтёсывать камни, сочинять музыку, ковать оружие, шить, красить, сеять, заниматься философскими рассуждениями, разбираться в сложных механизмах, изобретать, плотничать, управлять кораблём, продавать, воевать, кроить, учить, писать прозу и стихи. В Писании говорится: *«Действия различны, а Бог один и тот же, производящий всё во всех»* (1 Кор. 12:6). В церкви Бог приготовил вам своё место, и там ваши способности не только придутся как нельзя кстати, но и расцветут пышным цветом. Однако отыскать это место должны вы сами.

Некоторых людей Бог наделил умением зарабатывать большие деньги. Моисей говорил израильтянам: *«Помни Господа, Бога твоего, ибо Он даёт тебе силу приобретать богатство»* (Втор. 8:18). Люди с такими способностями отличаются умением начинать и вести своё дело, заключать сделки, продавать товары и получать прибыль. Если вы наделены этим даром, то должны использовать его во славу Бога. Как это сделать? Во-первых, признайте, что эта способность дарована вам Богом, и воздайте Ему должную благодарность и хвалу. Во-вторых, пусть ваше дело служит тому, чтобы восполнять нужды других людей и делиться Евангелием с неверующими. В-третьих, возвращайте Богу, по меньшей мере, десятину (то есть 10%) прибыли в качестве поклонения Ему (Втор. 14:23, Мал. 3:8-11). И наконец, стремитесь к тому, чтобы *строить Царство Божье*, а не только *приобретать себе богатство*. Я поясню всё это в главе 34.

Если я умею что-то делать, Бог *хочет*, чтобы я этим занимался. Кроме вас самих ни один человек на земле не может пользоваться сочетанием ваших даров. Никто другой не способен сыграть вашу роль, потому что не обладает той неповторимой уникальностью, которой наделил вас Бог. В Библии сказано, что Бог оснастит нас всем необходимым, «*наставит нас во всяком добром деле для исполнения Его воли*» (Евр. 13:21 [РВ]). Чтобы узнать Божью волю для своей жизни, нужно серьёзно подумать, что у нас получается хорошо, а что не очень.

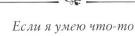

Если я умею что-то делать, Бог хочет, чтобы я этим занимался.

Если Бог не дал вам музыкального слуха, вряд ли Он ожидает от вас успехов на оперной сцене. Он никогда не поручит вам дела, к которому у вас нет никаких способностей. С другой стороны, те таланты, которыми вы *обладаете*, являются неплохим показателем того, к чему Бог предназначил вашу жизнь. Они помогут нам узнать Божью волю. Если вы хороший дизайнер или, скажем, прекрасно умеете набирать работников для того или иного дела и организовывать их труд, можно смело предположить, что Божий замысел для вашей жизни каким-то образом включает эти способности. Бог не раздаёт дары напрасно; Он наделяет нас способностями в соответствии с нашим призванием.

Способности даны нам не только для того, чтобы зарабатывать на жизнь. Они даны нам для служения. Апостол Пётр сказал: «*Служите друг другу, каждый тем даром, какой получил, как добрые домостроители многоразличной благодати Божией*» (1 Пет. 4:10).

ДЕНЬ ТРИДЦАТЬ ПЕРВЫЙ:

ОСОЗНАВАЯ СВОЮ УНИКАЛЬНОСТЬ

На момент написания этой книги семь тысяч человек используют свои способности для служения в церкви «Сэддлбэк», предоставляя друг другу и всей общине самые разнообразные виды услуг, которые только можно себе представить. Они чинят подержанные машины, чтобы потом отдать их нуждающимся; ищут самые выгодные сделки, когда церкви нужно что-нибудь купить; благоустраивают церковную территорию; организуют поток приходящей в церковь информации; пишут картины и придумывают церковные программы; планируют мероприятия и создают проекты церковных сооружений; предоставляют медицинскую помощь, готовят обеды и ужины; пишут песни и обучают других музыке; составляют грандиозные планы на будущее; тренируют спортивные команды; читают богословские книги для подготовки к проповедям или переводят материалы нашей церкви на другие языки. Можно назвать ещё сотни самых разных конкретных дел. Новым членам церкви мы говорим: «Какими бы умениями вы ни обладали, вы должны применять их в своей церкви!»

КОМПОНЕНТЫ НАШЕЙ УНИКАЛЬНОСТИ: Опираясь на свои *личностные особенности*

Мы плохо понимаем, *насколько* уникален каждый из нас. Молекулы ДНК способны соединяться в бесконечное количество всевозможных сочетаний. Если говорить точнее, таких комбинаций может быть $10^{2400000000}$. Это число отражает степень вероятности того, что вам когда-нибудь удастся отыскать человека, во всём подобного вам: шанс натолкнуться на своего двойника составляет один к $10^{2400000000}$. Если написать это число на полоске бумаги так, чтобы каждый ноль был шириной в 1см, эта полоска протянулась бы примерно на 23750 километров!

Чтобы у вас было с чем всё это сравнить, вот вам один любопытный факт: некоторые учёные предполагают, что количество всех частиц, содержащихся во вселенной, скорее всего, не превышает 10^{76} — а это куда меньше, чем число всех возможных комбинаций внутри наших ДНК. Ваша уникальность — это научный факт. Создавая вас, Бог произвёл на свет нечто совершенно неповторимое. На земле никогда не существовало и не будет существовать человека, во всём похожего на вас.

Нетрудно заметить, что Богу нравится разнообразие; стоит только оглянуться вокруг. Он сотворил каждого из нас с уникальным сочетанием личностных особенностей. Бог создал *интровертов* и *экстравертов*. Он придумал людей, любящих *установленный порядок*, и людей, обожающих искать *новые способы* делать обычные дела. Кто-то из нас, принимая решения, опирается на *принципы и факты*, а кто-то прежде всего смотрит на *чувства и отношения* людей. Некоторые предпочитают трудиться самостоятельно, а другие лучше работают в команде. В Библии сказано: «*Есть разные виды деятельности, но во всех действует для всех один и тот же Бог*» (1 Кор. 12:6 [РВ]).

Библия предоставляет нам множество свидетельств того, что Бог действует через людей самого разного темперамента. Пётр был *сангвиником*, Павел — *холериком*, Иеремия — *меланхоликом*. Если взглянуть на различные темпераменты, представленные среди двенадцати учеников Христа, сразу становится понятно, почему между ними то и дело вспыхивали конфликты.

В служении не бывает «плохих» и «хороших» темпераментов. Чтобы уравновесить церковь и придать ей живость и выпуклость, нужны самые различные характеры. Мир стал бы невероятно скучным, если бы всё вокруг было вкуса и цвета одной и той же сладкой ванили. К счастью, людей на свете гораздо больше, чем разновидностей мороженого — даже если это знаменитый «Баскин Роббинс»[41]!

Особенности вашей личности сильно повлияют на то, *как* и *где* вы будете пользоваться своими духовными дарами и способностями. Например, перед нами два человека, обладающие даром благовестия, но если один из них интроверт, а другой экстраверт, этот дар у них будет выражаться по-разному.

Плотники знают, что обрабатывать дерево по волокну гораздо легче, чем против волокна. Так и с людьми. Если человек вынужден нести служение таким образом, что это противоречит его темпераменту, у него возникает чувство неловкости и напряжения, ему постоянно требуется прилагать к делу дополнительные усилия и время, а результаты при этом остаются далеко не самыми лучшими. Именно поэтому у вас никогда не получится в точности перенять у другого человека его служение — ведь у вас *совершенно иной* характер, иной темперамент. Бог сотворил вас для того, чтобы вы были собой! Можно многому *научиться* на чужом примере, но всё это нужно непременно пропускать через фильтр вашей *собственной уникальности*. Сейчас существует много хороших книг и других материалов для того, чтобы мы могли исследовать свои личностные особенности и понять, как можно использовать их для Бога.

---

[41] «Баскин Роббинс» — всемирно известная фирма, изготавливающая 31 разновидность мороженого.

Подобно кусочкам цветного стекла в витражах, наши разные темпераменты и характеры отражают Божий свет в самых разных оттенках и узорах. Благодаря этому Божья семья обретает глубину и многогранность. Кроме того, это становится благословением для каждого из нас лично, потому что делать то, ради чего сотворил нас Бог, *просто приятно*. Неся служение в соответствии с теми личностными особенностя-

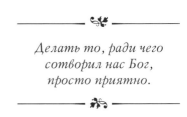

Делать то, ради чего сотворил нас Бог, просто приятно.

ми, которыми наделил нас Бог, мы испытываем удовлетворение, ощущаем свою жизнь наполненной и плодотворной.

КОМПОНЕНТЫ НАШЕЙ УНИКАЛЬНОСТИ: Опираясь на *прошлый опыт*

Во многом вас сформировали жизненные обстоятельства, большая часть которых была вам неподвластна. Бог допустил их в вашу жизнь именно для того, чтобы сделать вас таким, каким Он вас задумал (Рим. 8:28-29). Для определения того, как именно вы призваны служить Богу, вам следует поразмыслить, по крайней мере, над шестью видами обстоятельств и событий из своего прошлого:

- *Семья*: Чему вы научились в своей родной семье?
- *Образование*: Какие предметы вам больше всего нравилось изучать?
- *Профессия:* Какая работа нравится вам больше всего и даёт наилучшие результаты?
- *Духовный опыт:* Какие моменты общения с Богом были для вас особенно значительными и важными?

- *Опыт служения:* Каким образом вы служили Богу в прошлом?
- *Пережитые страдания:* Какие проблемы, обиды или испытания стали для вас главными жизненными уроками?

Для подготовки к служению Бог больше всего использует именно последнюю разновидность прошлого опыта: пережитые вами *страдания. Бог не допускает напрасных страданий!* Более того, *самое важное и нужное* служение вашей жизни, скорее всего, вырастет именно из самого глубокого страдания, которое вам пришлось перенести. Кто лучше послужит родителям ребёнка с синдромом Дауна, как не родители с таким же больным ребёнком? Кто лучше поможет алкоголику освободиться от зависимости, как не человек, когда-то сам сражавшийся с зелёным змием и нашедший свободу? Кто лучше утешит жену, брошенную ради любовницы, как не женщина, сама испытавшая подобные мучения?

Бог сознательно позволяет вам переживать болезненные события, чтобы оснастить вас для служения другим. В Библии сказано: «*Благословен Бог,.. утешающий нас во всякой скорби нашей, чтобы и мы могли утешать находящихся во всякой скорби тем утешением, которым Бог утешает нас самих!*» (2 Кор. 1:3-4).

Если вы действительно хотите, чтобы Бог творил через вас Свою волю, то просто *должны* осознать одну могущественную истину: Бог хочет использовать как раз те жизненные переживания, из-за которых вы больше всего расстраиваетесь или сердитесь и которые вам очень хотелось бы спрятать подальше и позабыть. Он хочет использовать их для того, чтобы вы служили другим людям. Они *и есть* ваше служение!

Чтобы Бог смог опереться на такие болезненные события вашего прошлого, от вас требуется готовность о них рассказать. Не надо их прятать; нужно честно признать свои промахи, ошибки и страхи. Скорее всего, это и станет самым эффективным и плодотворным служением вашей жизни. Люди воодушевляются и ободряются не тогда, когда мы хвалимся своими достижениями, но когда мы рассказываем о том, как Божья благодать помогла нам посреди слабости.

Павел хорошо это понимал, и потому честно говорил о своих периодических сражениях с депрессией: *«Вот почему мы хотим, братья, чтобы вы знали о бедах, постигших нас в Азии. Это были такие безмерные и невыносимые беды, что мы не надеялись остаться в живых. Нам*

Чтобы Бог смог опереться на болезненные события вашего прошлого, от вас требуется готовность о них рассказать.

казалось, что смертный приговор нам уже вынесен, и на себя мы больше не полагались, а на одного только Бога, Который даже мёртвых воскрешает. Это Он избавил нас и впредь избавит нас от грозной смерти! Мы надеемся на Него, что Он опять нас избавит» (2 Кор. 1:8-10 [PB]).

Если бы Павел скрыл свои сомнения и печали, миллионы христиан не получили бы от них никакой пользы. Только переживания, о которых мы рассказываем, могут помочь другим людям. Олдос Хаксли[42] сказал: «Опыт появляется не благодаря тому, что с нами происходит, а благодаря тому, что мы со всем этим делаем». Что вы сделаете со всем тем, что вам довелось пережить? Не позволяйте своим страданиям пропасть зря; используйте их для того, чтобы помочь другим.

Надеюсь, рассматривая эти пять компонентов своей уникальности, вы ещё яснее увидели, что Бог действительно держит всё в Своих руках, и ещё лучше поняли, каким образом Он подготовил

---

[42] Олдос Хаксли (1894 — 1963) — знаменитый английский писатель-романист, автор 47 книг.

вас к служению. Если вы будете принимать в расчёт свою уникальность, это позволит вашему служению стать по-настоящему плодотворным и радостным[43]. Наиболее эффективным будет то служение, в котором вы будете использовать свои *духовные дары* и *способности* таким образом, чтобы это соответствовало вашим *сердечным склонностям* и *энтузиазму*, а также учитывало ваши *личностные особенности* и *прошлый опыт*. Чем лучше подобрано служение, тем более плодотворным оно будет.

День тридцать первый

Размышляя о своём жизненном предназначении

Истина для обдумывания: Таким, как я, могу быть только я сам.

Стих для заучивания наизусть: *«Служите друг другу, каждый тем даром, какой получил, как добрые домостроители многоразличной благодати Божией»* (1 Пет. 4:10).

Вопрос для размышления: Какие способности или прошлый опыт я могу предложить своей церкви?

---

[43] Для дальнейшего знакомства с этой темой вы можете заказать в церкви «Сэддлбэк» серию аудиокассет *«Осознавая свою уникальность в служении»* (на англ. языке, *«Discovering Your SHAPE for Ministry»*), куда входят также материалы для определения ваших личностных особенностей.

Используя Божьи дары

Бог заслуживает от нас самого лучшего.

Он сотворил нас не напрасно и надеется, что всё, дарованное нам, мы будем использовать самым наилучшим образом. Он не хочет, чтобы мы сравнивали свои способности с чужими и завидовали чьим-то дарам. Вместо этого Он призывает нас устремить все свои силы на использование тех даров и способностей, которые даны нам.

Когда мы пытаемся служить Богу вразрез со своей уникальностью, всё получается натужно и неестественно, и мы чувствуем себя не в своей тарелке. И нам плохо, и результаты не слишком обнадёживающие. Кроме того, мы выбрасываем на ветер своё время, силы и способности. Лучший способ жить —

это служить Богу в соответствии с тем, кто мы есть. Для этого нам необходимо понять свои уникальные особенности, научиться принимать их с радостью и развивать по максимуму, чтобы они достигли своего высочайшего потенциала.

Открывая свою уникальность

В Библии сказано: *«Не будьте нерассудительны, но познавайте, что̀ есть воля Божия»* (Еф. 5:17). Так что, давайте не будем терять зря времени и уже сегодня начнём выяснять, какими задумал нас Бог и для чего Он нас предназначил.

Начните с оценки своих даров и способностей. Вдумчиво и честно проанализируйте, что получается у вас по-настоящему хорошо, а что не очень. *«Судите о себе здраво»*, — советовал Павел (Рим. 12:3б [РВ]). Составьте список. Попросите родных и друзей высказать своё искреннее мнение. Объясните им, что вы пытаетесь узнать правду, а не напрашиваетесь на комплимент. Духовные дары и природные способности всегда должны находить подтверждение у окружающих. Как вы думаете, какой вывод следует сделать, если вы сами считаете себя прирождённым учителем или чудесным музыкантом, но никто вокруг так не думает? Если вы хотите знать, есть ли у вас дар лидерства, вам стоит лишь оглянуться. Если никто за вами не идёт, то никакой вы не лидер!

Спросите себя: «В каких сферах своей жизни я видел реальные плоды, *которые были явно видны и другим людям?* Что у меня уже получается или получалось раньше?» Вопросники и тесты по определению духовных даров и способностей могут оказать вам определённую помощь, но их ценность остаётся весьма ограниченной. Во-первых, они стандартизованы и потому не могут принять во внимание вашу уникальность. Во-вторых, Библия не даёт нам чётких определений духовных даров, так что все подобные определения носят произвольный характер и обычно отражают склонности или предубеждения той или иной деноминации. Ещё одна особенность заключается в том, что чем более зрелым становится тот или иной христианин, тем больше в нём начинают проявляться признаки самых разных даров. Можно служить, учить других или проявлять щедрость из обычного христианского благочестия, а не потому, что обладаешь соответствующими дарами.

Наилучший способ определить свои дары и способности — это пробовать себя в разных сферах служения. В молодости я мог бы заполнить десятки всевозможных тестов и вопросников, но так и не узнал бы, что у меня есть дар учителя, потому что в тот момент ещё не пробовал никого учить. Только *после* того, как я начал принимать приглашения приехать и провести семинар или прочитать проповедь, я увидел плоды своих выступлений, получил их подтверждение от других людей и понял: «Бог действительно наделил меня этим даром!»

Во многих книгах процесс распознавания своих даров перевёрнут с ног на голову: «Узнайте, какими дарами вы обладаете, и тогда вы поймёте, в каком служении вам лучше участвовать». На самом деле

Вы не откроете своих способностей, пока не попробуете себя в разных сферах служения.

всё происходит как раз наоборот. Просто начните служить, пробуйте себя в разных служениях — и в процессе поймёте, как именно Бог одарил вас. Вы не узнаете о своих способностях, пока не начнёте принимать участие в служении.

У вас наверняка есть десятки скрытых даров и талантов, о которых вы даже не подозреваете, потому что никогда не пускали их в дело. Поэтому я советую вам попробовать сделать что-то такое, чем вы никогда не занимались раньше. Неважно, сколько вам лет; всё равно продолжайте экспериментировать! Я знаю множество людей, которые обнаружили в себе скрытые таланты в семидесятилетнем и даже восьмидесятилетнем возрасте. Одной моей знакомой девяносто лет, она успешно участвует в городских любительских забегах, однако свою любовь к спорту она обнаружила лишь в семьдесят восемь лет!

Не надо думать, что сначала нужно определить свои дары и только потом предлагать свою помощь в том или ином служении. Просто начинайте служить и всё! Дары обнаруживаются по мере того, как мы участвуем в служении. Попробуйте провести занятие, организовать какое-нибудь мероприятие, поиграть в музыкальной команде или поработать с подростками. Вы никогда не откроете своих способностей, пока не попробуете себя в разных сферах деятельности. И если что-то не получится, не надо думать, что это провал; назовите свою попытку «экспериментом». Со временем вы непременно обнаружите, что получается у вас лучше всего.

Примите в расчёт свои личностные особенности и интересы. *«Пусть каждый судит трезво о своих делах,* — советовал Павел, — *и тогда он сможет гордиться собственными успехами»* (Гал. 6:4 [РВ]). Я ещё раз подчёркиваю, что в этом отношении очень полезно выяснить честное мнение тех людей, которые лучше всего нас знают. Спросите себя: Что мне нравится делать больше всего на свете? От чего я прямо-таки загораюсь энтузиазмом? Какое занятие заставляет меня забыть о времени? Что мне нравится больше: раз и навсегда заведённый порядок или постоянное разнообразие деятельности? Как мне легче работать, одному или с другими? Кто я, экстраверт или интроверт? На чём я прежде всего основываюсь, принимая решения: на принципах и фактах или на чувствах и отношениях людей? Что нравится мне больше — соревноваться с другими людьми или работать в сотрудничестве?

Подумайте о своём прошлом опыте и извлеките из него полученные уроки. Внимательным взглядом окиньте свою жизнь и подумайте, каким человеком она вас сделала. Моисей сказал израильтянам: *«Вспомните ныне... Его величие и Его крепкую руку и высокую мышцу Его, знамения Его и дела Его, которые Он сделал»* (Втор. 11:2-3). Забытое прошлое не приносит никакой пользы, и уже одно это является достаточным поводом для того, чтобы вести духовный дневник. Павел тревожился, что прошлые страдания галатийских христиан пропадут зря. Он писал им: *«Или всё, что вы пережили, — пустой звук? Быть не может!»* (Гал. 3:4 [РВ]).

Мы редко замечаем благие Божьи намерения в тот самый момент, когда испытываем страдания, неудачи или унижение. Когда Иисус омывал ноги Петра, Он сказал: *«Что Я делаю, теперь ты не знаешь, а уразумеешь после»* (Ин. 13:7). Только задним числом мы начинаем понимать, что Бог с самого начала намеревался обратить все эти трудности нам во благо.

Чтобы извлечь уроки из прошлого, требуется время. Я бы посоветовал вам выделить целые выходные для того, чтобы, оставшись наедине с Богом, провести *обзор своей жизни*: остановиться и посмотреть, как Бог действовал в разные решающие моменты вашего прошлого, и подумать, каким образом Он хочет использовать все эти уроки для помощи другим людям. Если вам нужна помощь, у нас есть для этого специальные материалы [44].

---

[44] Загляните на сайт www.purposedrivenlife.com (все материалы — на английском языке).

Примите свою уникальность с радостью

Поскольку Бог знает, что для нас лучше всего, мы должны с благодарностью принять то, чем Он наделил нас. В Библии сказано: «*А ты кто, человек, что споришь с Богом? Изделие скажет ли сделавшему его: "Зачем ты меня так сделал?" Не властен ли горшечник над глиною?*» (Рим. 9:20-21).

Особенности вашей личности были предопределены Богом ради Его замыслов, так что не нужно на Него обижаться и отвергать своё «я». Вместо того, чтобы переделывать себя по чужому подобию, нужно радоваться той уникальности, которую Бог даровал только нам. В Библии сказано: «*Каждому же из нас дана благодать по мере дара Христова*» (Еф. 4:7).

Отчасти принятие своей уникальности заключается в признании ограниченности своих возможностей. Ни один из нас не обладает всеми дарами и не призван быть всем и вся. У каждого есть своя определённая роль. Павел понимал, что его призвание состоит не в том, чтобы всё делать самому или угождать всем вокруг, а в том, чтобы отдавать все силы тому служению, к которому предназначил его Бог (Гал. 2:7-8). Он говорил: «*Мы не без меры хвалиться будем, но по мере удела, какой назначил нам Бог*» (2 Кор. 10:13).

Думать о себе «*по мере удела, который назначил нам Бог*», значит помнить о своих ограничениях и оставаться внутри той сферы служения, которую Он нам определил. Если хотите, наша уникальность определяет нашу специальность. Когда мы пытаемся чрезмерно расширить своё служение и выходим за рамки того, к чему подготовил и оснастил нас Бог, у нас начинается стресс. Во время спортивного забега каждому спортсмену отводится своя дорожка. Так и каждый из нас должен «*бежать предстоящий нам забег терпеливо и стой-*

ко» (Евр. 12:16 [РВ]). Не завидуйте тому, кто бежит по соседней дорожке; лучше сосредоточьтесь на том, чтобы достойно пробежать *свою* дистанцию.

Бог хочет, чтобы мы радовались своей уникальности. В Библии говорится: «*Так пусть каждый трезво судит о своих делах, и тогда он сможет гордиться собственными успехами и не будет сравнивать их с чужими*» (Гал. 6:4 [РВ]). Сатана не раз попытается лишить вас радости служения. Он будет подталкивать вас к тому, чтобы вы *сравнивали* своё служение со служением других людей. Или к тому, чтобы вы изо всех сил старались *подчинить* своё служение чужим стандартам и требованиям. Обе эти западни будут мешать вам служить так, как задумал это Бог. Если вы вдруг почему-то потеряли в служении всякую радость, прежде всего спросите себя, не является ли причиной тому одно из этих искушений.

Библия предупреждает, чтобы мы никогда не сравнивали себя с другими: «*Каждый да испытывает своё дело, и тогда будет иметь похвалу только в себе, а не в другом*» (Гал. 6:4). Есть две причины, по которым нам не следует сравнивать свою уникальность, своё слу-

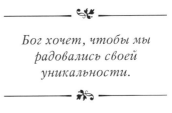

Бог хочет, чтобы мы радовались своей уникальности.

жение или его плоды с чужой работой, особенностями и достижениями. Во-первых, всегда найдётся человек, у которого, по всей видимости, дела идут намного лучше, чем у вас, а от этого легко приуныть и опустить руки. Или найдётся тот, у кого всё как раз получается не очень, и вы втайне начнёте собой гордиться. В любом случае, подобные настроения быстро выбьют вас из служения и лишат радости.

Павел говорил, что сравнивать себя с другими просто глупо. Он писал: «*Мы не смеем сопоставлять или сравнивать себя с теми, которые сами себя выставляют: они измеряют себя самими собою и сравнивают себя с собою неразумно»* (2 Кор. 10:12). В английском переводе «The Message» этот стих передан так: *«Они не понимают, что дело вовсе не в том, чтобы сравнивать себя с другими, выставлять оценки и соревноваться между собою»*.

ДЕНЬ ТРИДЦАТЬ ВТОРОЙ:

ИСПОЛЬЗУЯ БОЖЬИ ДАРЫ

Люди, не понимающие вашей уникальности в служении, будут относиться к вам критически и попытаются заставить вас подчиниться *их* представлениям о том, как и что вы должны делать. Не обращайте на них внимания. Павлу часто приходилось иметь дело с недовольными, которые неверно понимали и чернили его служение. Он всегда реагировал на это одинаково: избегайте сравнений, старайтесь не преувеличивать и стремитесь только к похвале от Бога (1 Кор. 10:12-18).

Бог сотворил руками Павла такие великие дела ещё и потому, что тот решительно отказывался отвлекаться на критику, не желал сравнивать своё служение с трудом других христиан и избегал участия в бесплодных спорах о своём поприще. Как сказал Джон Буньян[45]: «Если моя жизнь не приносит плода, неважно, кто меня хвалит. А если плода в моей жизни много, какая разница, кто мною недоволен?»

Продолжайте развиваться

Христова притча о талантах наглядно показывает, что Бог желает, чтобы мы наилучшим образом использовали всё, даро-

---

[45] Джон Буньян (1628 — 1688) — известный английский писатель, пастор, автор таких классических книг о духовной жизни, как «Путешествие пилигрима» и «Духовная война».

ванное нам. Мы должны развивать свои дары и способности, поддерживать огонь в своём сердце, укрепляться характером, всё полнее обретать своё истинное «я» и расширять свой опыт, чтобы наше служение становилось всё плодотворнее. Павел просил филиппийских христиан о том, «*чтобы любовь* [их] *ещё более и более возрастала в познании и всяком чувстве*» (Фил. 1:9), и напоминал Тимофею: «*Поддерживай в себе огонь Божьего дара, который есть в тебе*» (2 Тим. 1:6 [РВ]).

Если долго не пользоваться мышцами, они ослабеют и атрофируются. Точно так же, если не пускать в дело те способности и умения, которыми наделил нас Бог, мы их потеряем. Иисус рассказал притчу о талантах, чтобы подчеркнуть эту истину. Говоря о слуге, побоявшемся использовать единственный данный ему талант, господин сказал: «*Возьмите у него талант и дайте имеющему десять талантов*» (Мф. 25:28). Если вы не будете использовать то, что вам дано, то со временем всё это потеряете. Павел писал Тимофею: «*Не пренебрегай даром, что был дан тебе... Усердно занимайся всем этим, будь прилежен*» (1 Тим. 4:14-15 [РВ]).

Какими бы дарами вы ни обладали, любой из них может возрасти и развиться, если упражняться в нём и постоянно применять его в деле. Например, ни один из нас не получает при рождении полностью развитый и зрелый дар учительства. Однако посредством обучения, практики, советов со стороны коллег *хороший* учитель может стать *ещё лучше*, а со временем превратиться даже в настоящего *мастера* своего дела. Так что не жалейте себя и учитесь всему, чему только можете. «*Усердно старайся проявить себя в глазах Божьих человеком испытанным, работником, которому нечего стыдиться*» (2 Тим. 2:15 [РВ]). Пользуйтесь всеми предоставляющимися вам возможностями научиться чему-то новому, достигайте своего полного потенциала и оттачивайте свои умения в служении.

На Небесах мы будем вечно служить Богу. Сейчас мы можем подготовиться к этому вечному служению с помощью постоянных «упражнений» и практики. Подобно спортсменам, тренирующимся для Олимпиады, мы продолжаем готовиться к тому важному и совершенно особенному дню: *«Все подвижники воздерживаются от всего: те для получения венца тленного, а мы — нетленного»* (1 Кор. 9:25).

Так что сейчас идёт время подготовки к *вечному* служению и *вечным* наградам.

День тридцать второй

Размышляя о своём жизненном предназначении

Истина для обдумывания: Бог достоин того, чтобы я отдавал Ему всё самое лучшее.

Стих для заучивания наизусть: *«Старайся представить себя Богу достойным, делателем неукоризненным, верно преподающим слово истины»* (2 Тим. 2:15).

Вопрос для размышления: Как мне наилучшим образом использовать то, что дал мне Бог?

Как ведут себя настоящие слуги

*«Кто хочет быть бо́льшим между
вами, да будет вам слугою»*

Мк. 10:43

«По плодам их узнаете их»

Мф. 7:16

Мы служим Богу, служа другим людям.

Мир связывает величие с властью, богатством, престижем и выдающимся положением в обществе. Если человек вправе требовать, чтобы ему прислуживали, значит, он достиг определённых высот. В современном эгоистически настроенном обществе, где превалирует стремление прежде всего позаботиться о себе, мысль о том, чтобы служить другим, не вызывает особого восторга.

Однако Иисус связывал величие именно со служением, а не с социальным положением. Бог говорит, что бо́льшим из всех людей является не тот, у кого больше всего слуг, а тот, кто сам больше всех служит другим. Эта мысль настолько противоречит мирским воззрениям, что нам с вами тоже порой трудно по-настоящему осознать её — не говоря уже о том, чтобы жить по этому принципу. В своё время ученики Иисуса спорили, кому из них достанутся почётные места на Небесах.

Сейчас, две тысячи лет спустя, христиане-лидеры всё так же упорно соревнуются за престиж и известность в своих церквях, деноминациях и межденоминационных организациях и служениях.

О лидерстве написаны тысячи книг, а вот о том, как быть настоящим слугой, написано довольно мало. Каждому хочется вести других за собой, но никто не желает служить. Нам кажется, что лучше быть генералами, чем рядовыми. Даже христиане хотят быть «*лидерами-служителями*», а не просто служителями или слугами. Однако быть похожим на Иисуса — значит, быть слугой. Потому что Себя Он называл именно так.

Для служения Богу нам действительно важно понять и принять свою уникальность, однако быть настоящим слугой по своей внутренней сущности — ещё важнее. Помните, Бог наделил вас дарами и способностями ради *служения другим*, а не для угождения самому себе. Если ваше сердце не научится гореть искренним желанием служить, у вас постоянно будет возникать искушение использовать свою одарённость ради личной выгоды. Кроме того, вам захочется воспользоваться своей уникальностью как предлогом увильнуть от того, чтобы восполнять некоторые потребности других людей.

Ваша уникальность помогает вам узнать своё служение, но ваше отношение к служению помогает другим увидеть степень вашей зрелости.

Бог часто испытывает наши сердца, давая нам возможности служить людям *вразрез* с тем, кто мы такие. Если вы видите человека, упавшего в яму, знайте: Бог ждёт, что вы поможете ему выбраться, а не станете рас-

338

суждать: «У меня нет дара милости или служения». Хотя у вас и впрямь может не оказаться способностей и даров для какого-то конкретного задания, Бог может призвать вас исполнить его, если рядом не найдётся никого другого. *Основное* служение действительно должно соответствовать вашей личной уникальности, но *второстепенное* служение включает в себя всё, что может от вас понадобиться на данный момент.

Ваша уникальность помогает вам узнать своё служение, но ваше отношение к служению помогает другим увидеть степень вашей зрелости. Не нужно никакого особенного дара для того, чтобы остаться после служения и подмести зал или убрать стулья. Слугой может быть любой. Для этого нужно только одно: характер.

Можно прослужить в церкви всю свою жизнь, но при этом так никогда и не стать настоящим *слугой*. Для этого необходимо внутреннее желание служить. А как узнать, есть оно у нас или нет? Иисус сказал: «*По плодам их узнаете их*» (Мф. 7:16).

Настоящие слуги всегда готовы приняться за дело. Слуги не заполняют своё время другими увлечениями и интересами, чтобы не оказаться занятыми, если их неожиданно позовут. Они готовы в любой момент приняться за дело. Как солдат, слуга всегда находится рядом, чтобы по первому зову засучить рукава: «*Никакой воин не связывает себя делами житейскими, чтобы угодить военачальнику*» (2 Тим. 2:4). Если вы служите лишь тогда, когда это удобно вам, то не являетесь подлинным слугой. Настоящие слуги делают то, что нужно сделать, даже если им самим это неудобно.

Готовы ли вы в любой момент откликнуться на Божью просьбу? Может ли Он расстроить ваши планы, будучи уверенным, что вы не рассердитесь на Него за это? Ведь слугам не приходится выбирать, когда или где работать. Стать слугой — значит отказаться от права самому распоряжаться своим днём и позволить Богу нарушать наши планы, когда это необходимо.

Если по утрам мы будем напоминать себе, что мы — Божьи слуги, то подобные неожиданности перестанут вызывать в нас былое раздражение, потому что на повестку дня мы ставим то, что приготовил для нас Бог. В неожиданных заминках и вторжениях слуги видят дарованные им свыше возможности служить — и радуются, что им выпал шанс ещё раз в этом поупражняться.

Настоящие слуги обращают внимание на чужие потребности. Слуги всегда ищут возможности помогать другим. Стоит им заметить чью-то нужду, как они тут же стремятся сделать что-нибудь для её удовлетворения, как это и заповедано нам в Библии: «*Так вот, пока ещё есть время, будем делать всем добро, особенно тем, кого вера сделала одной семьёй*» (Гал. 6:10 [РВ]). Когда прямо перед вами вдруг оказывается человек в нужде, Бог тем самым даёт вам шанс поупражняться в умении служить. Обратите внимание, что потребности церковной семьи Бог ставит на первое место, а не в самый конец списка ежедневных дел.

Мы упускаем множество возможностей для служения, потому что тяжелы на подъём и не отличаемся должной чуткостью. А ведь чаще всего такие случаи возникают на очень короткое время, а потом безвозвратно ускользают. Быть может, вам выпал один-единственный шанс послужить тому или иному человеку, так что не премините им воспользоваться. «*Не говори ближнему: "Ступай, придёшь потом, завтра дам", если есть, чем поделиться*» (Прит. 3:28 [РБО]).

Джон Уэсли[46] был удивительным человеком и слугой Божьим. Он жил под девизом: «Твори всё добро, какое только можешь, всеми возможными способами, во всяком месте, в любое время, для всех людей — и как можно дольше!» Вот что такое *подлинное* величие! Для начала можно брать на себя небольшие дела, за которые не хочет приниматься никто другой, и исполнять их так, как будто это наиважнейшие задания в мире, потому что на нас смотрит Сам Бог.

Подлинные слуги наилучшим образом используют имеющиеся ресурсы. Слуги не ищут оправданий, не откладывают на потом, не ждут, пока ситуация изменится к лучшему. Они никогда не говорят: «Когда-нибудь потом» или «Когда наступит подходящий момент». Они просто делают то, что нужно сделать. В Библии сказано: *«Кто следит за ветром — не сеет, кто смотрит на тучи — не жнёт»* (Еккл. 11:4 [РБО]). Иными словами, если дожидаться безупречных условий, никогда ничего не сделаешь. Бог призывает нас делать то, что в наших силах, используя те ресурсы, что у нас есть, в какой бы ситуации мы ни оказались. Даже не самое удачное служение гораздо лучше, чем самые благородные на свете намерения, которые так намерениями и остались.

Некоторые люди не осмеливаются служить, потому что считают себя *недостойными и непригодными*. Они поверили лживым утверждениям, что служить Богу могут только суперзвёзды. Некоторые церкви ещё более усугубили эту ложь, превратив «мастерство» и «профессионализм» в самые настоящие идолы, так что люди со средними способностями не решаются даже предложить свои услуги.

---

[46] Джон Уэсли (1703 — 1791) — английский богослов и проповедник, основатель методистской конфессии.

Может быть, вам тоже приходилось слышать нечто подобное: «Если уж мы не можем сделать это на подобающем уровне, лучше вообще ничего не делать». Знаете, Иисус никогда не говорил ничего похожего! На самом деле, любое дело, за которое мы берёмся, сначала получается у нас довольно неумело — но ведь именно так мы и обретаем мастерство! В церкви «Сэддлбэк» мы стараемся придерживаться того принципа, что служение или мероприятие не обязательно должно быть безупречным для того, чтобы Бог благословил его. Хорошо — и ладно! Лучше вовлечь в служение тысячи самых обычных людей, чем стремиться к безукоризненно функционирующей церкви, которой управляет немногочисленная элита.

Подлинные слуги с одинаковым рвением выполняют любое задание. Чем бы они ни занимались, они делают это *«от души, как для Господа»* (Кол. 3:23). Большое это дело или маленькое — неважно. Если его нужно сделать, все другие вопросы отпадают.

Нам никогда не достичь такого положения в жизни, когда обычная рутинная работа станет для нас слишком низкой и недостойной. Бог не станет ограждать нас от повседневных и порой скучных заданий. Это часть нашего обучения, часть становления характера. В Библии сказано: *«Если кто-то, ничего из себя не представляя, воображает себя невесть кем, тот самого себя дурачит»* (Гал. 6:3 [РВ]). Именно в малых и незаметных делах мы становимся всё больше похожими на Христа.

Иисус наоборот брал на Себя такие дела, которых другие попросту чурались: мыл грязные ноги, помогал детям, готовил друзьям пищу, служил прокажённым. Никакая работа не казалась Ему *слишком низкой*, потому что Он пришёл ради того, чтобы послужить. Он занимался всем этим не *вопреки* Своему величию, а именно *из-за того*, что был подлинно велик, и теперь призывает нас последовать Его примеру (Ин. 13:15).

Незаметные, малые дела часто являются отражением сердца, преисполненного глубокой любви. Смиренное стремление служить проявляется в исполнении пустячных поручений, о которых никто не подумал, — как сделал это, например, апостол Павел, отправившись собирать хворост, чтобы разжечь костёр и обогреть своих товарищей (Деян. 28:3). Он устал ничуть не меньше остальных, но всё равно решил послужить ради всеобщего блага. Для настоящего слуги не бывает работы, которая была бы ниже его достоинства.

Великолепные возможности служить подчас скрываются за самыми мелкими делами. Но ведь часто именно незначительные мелочи определяют успех великих начинаний. Не стремитесь свернуть для Бога горы. Спокойно выполняйте обычные повседневные поручения, и Бог Сам усмотрит те дела, которые предназначены для вас. Однако перед тем, как приступать к невероятным проектам и идти к звёздным целям, попробуйте служить Ему самым обычным и даже незаметным образом (Лк. 16:10-12).

Всегда найдётся больше людей, жаждущих «вершить для Бога

Великолепные возможности служить подчас скрываются за самыми мелкими делами.

великие дела», чем тех, кто готов служить Ему в малом. На лидерской дорожке всегда тесно, а вот для желающих быть служителями места предостаточно. Иногда нам приходится служить тем, кто *выше и сильнее* нас (например, начальникам и властям), а иногда тем — кто *ниже и слабее* (например, неимущим и больным). И в том, и в другом случае мы становимся настоящими слугами, когда просто выполняем любое дело, которое нужно сделать.

Подлинные слуги относятся к своему служению преданно и верно. Они заканчивают то, что начали, выполняют свои обязанности, сдерживают обещания и до конца сохраняют верность тому, чему посвятили себя. Они не бросают дело на половине и не уходят, когда становится туго. Им можно доверять, и на них можно положиться.

Верность всегда была довольно редким качеством (Пс. 11:2, Прит. 20:6, Фил. 2:19-22). Многие люди плохо понимают, что такое преданность и посвящённость. Они дают легковесные обещания и нарушают их по самому незначительному поводу, не испытывая ни сомнения, ни угрызений совести, ни сожалений. Каждую неделю и церковным общинам, и другим организациям приходится импровизировать и как-то выбираться из трудных ситуаций, потому что добровольные помощники либо не подготовились, либо вовсе не появились и при этом даже не позвонили сообщить, что не придут.

Можно ли на вас положиться? Есть ли какие-то обещания, которые вам нужно сдержать? Или дела, которые нужно довести до конца? Клятвы, которые нужно выполнить? Это проверка. Бог испытывает вас на верность. Если вы выдержите испытание, то окажетесь в хорошей компании. Авраам, Моисей, Самуил, Давид, Даниил, Тимофей и Павел — все они были названы *верными* служителями Божьими. Более того, Бог обещал наградить нас за верность, когда мы окажемся в вечности. Представьте себе, как будет замечательно, когда однажды Бог обратится к вам и скажет: *«Хорошо, добрый и верный раб! В малом ты был верен, над многим тебя поставлю; войди в радость господина твоего»* (Мф. 25:23).

Кстати, верные слуги никогда не уходят на пенсию. Они преданно служат всю свою жизнь. Можно выйти на пенсию с места работы, но пенсии от служения Богу просто не бывает.

Подлинные слуги остаются незаметными. Слуги не пытаются привлечь внимание к себе. Они не стремятся произвести впечатление своим поведением или добиться успеха благодаря своему внешнему виду. Вместо этого они, *«служа друг другу, облекаются в смирение»* (1 Пет. 5:5 [РВ]). Если за работу их удостаивают признания, они смиренно принимают почёт, но не позволяют известности и славе отвлекать их от дела.

Павел обличал служения, которые выглядят очень духовными, но на самом деле являются лишь маскарадом, притворством, показухой, рассчитанной на то, чтобы привлечь внимание. Он называл это *«видимой услужливостью»*, служением *«в глазах других»* (Еф. 6:6, Кол. 3:22), с помощью которого человек пытается произвести на других впечатление своей духовностью. Как раз в этом и заключался грех фарисеев. Они превратили щедрость, помощь нуждающимся и даже молитву в показательное выступление перед окружающими людьми. Иисус не выносил подобного лицемерия и предостерегал их: *«Смотрите, не творите милостыни вашей пред людьми с тем, чтобы они видели вас: иначе не будет вам награды от Отца вашего Небесного»* (Мф. 6:1).

Стремление продвинуть себя вперёд никак не сочетается со смиренным стремлением служить другим. Подлинные слуги трудятся не для того, чтобы заслужить чьё-то одобрение или сорвать аплодисменты. Они живут только перед глазами Единого Бога. Как говорил Павел, *«если бы я и поныне угождал людям, то не был бы рабом Христовым»* (Гал. 1:10).

Настоящие слуги редко бывают на виду, редко приобретают всеобщую известность. Напротив, они всячески стараются этого избежать. Они готовы тихо служить где-нибудь в тени, за кулисами. Замечательным примером тому является Иосиф. Он не пытался привлечь к себе внимание, служил себе тихонько у Потифара, потом служил начальнику своей тюрьмы, пекарю и виночерпию, и Бог благословил смирение его сердца. Когда фараон сделал его вторым человеком в стране, в душе Иосиф всё равно оставался слугой — даже по отношению к братьям, когда-то продавшим его в рабство.

К сожалению, нынешние лидеры часто начинают служение в смирении, но впоследствии добиваются известности и признания. Всеобщее внимание ударяет им в голову, и они забывают, что яркие лучи славы постепенно ослепляют человека.

ДЕНЬ ТРИДЦАТЬ ТРЕТИЙ:

КАК ВЕДУТ СЕБЯ НАСТОЯЩИЕ СЛУГИ

Может быть, вы тихо и незаметно служите в каком-нибудь маленьком городке, и вам кажется, что никто вас не знает и не ценит. Помните: Бог не зря поставил вас именно туда! Он знает наперечёт даже все волоски у вас на голове и прекрасно помнит ваш нынешний адрес. Так что оставайтесь на прежнем месте, пока вы не понадобитесь Ему где-нибудь ещё. Ваше служение важно для Небесного Царства. *«Когда же явится Христос, жизнь ваша, тогда и вы явитесь с Ним во славе»* (Кол. 3:4).

В США существует более 750 Галерей Славы и издаётся более 450 ежегодных биографических справочников «Кто есть кто?», где перечислены крупнейшие политические, финансовые, общественные, культурные и научные деятели страны. Однако там вы вряд ли отыщете много подлинных служителей. Для настоящего слуги известность ничего не значит, потому что он знает разницу между видным положением и истинной значимостью. У нас в теле тоже есть довольно заметные и привлекательные органы, без которых мы, в принципе, могли бы обойтись. Однако воистину незаменимыми являются как раз те части организма, которые спрятаны внутри. То же самое можно сказать и о Теле Христовом. Самое незаметное служение нередко оказывается самым важным (1 Кор. 12:22-24).

На Небесах Бог при всех наградит Своих самых непримечательных и никому не известных слуг. Мы никогда не слышали о них на земле. Они учили трудных, эмоционально нестабильных детей, ухаживали за дряхлыми стариками, страдающими недержанием, лечили больных СПИДом и служили тысячами других незаметных способов.

Так что не опускайте руки, когда окружающие не замечают вашего служения или принимают его как должное. Продолжайте служить Богу! *«Братия мои возлюбленные, будьте тверды, непоколебимы, всегда преуспевайте в деле Господнем, зная, что труд ваш не тщетен пред Господом»* (1 Кор. 15:58). Бог видит даже самые малые дела и не оставит их без награды. Помните слова Иисуса: *«Кто напоит одного из малых сих только чашею холодной воды, во имя ученика, истинно говорю вам, не потеряет награды своей»* (Мф. 10:42).

День тридцать третий
Размышляя о своём
жизненном предназначении

Истина для обдумывания: Я служу Богу,
служа другим людям.

Стих для заучивания наизусть: *«Кто
напоит одного из малых сих только чашею
холодной воды, во имя ученика, истинно
говорю вам, не потеряет награды своей»*
(Мф. 10:42).

Вопрос для размышления: Какая из
отличительных особенностей подлинного
слуги кажется мне сейчас самой трудной и
недостижимой?

Мыслить подобно слуге

«Раба Моего, Халева, за то, что в нем был иной дух, и он совершенно повиновался Мне, введу в землю...»

Чис. 14:24

«В вас должны быть те же чувствования, что и во Христе Иисусе»

Фил. 2:5

Служение начинается в голове.

Чтобы быть слугой, необходимо иное мышление, перемена взглядов и отношения к жизни. Богу всегда важнее не то, *чем именно* мы занимаемся, а то, *почему* мы это делаем. Расположение сердца значит больше, чем любые достижения. Царь Амасия потерял благоволение в Божьих глазах, потому что *«делал он угодное в очах Господних, но не от полного сердца»* (2 Пар. 25:2). В сердце подлинного слуги проявляется пять отличительных качеств.

Слуги думают о других больше, чем о себе. Их внимание устремлено на других, а не на себя. Это и есть истинное смирение: не считать себя хуже всех, а просто *поменьше* думать о себе. Такие люди редко вспоминают себя. Павел писал: *«Пусть каждый из вас думает не о собственном благе, а о* *благе других»* (Фил. 2:4 [РВ]). Вот что значит «потерять свою жизнь» — позабыть о себе, служа другим. Когда мы перестаём печься о собственных нуждах, то начинаем замечать потребности окружающих нас людей.

Иисус *«уничижил Себя Самого, приняв образ раба»* (Фил. 2:7). Вспомните, когда вы последний раз *«уничижали себя»* ради чьего-либо блага? Нельзя быть слугой, думая только о себе. Только забывая о себе, мы начинаем браться за такие дела, которые действительно стоит помнить.

К сожалению, большая часть нашего служения бывает направлена на угождение нам самим. Мы служим для того, чтобы нами восхищались, чтобы сделать других людей похожими на себя или достичь каких-то собственных целей. Но ведь это не служение, а манипуляция, потому что от начала до конца мы только и думаем о себе, какие мы замечательные и благородные. Некоторые пытаются превратить служение в этакую сделку с Богом: «Я сделаю это для Тебя, если Ты кое-что сделаешь для меня». Подлинные слуги не пытаются использовать Бога в своих целях. Они позволяют Богу действовать через них ради свершения *Его* замыслов.

Подлинные слуги не пытаются использовать Бога в своих целях. Они позволяют Богу действовать через них ради свершения Его замыслов.

Самозабвение, как и верность, встречается чрезвычайно редко. Из всех своих знакомых Павел видел пример такого смирения только в Тимофее (Фил. 2:20-21). Мыслить подобно слуге нелегко, потому что такое мышление противоречит главной черте моей природной сущности: сам по себе я эгоистичен и себялюбив. Больше всего я думаю о себе.

Вот почему мне каждый день приходится заново сражаться за смирение; этот урок я вынужден проходить снова и снова. Каждый день мне предоставляются десятки возможностей послужить, и всякий раз мне надо решать, о ком я буду заботиться: о себе или о других. Сердце служения — это самоотречение.

Насколько мы научились мыслить подобно слуге, можно увидеть по тому, как мы реагируем, когда окружающие обращаются с нами как со слугами. Как вы реагируете, когда вашу работу принимают как нечто само собой разумеющееся, когда вами командуют или обращаются с вами как с подчинённым? В современном английском переводе Библии мысль об этом передана так: *«Если кто-то несправедливо эксплуатирует вас, примите это как возможность попрактиковаться в умении быть настоящим слугой»* (Мф. 5:41 [«The Message»]).

Слуга мыслит не как владелец, а как управляющий. Слуги помнят, что хозяин всего на свете — Бог. В библейские времена управляющим назывался человек, которому поручали вести дела в имении или распоряжаться имуществом. Иосиф служил управляющим, когда оказался в рабстве у египтян. Потифар доверил ему весь свой дом. Позднее тюремщик доверил Иосифу всю тюрьму. А потом фараон поручил его заботам всю свою страну. Служение и мудрое распоряжение имуществом идут рука об руку, потому что Бог ожидает от нас верности и в том, и в другом (1 Кор. 4:1). В Писании сказано: *«От домостроителей же требуется, чтобы каждый оказался верным»* (1 Кор. 4:2). Как вы распоряжаетесь теми ресурсами, что Бог вверил вам лично?

Чтобы стать настоящим слугой, вам придётся раз и навсегда решить для себя вопрос денег. Иисус сказал: *«Никакой слуга не может служить двум господам... Не можете служить Богу и маммоне»* (Лк. 16:13). Обратите внимание, Иисус не говорит, что мы «*не должны*» служить двум господам. Он говорит, что мы *не можем* этого сделать. Это невозможно. Жить ради служения и жить ради денег — взаимоисключающие цели. Которую из них выберете вы? Если вы служите Богу, у вас не получится в свободное время прирабатывать для себя. *Всё* ваше время принадлежит Ему. Ему нужна исключительная преданность, а не посвящённость на полставки.

В нашей жизни деньги больше, чем что-либо другое, способны стать соперником для Бога. Чаще всего людей отвлекает от служения именно стремление к материальному благополучию. Они говорят себе: «Сначала я обеспечу себе приличный уровень жизни, а потом буду служить Богу». Это глупое решение, и они будут жалеть о нём всю вечность. Если хозяин моей жизни — Иисус, деньги становятся моими слугами, но если моим хозяином становится имущество и накопления, я превращаюсь в их раба. Быть человеком состоятельным — не грех; грех начинается, когда мы не желаем использовать своё богатство ради Божьей славы. Божьи слуги всегда больше заботятся о служении, нежели о деньгах.

Библия весьма недвусмысленно говорит, что с помощью денег Бог испытывает нашу верность. Вот почему Иисус проповедовал о деньгах даже больше, чем о Небесах или преисподней. «*Если вы в неправедном богатстве не были верны, кто поверит вам истинное?*» — говорил Он (Лк. 16:11). Божье благословение на вашей жизни во многом зависит от того, как вы распоряжаетесь своими деньгами.

В 31 главе я упоминал два типа людей: тех, кто строит Царство Божье (назовём их Строителями), и тех, кто стремится приобрести себе богатство (или Накопители). И те, и другие прекрасно умеют вести дела, развивать бизнес, заключать сделки, заниматься покупками и продажами и зарабатывать прибыль. Накопители продолжают складывать деньги на свой личный счёт, как бы много их ни было, но Строители круто меняют правила игры. Они тоже стараются заработать побольше денег, но делают это для того, чтобы как можно больше раздать другим. Они используют своё богатство для того, чтобы поддерживать Божью церковь и её миссию в мире.

В церкви «Сэддлбэк» тоже есть прихожане, которые являются руководителями и владельцами крупных и мелких компаний. Они стараются заработать как можно больше денег, чтобы иметь возможность отдать как можно больше средств ради распространения и созидания Божьего Царства. Я советую вам побеседовать со своим пастором и организовать такую же группу Строителей Царства у себя в общине.

Слуги думают о своей работе, а не о том, чем заняты другие. Они не сравнивают, не критикуют, не соревнуются с другими служителями или служениями. Они слишком заняты тем делом, которое поручил им Господь.

Конкуренция между Божьими служителями совершенно неразумна и нелогична по многим причинам: все мы в одной команде; наша цель — воздать честь Богу, а не приобрести почести самим себе; у каждого из нас своё задание; каждый из нас создан совершенно уникальным, не похожим на других. Павел писал: *«Не будем тщеславиться, друг друга раздражать, друг другу завидовать»* (Гал. 5:26).

ДЕНЬ ТРИДЦАТЬ ЧЕТВЁРТЫЙ:
МЫСЛИТЬ ПОДОБНО СЛУГЕ

Между слугами не должно быть мелочной зависти и ревности. Когда мы заняты служением, у нас просто нет времени критиковать окружающих. Время, потраченное на критику, было бы куда плодотворнее использовать для служения. Когда Марфа жаловалась Иисусу на Марию, сравнивая её с собой, она утратила сердце и мысли настоящего слуги. Подлинные служители не ворчат из-за несправедливости, не пускаются в жалость к самим себе и не сердятся на тех, кто почему-то не занимается служением. Они доверяют Богу и продолжают делать своё дело.

Оценивать других служителей Господа — не наше дело. В Библии сказано: «*Кто ты такой, чтобы осуждать чужого слугу?! Его господин сам решит, стоит тот или упал*» (Рим. 14:4 [РВ]). И защищаться от критики нам тоже не нужно. Пусть этим занимается наш Хозяин. Следуйте примеру Моисея, являвшего истинное смирение перед лицом всеобщего недовольства, или Неемии, который ответил нападавшим на него с критикой очень просто: «*Я занят большим делом, не могу сойти... к вам*» (Неем. 6:3).

Если вы служите подобно Христу, вас обязательно будут критиковать. Мир — и даже довольно большая часть церкви — не понимает Божьих ценностей. Ученики были недовольны одним из самых удивительных проявлений любви к Иисусу. Мария принесла дорогие благовония, самое ценное, что у неё было, и помазала Иисусу ноги. Ученики увидели в этой самозабвенной щедрости лишь «*пустую трату*», но Иисус назвал её поступок «*добрым делом*», а ведь это и было самым главным (Мф. 26:10). Ваше служение Христу никогда не бывает пустым и ненужным, что бы ни говорили про него окружающие.

Служители обретают своё «я» во Христе. Они помнят, что Бог любит и принимает их по Своей великой благодати, и потому им уже не нужно доказывать свою значимость. Они с радостью берутся за дела, которые кажутся слишком «унизительными» людям, страдающим от неуверенности в себе. Один из самых показательных примеров такой спокойной уверенности и здравой самооценки — это Иисус, омывающий ноги Своим ученикам. В те времена мыть другим ноги было всё равно, что сейчас работать уличным чистильщиком обуви — ни почёта, ни уважения. Однако Иисус знал, кто Он такой, и даже самая чёрная работа не могла подорвать Его самооценку. В Писании говорится: *«Иисус, зная, что Отец всё отдал в руки Его, и что Он от Бога исшёл,.. встал с вечери, снял с Себя верхнюю одежду и, взяв полотенце, препоясался»* (Ин. 13:3-4).

Если вы хотите стать настоящим слугой, вам нужно помнить, что ваше «я» укоренено во Христе. Служить способны только уверенные люди. Неуверенный человек постоянно беспокоится, что подумают о нём другие. Он боится обнажить свои слабости и прячет их под многими слоями защитной гордости и претенциозности. Чем неувереннее мы себя чувствуем, тем больше требуем внимания и служения от других людей и тем больше нуждаемся в их одобрении.

Генри Ноуэн писал: «Чтобы научиться служить другим людям, нам нужно умереть для них, то есть перестать мерить свою ценность и значимость чужими мерками... Только так мы обретаем свободу сострадать». Основывая своё «я» и свою значимость на взаимоотношениях со Христом, мы освобождаемся от тирании чужих требований и ожиданий, тем самым получая возможность действительно служить людям наилучшим образом.

Слугам не нужно увешивать стены своей комнаты дипломами и грамотами за хорошую работу. Им не нужны пышные титулы, и они не рядятся в одежды превосходства. Символы статуса кажутся им пустыми и бесполезными; они не измеряют свою значимость собственными достижениями. Павел писал: *«Не тот достоин, кто сам себя хвалит, но кого хвалит Господь»* (2 Кор. 10:18).

Если у кого-то и была роскошная возможность хвалиться своими родственными связями и как бы невзначай упоминать в разговорах известное всем имя, чтобы подчеркнуть свою значительность, так это у Иакова, сводного брата Господа Христа. Ему посчастливилось вырасти в одном доме с Иисусом. Однако в своём послании он называет себя просто *«рабом Бога и Господа Иисуса Христа»* (Иак. 1:1). Чем ближе мы познаём Христа, тем меньше нам хочется выдвигать себя на первый план.

Подлинные слуги видят в служении не обязанность, а возможность сделать добро. Им нравится помогать людям, удовлетворять их нужды и нести служение. Они *«служат Господу с веселием»* (Пс. 99:2). А почему? Да потому что любят Его, благодарны Ему за милость, знают, что жизнь в служении — это высочайшее благо для человека, и помнят, что Он обещал им великую награду. Иисус обещал: *«Кто Мне служит, того почтит Отец Мой»* (Ин. 12:26). А Павел писал так: *«Бог справедлив и поэтому не может забыть ваши дела и ту любовь, которую вы проявили во имя Его, служив и служа святому Его народу»* (Евр. 6:10 [РВ]).

Чем ближе мы познаём Христа, тем меньше нам хочется выдвигать себя на первый план.

Представьте, что бы произошло, если хотя бы десятая часть всех христиан мира вдруг начала серьёзно относиться к своему призванию быть подлинными Божьими служителями. Представьте себе, сколько добра можно было бы сделать. Готовы ли вы стать одним из таких людей? Неважно, сколько вам лет; Бог будет совершать через вас Свои дела, если вы начнёте мыслить и вести себя как настоящий слуга. Альберт Швейцер[47] сказал: «Воистину счастливы лишь те люди, которые научились служить».

День тридцать четвёртый
Размышляя о своём жизненном предназначении

Истина для обдумывания: Чтобы быть настоящим служителем, я должен научиться мыслить как слуга.

Стих для заучивания наизусть: *«В вас должны быть те же чувствования, какие и во Христе Иисусе»* (Фил. 2:5).

Вопрос для размышления: О чём я обычно думаю больше: о том, чтобы служили *мне*, или о том, как бы послужить *другим*?

---

[47] Альберт Швейцер (1875 — 1965) — немецкий богослов, философ, музыкант, врач, лауреат Нобелевской премии мира.

Божья сила в нашей немощи

«Мы также, хотя немощны в Нём, но будем
живы с Ним силою Божиею в вас»

2 Кор. 13:4

«Тебе достаточно Моей любви. Ведь сила
сильнее всего проявляется в слабости»

2 Кор. 12:9 (РВ)

Богу нравится совершать Свои дела руками слабых людей. Слабости есть у каждого человека. На самом деле, у любого из нас есть *великое множество* изъянов и недостатков, физических, эмоциональных, умственных и духовных. Кроме того, в жизни встречаются неподвластные нам обстоятельства, которые подрывают наши силы, — например, ограниченность в средствах или помехи во взаимоотношениях с другими людьми. Главное состоит в том, *что* мы будем со всем этим делать. Обычно мы отрицаем свои слабости, оправдываем их или защищаемся, когда нам на них указывают, стараемся их скрыть или обижаемся на злую судьбу. Всё это мешает Богу действовать через них так, как Ему угодно.

Бог смотрит на наши недостатки совсем иначе. Он говорит: *«Как небо выше земли, так пути Мои выше путей ваших, и мысли Мои выше мыслей ваших»* (Ис. 55:9). Поэтому

358

Он так часто поступает вопреки нашим ожиданиям. Нам кажется, что Бог должен опираться лишь на сильные стороны нашей личности, однако кроме этого Ему хочется использовать ради Своей славы и наши слабости.

В Библии сказано: «*Бог избрал немудрое мира, чтобы посрамить мудрых, и немощное мира избрал Бог, чтобы посрамить сильное*» (1 Кор. 1:27). Так что слабости ваши вовсе не случайны. Бог сознательно допустил их в вашей жизни, чтобы проявить через вас Свою силу.

Человеческая сила и самодостаточность никогда не производили на Бога особого впечатления. На самом деле, Его привлекают те люди, которые видят свою немощность и честно её признают. Иисус называл такое отношение к себе «*нищетой духа*», и надо сказать, что именно «нищих духом» Он благословляет прежде всего (Мф. 5:3).

В Библии есть множество примеров того, что Бог вершит самые необыкновенные дела руками вполне обычных, несовершенных людей, несмотря на все их изъяны. Если бы Он действовал только через безупречных людей, то мало бы чего добился, потому что недостатки есть у каждого из нас. Однако Бог действительно исполняет Свои замыслы с помощью немощных и слабых людей, и для нас это весьма утешительная мысль.

Слабость — или «*жало*», как ещё называл её Павел (2 Кор. 12:7), — это не грех, не порок и не изъян характера, который можно устранить (как, например, обжорство или нетерпение). Слабость — это какая-то врождённая ограниченность, над которой вы не властны. Возможно, это *физический* недостаток; скажем, какое-нибудь увечье, дефект, хроническое заболевание или постоянно низкий уровень энергии. Или недостаток *эмоциональный* — например, последствия травматического шока, болезненные воспоминания, какая-то личностная «странность» или унаследованная предрасположенность к депрессии. Ещё это может быть *умственная* ограниченность или *недостаточная одарённость*. Нельзя сказать, что все мы, как на подбор, блистательно талантливы или обладаем выдающимся умом.

Когда мы размышляем о своих слабостях, у нас возникает искушение сделать вывод, что Бог никогда и ничего не сможет через нас сделать. Однако наша ограниченность ничуть не ограничивает Бога. Более того, Ему нравится наполнять Своей удивительной силой весьма обычные сосуды. В Писании говорится: «*Сокровище сие мы носим в глиняных сосудах, чтобы преизбыточная сила была приписываема Богу, а не нам*» (2 Кор. 4:7). Мы хрупки, как потрескавшиеся глиняные горшки, и разбить нас легче лёгкого. Однако Бог будет действовать через нас, если мы позволим Ему опираться на наши слабости. А для этого нам нужно последовать примеру Павла.

Если бы Бог действовал только через безупречных людей, то вряд ли добился бы многого.

Признайте свои слабости. Откровенно скажите себе о своих недостатках. Перестаньте прикидываться неуязвимым и будьте с собой честны. Вместо того, чтобы и дальше обманывать и оправдывать себя, подумайте хорошенько и определите свои личные слабости. Их можно даже записать.

Два великих новозаветных исповедания наглядно показывают, что именно нам необходимо для здоровой, нормальной жизни. Первое принадлежит Петру, который сказал Иисусу: «*Ты — Христос, Сын Бога Живого*» (Мф. 16:16). Второе произнёс Павел, обращаясь к толпе идолопоклонников: «*Мы — подобные вам человеки*» (Деян. 14:15). Если вы хотите, чтобы Бог творил Свои дела вашими руками, вам нужно помнить, Кто такой Бог и кто такие вы сами. Многие христиане, особенно лидеры, забывают вторую истину: мы всего-навсего люди! Если вы способны понять это только посредством катастрофы или серьёзного кризиса, Бог не постесняется пустить их в дело, потому что любит вас.

Примите свои слабости без жалоб и упрёков. Павел сказал: «*Мне всего приятнее хвалиться своими слабостями, чтобы обитала во мне сила Христа. И поэтому я доволен, когда я слаб*» (2 Кор. 12:9б-10 [РВ]). На первый взгляд это полная бессмыслица. Нам хочется избавиться от слабостей, а не самодовольно ими хвалиться. Однако, когда мы спокойно и удовлетворённо принимаем от Бога всё, что Он нам даёт, тем самым мы выражаем веру в Его благость, говоря: «Боже, я верю, что Ты любишь меня и знаешь, что для меня лучше».

Павел поясняет, почему нам следует быть довольными своими врождёнными слабостями. Во-первых, они вынуждают нас полагаться на Бога. Говоря о собственном «жале», от которого Бог не стал его освобождать, Павел писал: «*Посему я благодушествую в немощах,.. ибо, когда я немощен, тогда силён*» (2 Кор. 12:10). Всякий раз, когда вы чувствуете себя слабыми, знайте: это Бог напоминает вам о необходимости полагаться на Него.

Кроме того, слабости — отличное противоядие от высокомерия. Они помогают нам оставаться смиренными. Павел говорил: «*Чтобы я не заносился, Бог дал мне занозу в тело — ангела сатаны; он меня колотит, чтобы я не заносился*» (2 Кор. 12:7 [РВ]). Наделяя нас великими и могущественными дарами, Бог нередко добавляет к ним и серьёзные недостатки, чтобы нам не вскружила голову гордыня. Наши изъяны подчас служат прекрасным регулятором, не позволяющим нам слишком стремительно забегать вперёд, перегоняя Бога.

Когда Гедеон собрал вокруг себя 32 тысячи добровольцев для сражения с мадианитянами, Бог решительно сократил это войско до трёхсот человек, хотя сразиться им предстояло со 135-тысячной армией, так что на каждого израильтянина приходилось по четыреста пятьдесят врагов. *Казалось*, такая тактика неминуемо приведёт к поражению, но Бог сделал это, чтобы израильтяне знали, что победу им даст не их собственная сила, но сила Господня.

Самое плодотворное служение будет исходить из самых глубоких страданий вашей жизни.

Помимо всего прочего, слабости способствуют общению между верующими. Сила порождает независимость («Мне никто не нужен»), а вот недостатки показывают, как сильно мы нуждаемся в помощи других людей. Когда мы сплетаем воедино даже самые слабые свои нити, получается на диво крепкий канат. Вэнс Хавнер [48] метко заметил: «Христиане хрупки, как снежинки, но когда их много и они крепко прилепляются друг к другу, они способны остановить весь городской транспорт».

И самое главное: благодаря слабостям возрастает наша способность сочувствовать и служить другим людям. Так мы гораздо скорее научимся относиться к чужим недостаткам с внима-

---

[48] Вэнс Хавнер был известным пастором и проповедником Южной баптистской деноминации в США. С 1940 года он посвятил свою жизнь разъездной проповеднической работе.

нием, тактом и состраданием. Бог хочет, чтобы на земле мы служили подобно тому, как служил Христос. Это значит, что люди будут исцеляться нашими ранами. Самое плодотворное служение и самые убедительные слова в вашей жизни будут исходить из самых глубоких страданий, которые вам пришлось пережить. То, чего вы больше всего стесняетесь и стыдитесь, чего не хотите никому показывать, как раз и является самым главным инструментом в Божьих руках для исцеления других людей.

Великий миссионер Хадсон Тейлор говорил: «Все Божьи великаны были слабыми людьми». Недостатком Моисея была его вспыльчивость. Именно из-за неё он убил египтянина, разбил скрижали с Десятью Заповедями и в сердцах ударил по скале посохом вместо того, чтобы обратиться к ней словами. И тем не менее, Бог превратил Моисея в *«человека кротчайшего из всех людей на земле»* (Чис. 12:3).

Гедеон страдал от низкой самооценки и глубокой неуверенности в себе, однако Господь сделал его *«мужем сильным»* (Суд. 6:12). Изъяном Авраама была трусость. Даже не один, а два раза он просил жену назваться его сестрой, чтобы за её спиной уберечься от опасности. Однако благодаря Богу он *«стал отцом всех верующих»* (Рим. 4:11). Импульсивный, слабохарактерный Пётр стал «камнем» (Мф. 16:18), прелюбодей Давид превратился в *«мужа по сердцу Моему»* (Деян. 13:22), а Иоанн, один из заносчивых «сынов грома», известен всем как «апостол любви».

Этот список можно продолжать и дальше. *«Недостанет мне времени, чтобы повествовать о Гедеоне, о Вараке, о Самсоне и Иеффае, о Давиде, Самуиле и других пророках, которые... укреплялись от немощи»* (Евр. 11:32-34). Бог — великий мастер по превращению немощи в силу. Он хочет взять самые вопиющие наши недостатки и преобразить их.

Честно говорите о своих слабостях. Служение начинается с готовности открыться и стать беззащитным. По мере того, как мы перестаём отгораживаться от людей, одну за другой снимаем свои маски и начинаем рассказывать о своих трудностях, Бог всё больше сможет действовать через нас в служении другим людям.

Павел показывал нам пример такой открытости во всех своих посланиях. Он честно говорил:

- О своих неудачах: «*Доброго, которого хочу, не делаю, а злое, которого не хочу, делаю*» (Рим. 7:19).

- О своих чувствах: «*Наши уста, коринфяне, были откровенны с вами, наши сердца для вас распахнуты настежь*» (2 Кор. 6:11 [РВ]).

- О своих трудностях: «*Мы отягчены были чрезмерно и сверх силы, так что не надеялись остаться в живых*» (2 Кор. 1:8).

- О своих страхах: «*Я явился к вам слабый, в страхе и трепете*» (1 Кор. 2:3 [РВ]).

Конечно, оставаться без защиты довольно рискованно. Нам страшно показывать свою ранимость, открывать свою жизнь для посторонних глаз. Обнажая свои промахи, чувства, трудности и страхи, мы рискуем нарваться на неприятие и отвержение. Однако игра действительно стоит свеч. Готовность стать беззащитным несёт с собой эмоциональное освобождение. Открытость снижает уровень стресса, обезоруживает наши страхи и является первым шагом к свободе.

Мы уже видели, что Господь «*смиренным даёт благодать*», однако многие из нас не вполне понимают, что такое смирение. Смирение — это не самоуничижение, не принижение своих достоинств; скорее, это стремление честно признавать свои слабости. Чем мы честнее, тем больше благодати даёт нам Бог. Кроме того, мы принимаем благодать и от окружающих нас людей. Открытость и простота — очень привлекательные качества, всех нас естественным образом тянет к смиренным людям. Претенциозность отталкивает, но искренность привлекает, и открытость — это дорога к подлинной близости.

Вот почему Бог хочет действовать посредством не только наших достоинств, но и наших слабостей. Глядя на наши сильные стороны, люди только ещё больше расстраиваются и думают: «Что ж, он, конечно, молодец, но у меня так никогда не получится». Но когда они видят, что Бог действует через нас, несмотря на любые недостатки, это подталкивает их к мысли: «Может быть, Бог и через меня сделает что-нибудь похожее!» Сила порождает соревновательность, но слабости способствуют укреплению общения и единства.

ДЕНЬ ТРИДЦАТЬ ПЯТЫЙ: БОЖЬЯ СИЛА В НАШЕЙ НЕМОЩИ

Рано или поздно вам придётся решать, к чему вы будете стремиться: всеми силами пытаться *произвести на людей впечатление* или стараться *оказать на них влияние*. Впечатление можно производить и издалека, но чтобы действительно оставить свой след в душе человека, вам надо будет к нему приблизиться, а ведь на близком расстоянии становятся заметны недостатки. Но это не страшно. Самое главное — не то, насколько вы безупречны, а то, можно ли вам верить. Люди должны знать, что вам можно доверять, а иначе они не станут за вами следовать. Как вам завоевать их доверие? Не притворяйтесь, что у вас нет недостатков; просто будьте честными.

Хвалитесь своими слабостями. Павел писал: «*Собою же не похвалюсь, разве только немощами моими*» (2 Кор. 12:5). Вместо того, чтобы выставлять себя неуязвимым и уверенным человеком, учитесь видеть в себе завоевания Божьей благодати. Когда сатана указывает вам на недостатки, согласитесь с ним и наполните своё сердце хвалой Христу, Который всё понимает и «*способен посочувствовать нашим слабостям*» (Евр. 4:15 [РВ]), и Святому Духу, Который «*подкрепляет нас в немощах наших*» (Рим. 8:26а).

Однако бывает и такое, что Бог превращает нашу силу в слабость, чтобы творить через нас ещё более великие дела. Иаков был искусным обманщиком; он то и дело устраивал и обделывал самые хитрые афёры, а потом быстренько улепётывал от последствий. Однажды ночью он боролся с Богом и сказал: «Не отпущу Тебя, пока Ты не благословишь меня». «Хорошо», — ответил Бог, но потом прикоснулся к бедру Иакова и вывихнул ему сустав.

Что всё это значит? Бог прикоснулся к силе Иакова (бедренные мышцы — самые сильные в человеческом теле) и превратил её в слабость. С того самого дня Иаков стал хромым, а значит уже не мог никуда убежать. Волей-неволей это заставило его опереться на Бога. Если вы хотите, чтобы Бог обильно благословлял вас и свершал Свои замыслы через вашу жизнь, вы должны быть готовы до конца своих дней оставаться хромым, потому что Он действует через слабых, немощных людей.

День тридцать пятый
Размышляя о своём жизненном предназначении

Истина для обдумывания: Могущественнее всего Бог действует через меня, когда я признаю свои слабости.

Стих для заучивания наизусть: *«Довольно для тебя благодати Моей, ибо сила Моя совершается в немощи»* (2 Кор. 12:9а).

Вопрос для размышления: Не сдерживаю ли я Божью силу в своей жизни, пытаясь скрыть свои слабости? Что мне нужно сделать, чтобы честно признать свои недостатки ради помощи и служения другим людям?

ЦЕЛЬ ПЯТАЯ

МЫ СОЗДАНЫ ДЛЯ СВЕРШЕНИЯ
СВОЕГО ПОПРИЩА

*«Плод праведника — древо жизни,
и мудрый привлекает души»*

Прит. 11:30

Наша жизненная миссия

«Как Ты послал Меня в мир, так и Я послал их в мир»

Ин. 17:18

«Но я ни на что не взираю и не дорожу своею жизнью, только бы с радостью совершить поприще моё и служение, которое я принял от Господа Иисуса, проповедать Евангелие благодати Божией»

Деян. 20:24

Вы сотворены для свершения своего поприща, для исполнения своей миссии.

Бог постоянно трудится в мире и призывает вас прийти и трудиться вместе с Ним. Это и есть наше поприще, наша *миссия*. Бог хочет, чтобы у нас было не только служение ради блага Тела Христова, но и миссия, направленная ко всему миру. Служение — это то, чем мы занимаемся ради *верующих* (Кол. 1:25, 1 Кор. 12:5), а поприще или миссия — то, что мы делаем ради *неверующих*. Свершение этого поприща и есть пятая Божья цель для вашей жизни.

Ваше жизненное поприще является одновременно *общим* и *конкретным*. С одной стороны, это обязанность, возложенная на всех христиан без исключения; с другой стороны, — задание, порученное именно вам лично. В последующих главах мы подробно рассмотрим и то, и другое.

Само слово «*миссия*» происходит от латинского слова, означающего «посылать». Каждый христианин «*послан*» в мир в качестве представителя Иисуса Христа. Иисус сказал: «*Как послал Меня Отец, так и Я посылаю вас*» (Ин. 20:21).

Иисус чётко осознавал, в чём состоит Его земное поприще. В возрасте двенадцати лет Он говорил: «*Мне должно быть в том, что принадлежит Отцу Моему*» (Лк. 2:49), а спустя двадцать один год, умирая на кресте, произнёс: «*Свершилось*» (Ин. 19:30). Эти два утверждения словно обрамляют Его прекрасно прожитую, целеустремлённую жизнь. Иисус исполнил ту миссию, которую поручил Ему Отец.

Однако сейчас то поприще, которое Он прошёл, будучи на земле, стало *нашей с вами* миссией, потому что мы являемся Телом Христа. Мы должны продолжать то, что Он делал, находясь в физическом теле, ибо теперь мы — Его духовное Тело, церковь. В чём состоит наше поприще? В том, чтобы знакомить людей с Богом! В Библии сказано: «*Бог... через Христа примирил нас с Собою и дал нам задачу — примирять других*» (2 Кор. 5:18 [РВ]).

Бог хочет вызволить людей из дьявольского рабства и примирить их с Собой, чтобы они могли исполнять всё то, ради чего были сотворены: любить Бога, быть частью Его семьи, постепенно становиться похожими на Него, служить Ему и рассказывать о Нём другим. Как только мы приходим к Нему сами, Бог начинает через нас призывать к Себе других людей. Он спасает нас, а затем посылает в мир. В Писании говорится: «*Мы — полномочные представители Христа, и в нашем лице Сам Бог обращается к людям*» (2 Кор. 5:20 [РВ]). Мы — посланники, несущие весть о Божьей любви и Его предназначении для всего мира.

Важность нашей миссии

Исполнение нашего земного поприща — это существенная часть жизни ради Божьей славы. Библия неоднократно поясняет, почему наша миссия так важна.

Она является продолжением земного поприща Иисуса Христа. Будучи Его последователями, мы должны продолжать начатое Им дело. Иисус призывает нас не только *прийти к* Нему, но и *идти в* мир *ради* Него. Ваша миссия настолько важна, что Иисус повторил это пять раз, разными словами, в пяти разных книгах Библии (Мф. 28:19-20, Мк. 16:15, Лк. 24:47, Ин. 20:21, Деян. 1:8). Такое впечатление, что Он настойчиво, ещё и ещё раз говорит: «Я хочу, чтобы вы *как следует* уяснили себе это!» Прочитайте внимательно эти пять поручений Иисуса, и вы узнаете все подробности относительно своего земного поприща: когда, куда, почему и каким образом.

ДЕНЬ ТРИДЦАТЬ
ШЕСТОЙ:
НАША ЖИЗНЕННАЯ
МИССИЯ

В Своём Великом поручении Иисус сказал: «*Идите, научите все народы, крестя их во имя Отца и Сына и Святого Духа, уча их соблюдать всё, что Я повелел вам*» (Мф. 28:19-20). Это поручение дано всем последователям Иисуса, а не только пасторам и миссионерам. Христос дал его *лично вам*, и вы не вольны выбирать, исполнять его или нет. Это *Великое поручение*, а не *Удачный совет*! Если вы считаете себя частью Божьей семьи, оно является для вас обязательным.

Может быть, вы ещё этого не поняли, но Бог возложил на нас ответственность за тех неверующих, которые нас окружают. В Библии говорится: «[Если] *ты не будешь вразумлять его и говорить, чтобы остеречь беззаконника от беззаконного пути его, чтобы он жив был, то беззаконник тот умрет в беззаконии своём, и Я взыщу кровь его от рук твоих»* (Иез. 3:18). Для некоторых неверующих вы — единственный знакомый-христианин, и ваша задача состоит в том, чтобы познакомить их с Иисусом.

᠅

Иисус призывает нас не только прийти к Нему, но и идти в мир ради Него.

᠅

Наша миссия — это великая честь. Она действительно налагает на нас серьёзные обязательства, но одновременно с этим мы должны помнить, какая это честь — трудиться от Божьего имени. Павел говорил: *«Всё же от Бога, Иисусом Христом примирившего нас с Собою и давшего нам служение примирения»* (2 Кор. 5:18). Принимая от Бога призыв совершать своё поприще, мы обретаем сразу две привилегии: трудиться рядом с Ним и быть Его представителями. Мы становимся Его соработниками в созидании Божьего Царства. Павел прямо называет нас *«Его споспешниками»*, *«сотрудниками Бога»* (2 Кор. 6:1).

Иисус завоевал для нас спасение, привёл нас в Свою семью, дал нам Своего Духа и сделал нас Своими посланниками на земле. Какая удивительная честь! В Библии сказано: *«Мы — посланники от имени Христова, и как бы Сам Бог увещевает через нас; от имени Христова просим: примиритесь с Богом»* (2 Кор. 5:20).

Самая большая услуга другому человеку — это рассказать ему, как обрести вечность с Богом. Представьте, что у одного из ваших знакомых обнаружился рак или СПИД, а вы знаете, как его вылечить. Не поделиться с ним столь жизненно-важной информацией было бы самым настоящим уголовным преступлением. Но ещё хуже — держать в секрете ключ к прощению, подлинному смыслу земного существования, душевному покою и вечной жизни. Нам открылась величайшая истина в мире, и поделившись ею с другими людьми, мы окажем им самую неоценимую услугу, которую только можно себе представить.

Христиане со стажем подчас забывают, какой безнадёжной кажется жизнь, когда в ней нет Христа. Мы должны помнить, что какими бы довольными и преуспевающими ни *казались* нам окружающие, без Христа они остаются глубоко заблудшими и им угрожает вечная разлука с Богом. В Библии сказано, что кроме имени Христа *«нет другого имени под небом, данного человекам, которым надлежало бы нам спастись»* (Деян. 4:12). Так что Иисус нужен всем.

Наша миссия простирается в вечность. От неё во многом будет зависеть вечная судьба других людей, а это поважнее, чем любая работа, любые достижения или цели, к которым вы стремитесь, будучи на земле. Достижения на работе временны, а плоды нашей миссии останутся в вечности. Нет ничего более важного, чем помогать другим людям обретать личные взаимоотношения с Богом.

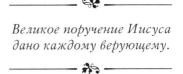

Великое поручение Иисуса дано каждому верующему.

Вот почему нам нельзя откладывать исполнение нашей миссии на завтра. Иисус сказал: *«Пока длится день, мы должны исполнять дела Того, Кто послал Меня. Скоро ночь, когда никто не сможет трудиться»* (Ин. 9:4 [РВ]). Время, отпущенное нам на свершение жизненного поприща, бежит быстро, так что не упускайте больше ни одного дня! Начинайте исполнять свою миссию и рассказывать людям об Иисусе! У нас будет целая вечность на то, чтобы радоваться и ликовать в обществе тех, кого мы приведём к Христу, но познакомить их с Иисусом мы можем лишь сейчас, пока живём на земле.

Это не значит, что вам следует просто бросить работу и стать евангелистом или миссионером. Бог хочет, чтобы вы делились Его Благой Вестью в своём непосредственном окружении. Кем бы вы ни были — студентом, матерью-домохозяйкой, воспитательницей детского сада, продавцом, менеджером или кем-то ещё, — вам нужно постоянно искать вокруг себя тех людей, которых Господь ставит на вашем пути для того, чтобы они могли услышать Евангелие.

Миссия придаёт жизни смысл. Уильям Джеймс[49] сказал: «Лучше всего тратить свою жизнь на то, что переживёт нас». Но ведь вечно пребудет только Божье Царство. *Всё остальное* рано или поздно исчезнет. Вот почему нам так важно жить целеустремлённой жизнью, посвящая себя поклонению, общению, духовному возрастанию, служению и исполнению своего жизненного поприща в мире. Ведь плоды такой жизни останутся с нами навсегда.

Если вы откажетесь исполнять миссию, порученную вам Богом, то зря потратите отпущенные вам годы на земле. Павел говорил: «*Но я ни на что не взираю и не дорожу своею жизнью, только бы с радостью совершить поприще моё и служение, которое я принял от Господа Иисуса, проповедать Евангелие благодати Божией*» (Деян. 20:24). На планете есть такие люди, достучаться до которых можете *только вы* — благодаря тому, где вы живёте и какими сотворил вас Бог. Если хотя бы один человек попадёт на Небеса благодаря вам, знай-

---

[49] Уильям Джеймс (1842 — 1910) — американский психолог и философ, представитель «радикального эмпиризма» и основоположник прагматизма, создатель лаборатории экспериментальной психологии в Гарвардском университете.

те, что ваши усилия дали вечные плоды. Начинайте же искать своё личное поприще и молитесь: «Боже, укажи, кого Ты привёл в мою жизнь, чтобы я мог рассказать им об Иисусе?»

Божий замысел для человеческой истории тесно связан с выполнением нашей миссии. Сегодня в мире наблюдается возросший интерес ко Второму пришествию Христа и концу света. Когда всё это произойдёт? Как раз перед вознесением Христа ученики задали Ему тот же самый вопрос, и Он ответил им вот что: *«Не ваше дело знать времена или сроки, которые Отец положил в Своей власти, но вы примете силу, когда сойдет на вас Дух Святый; и будете Мне свидетелями в Иерусалиме и во всей Иудее и Самарии и даже до края земли»* (Деян. 1:7-8).

Ученики хотели узнать смысл пророчества, но Господь перевёл разговор на благовестие. Он хотел, чтобы они устремили все силы и всё внимание на исполнение своей миссии в мире. По сути дела, Он сказал им: «Не ваше дело гадать о подробностях Моего возвращения. А вот что действительно является *вашим* делом — так это миссия, которую Я поручил вам выполнять. Ею и занимайтесь!»

Строить догадки о точных сроках Христова пришествия — дело бесполезное и пустое, потому что Иисус сказал: *«О дне же том, или часе, никто не знает, ни Ангелы небесные, ни Сын, но только Отец»* (Мк. 13:32). Если уж Сам Иисус признался, что не знает дня Своего прихода, зачем же вам тратить время на бесплодные попытки его вычислить? Одно мы знаем *наверняка*: Иисус не вернётся, пока все, кто должен услышать Благую Божью Весть, не услышат её. Иисус сказал: *«Проповедано будет сие Евангелие Царствия по всей вселенной, во свидетельство всем народам; и тогда придет конец»* (Мф. 24:14). Если вы хотите, чтобы Иисус вернулся поскорее, бросьте все свои усилия на исполнение Его Поручения, а не на попытки поточнее истолковать пророчество.

Мы легко отвлекаемся от исполнения своей миссии в мире, потому что сатана усиленно пытается заставить нас заняться чем угодно, кроме благовестия об Иисусе Христе.

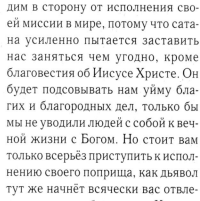

Мы легко отвлекаемся и отходим в сторону от исполнения своей миссии в мире, потому что сатана усиленно пытается заставить нас заняться чем угодно, кроме благовестия об Иисусе Христе. Он будет подсовывать нам уйму благих и благородных дел, только бы мы не уводили людей с собой к вечной жизни с Богом. Но стоит вам только всерьёз приступить к исполнению своего поприща, как дьявол тут же начнёт всячески вас отвлекать. И тогда вам нужно будет напомнить себе о словах Христа: «*Никто, возложивший руку свою на плуг и озирающийся назад, не благонадёжен для Царствия Божия*» (Лк. 9:62).

Чего нам будет стоить исполнение своей миссии в мире

Для исполнения своего жизненного поприща вам потребуется отказаться от собственных планов и устремлений и принять Божьи замыслы для своей жизни. Невозможно просто «добавить» исполнение миссии ко всем остальным вещам, которые вам хотелось бы успеть сделать на земле. Подобно Иисусу, мы должны сказать: «*Не Моя воля, но Твоя да будет*» (Лк. 22:42). Мы должны сложить свои права, надежды, мечты, планы и амбиции к Его ногам. Надо перестать эгоистически просить Его: «Боже, благослови мои начинания!» Вместо этого молитесь: «Боже, помоги мне делать то, на что Ты уже дал Своё благословение». Мы словно протягиваем Богу пустой лист бумаги со своей подписью, чтобы Он Сам вписал туда все детали. *«Представьте себя Богу, как оживших из мёртвых, —* призывает нас Библия, — *и члены ваши Богу в орудия праведности»* (Рим. 6:13).

Если вы посвятите себя тому, чтобы исполнять своё жизненное поприще, чего бы вам это ни стоило, то вас ждёт воистину обильное Божье благословение, какое испытывают лишь очень немногие люди. Бог готов сделать почти всё что угодно для тех, кто всем своим существом предан служению Божьего Царства. Иисус обещал: *«Стремитесь прежде всего к Царству Бога и к исполнению того, что Он велит, а всё остальное Он даст вам в придачу»* (Мф. 6:33 [РВ]).

Ещё один человек — для Иисуса Христа

Мой отец проработал пастором более пятидесяти лет, служа, в основном, в маленьких сельских церквях. Он был обыкновенным проповедником, но всегда помнил о своей миссии. Его любимым делом было приезжать в другие страны и вместе с небольшой группой верующих помогать тамошним христианам строить церковные здания для небольших общин. За свою жизнь папа построил более ста пятидесяти таких церквей по всему миру.

В 1999 году отец умер от рака. Последнюю неделю своей жизни он уже почти не мог спать и круглые сутки был в полубессознательном состоянии. Когда ему удавалось заснуть, он порой начинал разговаривать прямо во сне. Сидя возле его кровати, я очень многое узнал о своём отце по тому, что ему снилось. Он словно заново переживал строительство каждой из церквей.

Однажды вечером перед самой его смертью, когда в комнате были мы с женой и моя племянница, папа вдруг открыл глаза, резко сел на кровати и попытался встать. Конечно, он был слишком слаб, и моя жена Кей настояла, чтобы он снова лёг. Однако он никак не мог успокоиться, и в конце концов Кей спросила: «Скажите мне, Джим, чего вам хочется?» «Надо спасти ещё одного человека для Иисуса Христа! — ответил он. — Ещё одного человека — для Иисуса Христа. Ещё одного — для Христа!» Он начал повторять эти слова снова и снова.

Он не успокаивался ещё целый час и за это время произнёс их раз сто или даже больше. Я сидел возле него с глазами полными слёз. В какой-то момент я склонил голову, чтобы поблагодарить Бога за его веру, как вдруг папа вложил свою ослабевшую ладонь мне в руку и сказал, словно давая мне важное поручение: «Спаси ещё одного человека для Иисуса! Ещё одного — для Иисуса Христа!»

Я хотел бы, чтобы эти слова стали девизом всех оставшихся лет моей жизни. Я предлагаю и вам сделать их главной целью своей жизни, потому что *ничто другое* не принесёт таких важных и долговечных плодов. Если вы хотите, чтобы Бог свершал через вас Свои дела, вам нужно принять Его интересы близко к сердцу, а для Него нет ничего важнее искупления сотворённых Им людей. Он хочет отыскать Своих заблудившихся детей! Для Него это самое главное; а если вы этому не верите — взгляните на крест. Я молюсь о том, чтобы вы всегда стремились «спасти ещё одного человека для Иисуса Христа», чтобы, представ однажды перед Богом, сказать: «Миссия выполнена!»

День тридцать шестой
Размышляя о своём жизненном предназначении

Истина для обдумывания: Я сотворён для исполнения важной миссии.

Стих для заучивания наизусть: *«Идите, научите все народы, крестя их во имя Отца и Сына и Святого Духа, уча их соблюдать всё, что Я повелел вам; и се, Я с вами во все дни до скончания века»* (Мф. 28:19-20).

Вопрос для размышления: Какие страхи до сих пор мешали мне исполнять миссию, предназначенную Богом? Что мешает мне делиться с другими Благой Вестью?

Делиться Словом жизни

*«Верующий в Сына Божия имеет
свидетельство в себе самом»*

1 Ин. 5:10

*«От вас пронеслось слово Господне,.. во всяком
месте прошла слава о вере вашей в Бога, так
что нам ни о чём не нужно рассказывать»*

1 Фес. 1:8

Бог дал вам Слово жизни, чтобы вы несли его другим.
Став верующим, вы одновременно стали Божьим посланником. Бог хочет обращаться к миру вашими устами. *«Мы...
проповедуем искренно, как от Бога, пред Богом, во Христе»,* — писал Павел (2 Кор. 2:17б).

Возможно, вы думаете, что вам нечего сказать, но это просто дьявол пытается заставить вас молчать. У каждого из нас
есть богатая сокровищница опыта и всевозможных переживаний, и Бог хочет с их помощью привести в Свою семью новых
детей. В Библии сказано: *«Верующий в Сына Божия имеет
свидетельство в себе самом»* (1 Ин. 5:10). Слово о жизни, вверенное вам лично, состоит из четырёх компонентов:

- Ваше *свидетельство*: история о том, как начались ваши
  взаимоотношения с Иисусом Христом.

- Ваши *жизненные уроки*: самые главные уроки, которые преподал вам Бог.

- Ваши *благочестивые устремления и мечты*: чем вы, по Божьей воле, больше всего интересуетесь и о чём больше всего заботитесь.

- *Благая Весть*: Евангелие спасения.

Слово жизни, вверенное вам, включает в себя ваше личное свидетельство. Свидетельство — это история о том, как Бог изменил вашу жизнь. Пётр говорит, что вы избраны Богом *«чтобы возвестить о великих деяниях Того, кто призвал вас из тьмы в Свой дивный свет»* (1 Пет. 2:9 [РВ]). Вот что значит быть свидетелем: просто рассказывать о своём личном опыте взаимоотношений с Богом. На судебном заседании свидетелей не просят выставлять доводы, доказывать правду или добиваться того или иного исхода дела. Этим занимаются адвокаты. Свидетели просто рассказывают о том, что с ними случились или что они видели собственными глазами.

Рассказывая о своей жизни, мы словно перебрасываем к людям своеобразный мостик, по которому Иисус может пройти из нашего сердца прямо к ним.

Иисус сказал: *«Будете Мне свидетелями»* (Деян. 1:8), а не «Будете Мне адвокатами». Он хочет, чтобы мы рассказывали другим свою историю. Это является неотъемлемой частью нашего земного поприща, потому что история каждого из нас совершенно уникальна. Другой такой нет на всём белом свете, так что свою историю можете рассказать только вы. Если этого не случится, она просто канет в лету и пропадёт зря. Может быть, вы не являетесь учёным-библеистом, но по отношению к собственной жизни вы — крупный авторитет, а с личным опытом спорить трудно. Вообще, личное свидетельство куда эффективнее проповеди, потому что неверующим пасторы кажутся этакими профессиональными коммивояжёрами, пытающимися как можно лучше «продать» свой товар. Однако в вас они видят довольных покупателей и потому инстинктивно доверяют вам больше.

Кроме того, человеку всегда легче и приятнее слушать историю чьей-то жизни, нежели изложение голых принципов. Рассказ о чьей-то судьбе быстро завладевает нашим вниманием, и мы помним его куда дольше. Неверующие, скорее всего, быстро потеряют интерес к вашим словам, если вы приметесь цитировать богословские труды, однако им по-человечески интересно узнать о чужих мыслях и переживаниях, которые пока незнакомы им самим. Рассказывая о своей жизни, мы словно перебрасываем к людям своеобразный мостик, по которому Иисус может пройти из нашего сердца прямо к ним.

Ценность личного свидетельства состоит ещё и в том, что оно обходит стороной все защитные сооружения, воздвигнутые разумом. Даже если многие из наших слушателей не принимают Библию в качестве авторитета, они всё равно выслушают историю вашей жизни, рассказанную в искреннем смирении. Вот почему в шести разных случаях Павел пользовался для благовестия именно личным свидетельством, а не библейскими цитатами (Деян. 22 - 26).

ДЕНЬ ТРИДЦАТЬ СЕДЬМОЙ:

ДЕЛИТЬСЯ СЛОВОМ ЖИЗНИ

В Библии сказано: *«Будьте всегда готовы всякому, требующему у вас отчёта в вашем уповании, дать ответ с кротостью и благоговением»* (1 Пет. 3:15-16). Чтобы «всегда быть готовыми», лучше всего заранее записать своё свидетельство, а главные его моменты выучить наизусть. Разделите его на четыре части:

1. Какой была моя жизнь до встречи с Богом
2. Каким образом я понял, что мне нужен Иисус
3. Как я посвятил свою жизнь Христу
4. Что Иисус уже сделал в моей жизни

Конечно, кроме истории спасения у всех нас есть множество других свидетельств. Можно отдельно рассказывать о *каждом* случае, когда Бог помогал нам. Запишите для себя все проблемы, обстоятельства и кризисные ситуации, через которые Бог провёл вас. Далее вам понадобится немалая проницательность и чувствительность для того, чтобы решить, какая из них будет понятнее и ближе всего вашему неверующему другу. В разных ситуациях вам понадобятся разные свидетельства.

Слово жизни, вверенное вам, включает в себя ваши жизненные уроки. Вторая часть вверенного вам Слова жизни — это истины, которые Бог преподал вам за то время, пока вы следуете за Ним. Вы многому научились у Него о взаимоотношениях, проблемах, искушениях и других аспектах жизни. Давид молился: «*Укажи мне, Господи, путь уставов Твоих, и я буду держаться его до конца*» (Пс. 118:33). К сожалению, мы не всегда усваиваем те уроки, что преподносит нам жизнь. Вот что в Писании сказано об израильтянах: «*Много раз Он избавлял их; они же раздражали Его упорством своим, и были уничижаемы за беззаконие своё*» (Пс. 105:43). Наверное, вам тоже доводилось встречать таких людей.

Учиться на собственном опыте — хорошо, но учиться на опыте других людей — *намного разумнее*. У нас просто не достанет времени на то, чтобы усвоить всё, что нужно, путём проб и ошибок. Мы должны учиться, глядя на жизненные уроки друг друга. В Библии сказано: *«Золотая серьга, червонная подвеска — таков мудрый упрёк для чуткого уха»* (Прит. 25:12 [РБО]).

Запишите главные уроки своей жизни, чтобы поделиться ими с другими людьми. Мы должны быть благодарны Соломону за то, что когда-то он не поленился это сделать и в результате у нас появились Книга Притчей и Екклесиаст, в которых содержится великое множество практических жизненных советов. Представьте, скольких ненужных стрессов и разочарований можно было бы избежать, если бы мы прилежно учились на опыте друг друга!

Учиться на собственном опыте — хорошо, но учиться на опыте других людей — намного разумнее.

По-настоящему зрелые люди обладают привычкой извлекать уроки из любых повседневных обстоятельств. Я настоятельно рекомендую вам составить для себя список своих жизненных уроков.

Чтобы как следует о них подумать, их непременно надо записать. Вот несколько вопросов, чтобы немного подстегнуть вашу память и помочь вам начать (посмотрите несколько библейских примеров для каждого из этих случаев: Пс. 50, Фил. 4:11-13, 2 Кор. 1:4-10, Пс. 39, Пс. 118:71, Быт. 50:20):

- Чему Бог научил меня с помощью неудач?
- Чему Бог научил меня с помощью недостатка денег?
- Чему Бог научил меня с помощью страданий, горя или депрессии?

- Чему Бог научил меня через длительное ожидание?
- Чему Бог научил меня с помощью болезни?
- Чему Бог научил меня с помощью разочарований?
- Чему я научился с помощью своей семьи, церкви, отношений с людьми? С помощью своей маленькой группы? С помощью тех, кто был мною недоволен и критиковал меня?

Слово жизни, вверенное вам, включает в себя ваши благочестивые устремления и мечты. Нашего Бога не назовёшь бесстрастным и равнодушным. Он пылко *любит*, но умеет так же пылко *ненавидеть*. По мере того, как мы узнаём Его всё ближе и ближе, Он вкладывает нам в сердце страстный энтузиазм по отношению к чему-то такому, что является важным для Него Самого, чтобы мы могли обращаться к миру от Его имени. Это может быть сильный интерес к той или иной проблеме, к тому или иному принципу, к той или иной категории людей. Что бы это ни было, вы просто не можете не говорить об этом и стремитесь сделать по этому поводу всё, что в ваших силах.

Когда в сердце загорается подлинная страсть, её невозможно удержать внутри. Иисус сказал: *«От избытка сердца говорят уста»* (Мф. 12:34). Примерами тому могут служить Давид, написавший: *«Ревность по Доме Твоём снедает меня»* (Пс. 68:10), и Иеремия, который сказал: *«В моём сердце будто огонь пылает, в костях моих струится! Удержать его я тщился, но был не в силах»* (Иер. 20:9 [РБО]).

В некоторых людях Бог зажигает благочестивую страсть сражаться за какое-то дело. Нередко это связано с их личным прошлым опытом, например, перенесённым насилием или прежней зависимостью, бесплодием, депрессией, болезнью или какой-то иной проблемой. Иногда Бог даёт Своим святым неудержимое желание выступать от имени той или иной группы людей, которые не могут говорить сами за себя. Это могут быть нерождённые младенцы или люди, гонимые за Христа, неимущие, заключённые тюрем, эксплуатируемые, обойдённые или те, кому было отказано в справедливости. В Библии содержится немало заповедей, призывающих нас защищать беззащитных.

Бог созидает своё Царство с помощью пылких энтузиастов. Возможно, Он вложит в вас страстное желание основывать новые церкви, укреплять семьи, финансировать переводы Библии или обучать лидеров-христиан. Или у вас в сердце вспыхнет неудержимое стремление пойти с Евангелием к какой-то конкретной группе людей: бизнесменам, подросткам, студентам-иностранцам, молодым матерям, людям, которых объединяет определённое увлечение или вид спорта. Если вы попросите об этом Бога, Он положит вам на сердце конкретную страну или этническую группу, которая особенно нуждается в сильном христианском благовестии.

Бог даёт нам разные устремления и мечты, чтобы совершить всё, что Он хочет сделать в мире.

Бог даёт нам разные устремления и мечты, чтобы совершить всё, что Он хочет сделать в мире. Не надо думать, что все вокруг будут разделять ваш пылкий энтузиазм по тому или иному поводу. Вместо этого нужно внимательно слушать друг друга и ценить то Слово жизни, которое протягивают нам другие, потому что ни один из нас не способен сказать всё, что должно быть сказано. Не следует относиться к чужой страсти со снисходительным пренебрежением. В Библии сказано: *«Хорошо ревновать в добром всегда»* или *«В желании добиться благосклонности нет ничего дурного, если хороша цель»* (Гал. 4:18 [Синод. и РВ]).

Слово жизни, вверенное вам, включает в себя Благую Весть. Что такое Благая Весть? «*В ней* [то есть Радостной Вести] *открывается, что избавление от вины даётся Богом за веру и только за веру*» (Рим. 1:17 [РВ]). «*Бог во Христе примирил с Собою мир, не вменяя людям преступлений их, и дал нам слово примирения*» (2 Кор. 5:19). Благая Весть состоит в том, что стоит человеку поверить в спасение, дарованное ему по Божьей благодати через жертву Иисуса Христа, как Бог прощает ему все грехи, наполняет его жизнь смыслом и обещает ему будущий дом на Небесах.

Есть сотни прекрасных книг, посвящённых тому, как делиться с другими Благой Вестью Иисуса Христа. Однако даже самое лучшее обучение не побудит вас к благовестию, пока восемь убеждений, обозначенных в предыдущей главе, поистине не проникнут к вам в сердце и не станут вашими собственными. Самое главное в том, чтобы научиться любить заблудших людей так же сильно, как любит их Христос.

Бог никогда не создавал человека, которого не любил. Для Него каждый важен. Раскинув руки на кресте, Христос словно говорит нам: «*Вот как сильно Я возлюбил тебя!*» В Библии сказано: «*Любовь Христова заставляет нас заключить, что раз один Человек умер за всех, значит, умерли все*» (2 Кор. 5:14 [РВ]). Если вы вдруг почувствуете, что ваша миссия миру вызывает в вас только равнодушие, поразмышляйте немного о том, что Иисус Христос сделал для нас на кресте.

Мы должны любить неверующих, потому что их любит Бог. Любовь не оставляет нам выбора. В Библии говорится: «*В любви нет страха, но совершенная любовь изгоняет страх*» (1 Ин. 4:18). Любой отец будет готов вбежать в пылающее здание, чтобы спасти своего ребёнка, потому что его любовь к сыну или дочери сильнее страха. Если вы боитесь благовествовать окружающим, попросите Бога наполнить ваше сердце любовью к этим людям.

В Библии сказано: «*Не медлит Господь,.. но долготерпит нас, не желая, чтобы кто погиб, но чтобы все пришли к покаянию*» (2 Пет. 3:9). Если вы знаете хотя бы одного человека, не знакомого с Христом, вы *должны* настойчиво за него молиться, с любовью служить ему и делиться с ним Благой Вестью. Пока у вас в районе остаётся хотя бы один человек, не принадлежащий к Божьей семье, ваша церковь *должна* упорно проповедовать там Евангелие. Если церковь не желает расти, тем самым она как бы говорит всем людям, пребывающим в мире: «Нам всё равно, можете отправляться в ад!»

А что готовы сделать *лично вы*, чтобы ваши знакомые оказались на Небесах? Позвать их в церковь? Рассказать им свою историю? Подарить им эту книгу? Пригласить их на обед? Каждый день молиться за них, пока они не примут спасение? Поле, на котором должно свершаться ваше жизненное поприще, находится совсем рядом. Оно вокруг вас. Не упускайте возможности, которые даёт вам Бог. В Писании сказано: «*Ведите себя мудро с посторонними, используйте любую возможность*» (Кол. 4:5 [РВ]).

Окажется ли на Небесах хотя бы один человек, попавший туда благодаря вам? Найдётся ли там хоть один, кто подошёл и сказал бы вам: «Спасибо большое! Я здесь, потому что тебе было не всё равно и ты поделился со мной Благой Вестью!» Представьте, как радостно будет встретить на Небесах людей, которым вы помогли туда попасть. Вечное спасение одной единственной души куда важнее всех других достижений и свершений на земле, потому что в вечности остаются только люди.

В этой книге вы узнали о пяти Божьих целях для своей земной жизни: Он сотворил вас, чтобы вы стали *членом* Его семьи, *отражением* Его характера, *глашатаем* Его славы, *служителем* Его благодати и *посланником*, несущим людям Его Благую Весть. Из этих целей лишь одна, пятая, может быть исполнена *только* на земле. Вот почему благовестие так важно; ведь нам отпущено не так много времени на то, чтобы делиться с людьми Словом жизни, тем самым исполняя свою миссию в этом мире.

День тридцать седьмой
Размышляя о своём жизненном предназначении

Истина для обдумывания: Бог хочет что-то сказать миру через меня.

Стих для заучивания наизусть: *«Будьте всегда готовы всякому, требующему у вас отчёта в вашем уповании, дать ответ с кротостью и благоговением»* (1 Пет. 3:15).

Вопрос для размышления: По мере того, как я размышляю над историей своей жизни, с кем, как мне кажется, Бог призывает меня ею поделиться?

Стать христианином мирового класса

«[Иисус] сказал им: идите по всему миру и проповедуйте Евангелие всей твари»

Мк. 16:15

«Боже! будь милостив к нам и благослови нас, освети нас лицом Твоим, дабы познали на земле путь Твой, во всех народах спасение Твоё»

Пс. 66:2-3

Великое поручение Христа — это поручение для вас.

Вам придётся сделать выбор. Вы можете стать христианином *мирового класса* или просто *обмирщённым* христианином [50].

Обмирщённые христиане просят у Бога главным образом удовлетворения личных амбиций. Они спасены, но продолжают думать прежде всего о себе. Им нравится посещать концерты и семинары по самосовершенствованию, но вы не найдёте их на конференции, посвящённой благовестию и миссионерскому служению, потому что это им не интересно. Их молитвы сосредоточены на личных потребностях, благословениях и бла-

---

[50] Книги Пола Бортвика (Paul Borthwick) *«A Mind for Missions»* и *«How To be A World-Class Christian»* должен прочесть каждый христианин.

гополучии. Это довольно эгоистичная вера: Как Богу сделать *мою* жизнь ещё приятнее? Они хотят использовать Бога в своих целях вместо того, чтобы стать *инструментами* в деле свершения *Его* замыслов.

И напротив, христиане мирового класса знают, что они спасены для того, чтобы служить и исполнять свою жизненную миссию. Они с радостью принимают порученное им дело и счастливы тем, что Бог действует в мире через них. Христиане мирового класса — это единственные *по-настоящему живые* люди на всей планете. Их радость, уверенность и энтузиазм заразительны, потому что они знают, что трудятся не напрасно. Утром они просыпаются с уверенностью, что сегодня Бог снова будет как-то по-новому через них действовать. Так каким же христианином хотите быть вы?

Бог даёт вам возможность участвовать в самом великом, самом глобальном, самом разнообразном и самом важном проекте всех времён и народов: в деле созидания Его Царства. История человечества — это история *Божьих* замыслов и свершений. Он создаёт Себе вечную семью. В мире нет ничего более важного, и ничто другое не пребудет с нами вовеки. Из Книги Откровение мы знаем, что Божьи вселенские замыслы однажды *обязательно* свершатся. В один прекрасный день Великое поручение сменится Великим подведением итогов. Огромная толпа народа *«из всех племён и колен, и народов и языков»* (Откр. 7:9) однажды встанет на Небесах пред Иисусом Христом, чтобы поклониться Ему. Но если вы решите стать христианином мирового класса, вам посчастливится *уже сейчас* вкусить капельку того, что ждёт нас тогда.

Когда Иисус призвал Своих учеников *«идти по всему миру и проповедовать Евангелие всей твари»* (Мк. 16:15), они, должно быть, почувствовали, что им поручается нечто во много раз превышающее их силы и возможности. Им что, нужно обойти весь мир пешком или объездить его верхом на не слишком прытких мулах или ослах? Другого-то транспорта у них не было. И потом, за океаны тогда тоже никто не плавал. Перед делом всемирного благовестия стояли весьма реальные физические преграды.

Сегодня у нас есть самолёты, корабли, поезда, автобусы и автомобили. Мир стал совсем маленьким и с каждым днём он становится всё меньше. Можно перелететь через океан всего за *несколько часов* и при необходимости уже завтра вернуться домой. Теперь у самых обычных христиан появились поистине безграничные возможности участвовать в краткосрочных миссионерских поездках в другие страны. Можно отправиться в любой уголок мира; если не верите, спросите у знакомого турагента! Отказываться от благовестия просто нет никаких причин.

С развитием интернета наш мир стал ещё меньше. Вдобавок к телефонам и факсам любой христианин, имеющий доступ в интернет, может лично общаться с людьми практически из любой страны мира. Только прикоснись к клавишам, и весь мир — твой!

Электронная почта появляется сейчас даже в самых отдалённых деревнях, так что, не выходя из дома, мы вполне можем вести «электронное благовестие», беседуя с людьми, живущими в другом полушарии. В истории человечества ещё не было такого времени, когда выполнить задачу благовестия «всему миру и всякой твари» было бы так легко. Самыми серьёзными препятствиями сейчас являются не расстояния, транспорт или денежные расходы. Главная проблема — у нас в голове. Чтобы стать христианином мирового класса, нам придётся несколько изменить своё *мышление*, свой взгляд на благовестие и личное к нему отношение.

Как мыслят христиане мирового класса

Прежде всего, они думают не о себе, а о других. В Библии сказано: *«Братия! не будьте дети умом: на злое будьте младенцы, а по уму будьте совершеннолетни»* (1 Кор. 14:20). Это первый шаг к тому, чтобы стать христианином мирового класса. Дети думают только о себе; взрослые думают о других. Бог заповедует нам: *«Не о себе только каждый заботься, но каждый и о других»* (Фил. 2:4).

Конечно, переключиться на такое мышление будет нелегко, потому что по природе все мы — поглощённые собой эгоисты, и почти вся реклама побуждает нас думать только о себе. Единственный способ переключиться с одной парадигмы на другую — это постоянно, ежеминутно полагаться на Бога. К счастью, Он не оставляет нас одних в этой борьбе. *«Мы приняли не духа мира сего, а Духа от Бога, дабы знать дарованное нам от Бога»* (1 Кор. 2:12).

Начните просить Святого Духа о том, чтобы Он помогал вам помнить о духовных нуждах неверующих людей всякий раз, когда вы с ними разговариваете. Можно начать развивать в себе привычку молча возносить к Богу коротенькие молитвы за тех, с кем вы встречаетесь. Например: «Отче, помоги мне понять, что мешает этому человеку познать Тебя».

В истории человечества ещё не было такого времени, когда выполнить задачу благовестия всему миру было бы так легко.

Цель состоит в том, чтобы понять, на каком этапе духовного пути находится тот или иной человек, и предпринять всё, что в наших силах, чтобы помочь ему сделать ещё один шаг навстречу

Христу. Научиться этому можно у апостола Павла, который говорил: *«Я угождаю всем во всём, ища не своей пользы, но пользы многих, чтобы они спаслись»* (1 Кор. 10:33).

Начинайте мыслить не локально, а глобально. Бог мыслит в масштабах всей нашей планеты. Он заботится обо всём, что находится в мире. *«Ибо так возлюбил Бог мир...»* (Ин. 3:16). С самого начала Он хотел привлечь в Свою семью людей из каждого сотворённого Им народа. В Библии сказано: *«От одной крови Он произвёл весь род человеческий для обитания по всему лицу земли, назначив предопределённые времена и пределы их обитанию, дабы они искали Бога, не ощутят ли Его и не найдут ли, хотя Он и недалеко от каждого из нас»* (Деян. 17:26-27).

ДЕНЬ ТРИДЦАТЬ ВОСЬМОЙ:

СТАТЬ ХРИСТИАНИНОМ МИРОВОГО КЛАССА

Большая часть населения планеты уже начала мыслить глобально. Все самые крупные корпорации и компании СМИ являются международными. Наша повседневная жизнь всё теснее переплетается с жизнью людей из других стран. У нас становится всё больше общих развлечений, мы слушаем одну и ту же музыку, носим одну и ту же модную одежду, следим за теми же спортивными событиями и даже обедаем в одних и тех же ресторанах Макдональдс. Скорее всего, большая часть вашей одежды и той пищи, что вы ели сегодня на завтрак и обед, были произведены в другой стране. Мы соединены гораздо теснее, чем думаем.

Жить в наше время — чрезвычайно интересно. Сейчас христиан на земле больше, чем когда-либо раньше. Павел был прав: *«Радостная Весть распространяется и приносит плоды во всём мире. Она точно так же плодоносит и у вас с того дня, как вы услышали её»* (Кол. 1:6 [РВ]).

Первый шаг к глобальному мышлению — это начать молиться за конкретные страны. Христиане мирового класса молятся за свой мир. Купите себе глобус или карту мира и молитесь за все страны по очереди, называя их по именам. В Библии сказано: *«Проси у Меня, и дам народы в наследие Тебе и пределы земли во владение Тебе»* (Пс. 2:8).

Молитва — один из самых важных инструментов в деле свершения нашего жизненного поприща. Люди могут оттолкнуть от себя нашу любовь и отказаться слушать Евангелие, но перед нашими молитвами они беззащитны. Вы можете нацелить молитву в сердце человека подобно тому, как нацеливают межконтинентальные ракеты, и неважно, где вы при этом находитесь, на другом конце комнаты или за многие тысячи километров.

> *Люди могут оттолкнуть от себя нашу любовь и отказаться слушать Евангелие, но перед нашими молитвами они беззащитны.*

За что вам молиться? Библия призывает нас молиться за возможности благовествовать (Кол. 4:3, Рим. 1:10), за смелость (Еф. 6:19), за тех, кто уверует по нашему слову (Ин. 17:20), за быстрое распространение Евангелия (2 Фес. 3:1) и за то, чтобы на Божьей ниве было больше работников (Мф. 9:38). Молитва делает нас соратниками для всех остальных христиан, трудящихся по всему миру.

Кроме того, мы должны молиться за миссионеров и всех других служителей, участвующих во всемирной жатве. Своим партнёрам по молитве Павел писал: *«Мы надеемся на Него, и Он опять нас избавит, если вы тоже будете нам помогать своими молитвами»* (2 Кор. 1:11 [РВ]). Если вам нужны советы насчёт того, как со знанием дела молиться за мир и христианских служителей, загляните в Приложение 2.

Ещё один способ учиться мыслить глобально — это читать и смотреть новости в свете Великого поручения. Всякий раз, когда в мире происходят серьёзные перемены или вспыхивают конфликты, вы можете быть уверены, что Бог непременно использует все эти события, чтобы привлечь к Себе новых людей. Люди охотнее откликаются на Его призыв в трудные моменты или во времена великих перемен. Поскольку мир меняется всё быстрее, в наши дни люди куда более открыто воспринимают Евангелие, чем когда-либо раньше.

Но самый лучший способ переключиться на глобальное мышление — это взять и отправиться в краткосрочную миссионерскую поездку куда-нибудь в другую страну! Нет ничего лучше непосредственного контакта и реального опыта жизни в чужой культуре. Хватит читать книги и обсуждать особенности своей миссии. Пора приниматься за дело. Не бойтесь, рискните! В Деян. 1:8 Иисус очертил для нас общую схему нашего участия в распространении Евангелия: «*Будете Мне свидетелями в Иерусалиме и во всей Иудее и Самарии и даже до края земли*». Его последователям предлагалось поделиться Благой Вестью со своим непосредственным окружением (Иерусалим), со всей страной (Иудея), с соседними странами и культурами (Самария) и с другими народами (до края земли). Обратите внимание, всё это следует исполнять не последовательно, а одновременно. И хотя не все мы обладаем даром миссионерства, *каждый* христианин призван хоть каким-то образом, но выполнять свою миссию по отношению ко всем четырём группам населения. Подумайте, можно ли назвать вас христианином, живущим по принципу из Деян. 1:8?

Поставьте перед собой цель принять участие в миссионерских проектах, направленных по очереди на каждую из этих групп населения. Я советую вам специально подкопить денег и вообще сделать всё возможное для того, чтобы *как можно скорее* отправиться в краткосрочную миссионерскую поездку в другую страну. Благодаря такой поездке ваше сердце обогатится новой любовью; у вас раздвинутся горизонты; ваша вера будет испытана на прочность; вы ощутите более глубокое сострадание к людям и наполнитесь небывалой радостью. Это может перевернуть всю вашу жизнь.

Переключайтесь с сиюминутного мышления на категории вечности. Чтобы использовать годы земного существования наилучшим образом, вы должны строить свою жизнь в свете вечности. Это поможет вам не уделять слишком много внимания второстепенным вопросам и предметам и чётко отличать просто срочное дело от дела по-настоящему важного. Павел говорил: *«Мы смотрим не на видимое, но на невидимое: ибо видимое временно, а невидимое вечно»* (2 Кор. 4:18).

Многие дела, на которые мы сейчас кладём столько сил и энергии, окажутся совершенно неважными не то что в вечности, а уже год спустя. Не разменивайте свою жизнь на временные увлечения и заботы. Иисус сказал: *«Никто, возложивший руку свою на плуг и озирающийся назад, не благонадёжен для Царствия Божия»* (Лк. 9:62). А Павел предупреждал: *«Тому, кто занят мирскими делами, не надо в них целиком погружаться»* (1 Кор. 7:31 [РВ]).

Что стоит на пути вашей миссии? Что мешает вам стать христианином мирового класса? Что бы это ни было, оттолкните это от себя раз и навсегда. *«Свергнем с себя всякое бремя и запинающий нас грех»* (Евр. 12:1).

Иисус заповедовал нам «*собирать себе сокровище на Небесах*» (Мф. 6:20-21). Как это сделать? Господь сказал: «*Приобретайте себе друзей богатством неправедным, чтобы они, когда обнищаете, приняли вас в вечные обители*» (Лк. 16:9). Эти Его слова часто понимают совсем неверно. Иисус не предлагал нам «покупать» друзей за деньги. Он хотел сказать, что свой достаток мы должны употреблять на то, чтобы приводить людей к Христу. Тогда они станут нам друзьями на всю вечность, и нам предстоит радостная встреча с ними на Небесах. Это самое лучшее капиталовложение, которое только можно себе представить!

Наверное, вам приходилось слышать выражение «деньги в рай не возьмёшь, в гроб не положишь». В гроб их действительно складывать незачем, однако Библия говорит, что их можно *переслать* на Небеса уже сейчас, вкладывая их в тех людей, которые в один прекрасный день отправятся именно туда. Библия призывает нас «*собирать себе сокровище, доброе основание для будущего, чтобы достигнуть вечной жизни*» (1 Тим. 6:19).

«Деньги в рай не возьмёшь, в гроб не положишь», однако Библия говорит, что их можно переслать на Небеса уже сейчас, вкладывая их в тех людей, которые однажды туда попадут.

Перестаньте себя оправдывать и начните искать творческие способы исполнить свою миссию. Если вы действительно хотите исполнить свою миссию всемирного благовестия, всегда найдётся способ для этого. Вот какие отговорки люди приводят чаще всего.

- • «*Я не владею иностранными языками*». Ну, во-первых, при желании язык всегда можно выучить. Во-вторых, есть переводчики. И в-третьих, в другой стране вполне могут найтись такие люди, которые учат или хотели бы выучить ваш язык, так что для них общение с вами будет прекрасной возможностью попрактиковаться.

- • «*Мне нечего предложить людям*». Это неправда. Каждый дар, каждое умение, являющееся частью вашей уникальности, могут стать полезными.

- • «*Я слишком стар (слишком молод)*». Не обязательно участвовать в длительном миссионерском проекте; можно отправиться в краткосрочную поездку.[51]

Сарра когда-то тоже уверяла, что слишком стара для того, чтобы служить исполнению Божьего замысла, а Иеремия указывал на свою молодость, однако Бог решительно отмёл их отговорки. «*Не говори, что ты ещё молод! Куда бы Я тебя ни послал, ты пойдёшь, всё, что Я тебе повелю, ты скажешь. Никого не страшись, Я с тобою, Я спасу тебя*» (Иер. 1:7-8 [РБО]).

Может быть, вы считаете, что сначала надо услышать от Бога какой-то особенный «призыв», и ждёте неких сверхъестественных ощущений или переживаний. Но ведь Бог уже неоднократно повторил Свой призыв. *Все мы* должны исполнять пять Божьих целей для нашей жизни: поклоняться Ему, общаться с другими верующими, возрастать во Христе, служить людям и

---

[51] У российских христиан, кроме перечисленных, будут ещё и иные оправдания: нехватка денежных средств, трудности с получением виз, негативное отношение к русским в некоторых странах, более пассивный и консервативный менталитет россиян и т.п. — *прим. перев.*

трудиться рядом с Богом на Его ниве. Бог не хочет творить Свои дела руками лишь *некоторых* христиан. Он хочет действовать через *всех* Своих детей. Бог призвал нас и предназначил нам особую миссию. Он желает, чтобы вся церковь несла полное Евангелие всему миру.[52]

Многие христиане упустили Божий замысел для своей жизни, потому что *ни разу не спрашивали Бога*, хочет ли Он послать их на миссионерское служение. Будь то из страха или по неведению, они автоматически отклонили возможность того, что Бог может призвать их жить и работать в другой стране. Если у вас тоже есть искушение отмахнуться от такой возможности, я очень советую вам побольше разузнать об имеющихся и доступных способах современного миссионерско-благовестнического служения (а их куда больше, чем вам кажется), серьёзно помолиться и спросить Бога о том, чего Он ожидает от вас в ближайшие годы. Сейчас, в этот критический момент истории, мир отчаянно нуждается в тысячах и тысячах миссионеров, ведь повсюду распахиваются всё новые и новые двери для проповеди Евангелия.

Если вы хотите стать похожим на Иисуса, то должны, как Он, возлюбить весь мир. Нельзя успокаиваться на том, что к Богу пришли все наши родственники и друзья. На земле живёт более 6 миллиардов человек, и Господь хочет, чтобы *ни один* из Его заблудших детей не остался ненайденным. Иисус сказал: *«Кто хочет душу свою сберечь, тот потеряет её, а кто потеряет душу свою ради Меня и Евангелия, тот сбережёт её»* (Мк. 8:35). Великое поручение адресовано лично вам, и внести свой вклад в его исполнение — значит прожить свою жизнь не зря.

---

[52] Из Лозаннского Завета (Lausanne Covenant), составленного участниками Международного конгресса по мировой евангелизации в г. Лозанне в 1974 году.

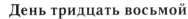

День тридцать восьмой
Размышляя о своём жизненном предназначении

Истина для обдумывания: Великое поручение адресовано лично мне.

Стих для заучивания наизусть: *«Боже! будь милостив к нам и благослови нас, освети нас лицом Твоим, дабы познали на земле путь Твой, во всех народах спасение Твоё»* (Пс. 66:2-3).

Вопрос для размышления: Какие практические шаги я мог бы предпринять, чтобы в следующем году принять участие в краткосрочной миссионерской поездке?

Достигая жизненного равновесия

«Смотрите, поступайте осторожно, не как неразумные, но как мудрые»

Еф. 5:15

«Берегитесь, чтобы ложь безнравственных людей не увлекла вас за собой и не лишила твёрдой опоры»

2 Пет. 3:17 (РВ)

Блаженны уравновешенные, ибо они переживут всех остальных.

В программу летних олимпийских игр входит пятиборье, которое, конечно же, состоит из пяти частей: стрельба из пистолета, фехтование, верховая езда, бег и плавание. Спортсмены стремятся победить не в одном или двух видах соревнований, но во всех пяти сразу.

Ваша жизнь тоже является пятиборьем и состоит из достижения пяти целей, которые нужно удерживать в равновесии. Мы видим эти цели в жизни первых христиан в Деян. 2, в Еф. 4 их разъясняет нам Павел, в Ин. 17 Иисус показывает нам, как они выглядят на практике, а вместе они сведены в Наибольшей заповеди и Великом поручении Христа. Эти два утверждения подытоживают всё, о чём говорилось в этой книге: пять Божьих целей для нашей жизни.

1. **«Возлюби Господа Бога твоего всем сердцем тво-им»:** мы сотворены ради Божьего удовольствия и потому предназначены для того, чтобы любить Бога в *поклонении* Ему.

2. **«Возлюби ближнего твоего, как самого себя»:** мы созданы уникальными для того, чтобы служить, и предназначены любить других людей посредством *служения.*

3. **«Идите и научите»:** мы сотворены для исполнения своей миссии, и наше предназначение состоит в том, чтобы нести Божье Евангелие людям посредством *благовестия.*

4. **«Крестя их ...»:** мы сотворены для того, чтобы быть членами Божьей семьи, а значит, для того, чтобы отождествлять себя с Его церковью посредством *общения.*

5. **«Уча их соблюдать всё...»:** мы сотворены для того, чтобы стать подобными Христу, и значит, наше предназначение состоит в том, чтобы достигать духовной зрелости посредством *ученичества.*

Глубокая преданность Наибольшей заповеди и Великому поручению поможет вам стать прекрасным христианином.

Удерживать эти пять целей в равновесии нелегко. Каждому из нас свойственно склоняться в сторону того, что нам больше по душе, пренебрегая всем остальным. Церкви поступают точно так же. Однако можно сохранять баланс и держаться избранного пути, если присоединиться к маленькой группе для взаимного контроля и поддержки, если регулярно оценивать состояние своего духовного здоровья, если записывать шаги своего возрастания в духовном дневнике и передавать другим людям то, чему учимся мы сами. Всё это исключительно важно для целеустремлённой жизни. Если вы действительно хотите не уклониться с избранного пути, вам нужно развить в себе эти четыре привычки.

Глубокая преданность Наибольшей заповеди и Великому поручению поможет вам стать прекрасным христианином.

Поговорите об этом со своим другом, партнёром по молитве или членами маленькой группы. Лучший способ *по-настоящему усвоить* принципы, изложенные в этой книге, — это обсудить их с другими людьми в контексте маленькой группы. Как говорится в Библии, «*железо железо острит, и человек изощряет взгляд друга своего*» (Прит. 27:17). Лучше всего мы учимся в обществе других людей. Благодаря разговорам и обсуждению обостряется наш ум и углубляются наши убеждения.

Я *настоятельно* рекомендую вам собрать небольшую группу друзей и образовать кружок для чтения «Целеустремлённой жизни», чтобы раз в неделю вместе обсуждать главы этой книги. Поговорите о том, какие выводы и практические способы их применения можно вынести из каждой главы. Спрашивайте себя: «Что это значит?» и «Что теперь делать?» Что это значит для меня, моей семьи и моей общины? Что я должен предпринять по этому поводу? Павел писал: «*Чему вы научились,.. то исполняйте*» (Фил. 4:9). В Приложение 1 я поместил список вопросов для обсуждения в маленькой группе или на занятии воскресной школы.

Маленькая группа для обсуждения прочитанного даёт множество преимуществ, которые сама книга дать не в состоянии. Можно рассказать о своих открытиях и послушать, чему учатся другие. Можно привести и обсудить примеры из повседневной жизни, можно молиться друг за друга, воодушевлять и поддерживать друг друга по мере того, как вы начинаете на практике стремиться к исполнению пяти Божьих целей. Помните, изначально мы сотворены именно так, чтобы возрастать вместе, а не по отдельности. В Библии сказано: *«Ободряйте друг друга и друг друга созидайте»* (1 Фес. 5:11 [РВ]). После того, как вы группой прочтёте эту книгу, подумайте о том, чтобы вместе приняться за изучение других материалов по целеустремлённой жизни и служению (см. Приложение 2).

Кроме того, я советую вам самостоятельно изучать Библию. Я специально дал сноски для всех отрывков Писания, использованных в данной книге (а их более тысячи), чтобы вы могли посмотреть на них в изначальном контексте. Пожалуйста, прочитайте Приложение 3, в котором речь идёт об использовании разных переводов Библии. Чтобы каждую главу было легко прочесть за один день, я старался делать их не очень длинными и потому в большинстве случаев не мог рассматривать интереснейшие подробности контекста, в котором появляются процитированные стихи. Однако Библию следует изучать отрывками, главами и даже целыми книгами. Существует множество книг, которые помогут вам узнать, как самостоятельно изучать Библию индуктивным способом.

Регулярно проводите духовную самопроверку. Наилучший способ уравновесить пять Божьих целей в нашей жизни — это периодически проводить самооценку своего продвижения вперёд. Бог высоко ценит такую привычку самопроверки. По меньшей мере, пять раз в Писании сказано, чтобы мы испытывали и оценивали своё духовное здоровье (Плач. 3:40; 1 Кор. 11:28, 31, 13:5; Гал. 6:4). В Библии говорится: *«Задайте себе вопрос: тверды ли вы в вере? Испытайте сами себя! Или вы не знаете, что в вас Иисус Христос? Знаете, конечно, если только не провалились на испытании»* (2 Кор. 13:5 [РВ]).

Чтобы поддерживать своё физическое здоровье, нужно регулярно проходить обследование у врачей, которые могут оценить жизненно важные параметры нашего тела: кровяное давление, температуру, вес тела и т.п. Ради духовного здоровья нужно регулярно проверять состояние пяти жизненно важных показателей — поклонения, общения, возрастания, служения и исполнения своей миссии в мире. Иеремия советовал: *«Испытаем и исследуем пути свои, и обратимся к Господу»* (Плач. 3:40).

У себя в церкви «Сэддлбэк» мы разработали очень простой способ проводить личную самооценку, с помощью которого тысячи людей сохраняют в своей жизни целеустремлённость в стремлении к Богу. Если вы тоже хотели бы проводить личную самооценку с помощью этого способа, напишите нам по электронной почте (см. Приложение 2). Вы сами удивитесь, когда поймёте, насколько это поможет вам хранить свою жизнь в равновесии для дальнейшего возрастания и здоровья. *«Совершите же теперь самое дело, дабы, чего усердно желали, то и исполнено было»* (2 Кор. 8:11), — призывал Павел.

ДЕНЬ ТРИДЦАТЬ ДЕВЯТЫЙ:

ДОСТИГАЯ ЖИЗНЕННОГО РАВНОВЕСИЯ

Записывайте в дневник шаги своего духовного возрастания. Наилучший способ *подкрепить* своё продвижение вперёд в исполнении Божьих целей — это вести духовный дневник. Туда записываются не события, а те жизненные уроки, которые вам не хотелось бы забывать. В Библии сказано: *«Мы должны быть особенно внимательны к слышанному, чтобы не отпасть»* (Евр. 2:1). Мы запоминаем то, что записываем.

Такие записи помогают нам ещё яснее увидеть, что именно Бог делает в нашей жизни. Даусон Тротман[53], бывало, говорил: «Мысли окончательно распутываются, когда проходят через наши уста и пальцы». В Библии есть несколько примеров того, как Бог повелел своим последователям вести духовный дневник. Например, там сказано: *«Моисей, по повелению Господню, описал путешествие их»* (Чис. 33:2). И разве это не замечательно, что Моисей послушался Господа и описал духовное становление Израиля? Поленись он это сделать, и мы с вами остались бы без чудесных и ярких уроков Книги Исход.

Конечно, вряд ли ваши духовные записи будут читаться так же повсеместно, как дневник Моисея. Однако история вашего духовного становления тоже очень важна. В одном из английских переводов Библии тот же самый стих передан так: *«Моисей описал этапы их путешествия»*. Ваша жизнь — это тоже путешествие, а каждое путешествие достойно того, чтобы его описать. Я надеюсь, вы будете записывать этапы своего духовного становления в процессе целеустремлённой жизни.

Не надо записывать только приятные моменты. Подобно Давиду, записывайте свои сомнения, страхи и трудности в хождении с Богом. Самые важные жизненные уроки извлекаются из страданий, и в Библии говорится, что Бог складывает и сохраняет все наши слёзы (Пс. 55:9). В тяжёлые времена помните, что через трудности Бог свершает в вашей жизни все пять Своих целей. Проблемы заставляют нас поднимать взор на Бога, сближают с другими людьми, производят в нас христоподобный характер, наделяют нас служением и дают нам возможность свидетельствовать. Если хотите, проблемы — тоже вещь целеустремлённая.

---

[53] Даусон Тротман — основатель международной организации «Навигаторы» (*«The Navigators»*, год основания — 1934), фокусом которой является христианское ученичество и возрастание в Божьем Слове.

Посреди страданий псалмопевец писал: «*Напишется о сём для рода последующего, и поколение грядущее восхвалит Господа*» (Пс. 101:19). Ради будущих поколений вы обязаны сохранять свидетельство того, как Бог помогает вам свершать на земле Его замыслы. Это свидетельство не умолкнет и после того, как вы сами отправитесь на Небеса.

Передавайте то, что знаете, другим людям. Если вам хочется расти и учиться дальше, лучше всего этого можно добиться, передавая другим людям то, что вы уже знаете. В Книге Притчей сказано: «*Кто щедр, тот будет в достатке, кто дал другому пить, не будет жаждать*» (Прит. 11:25 [РБО]). Люди, передающие свои открытия другим, получают от Бога ещё больше.

Теперь, когда вы понимаете, в чём предназначение вашей жизни, на вас возлагается обязанность рассказать об этом другим. Бог призывает вас стать посланниками от Его имени. Павел говорил Тимофею: «*Что слышал от меня,... передай верным людям, которые были бы способны и других научить*» (2 Тим. 2:2). В этой книге я передаю вам всё то, что узнал от других людей о смысле и цели человеческой жизни, и теперь ваша очередь передать это всё дальше.

Ради будущих поколений вы обязаны сохранять свидетельство того, как Бог помогает вам свершать на земле Его замыслы.

Наверняка вы знаете сотни людей, ничего не подозревающих об истинном смысле жизни. Расскажите о нём своим детям, друзьям, соседям и коллегам по работе. Если вы решите подарить эту книгу одному из своих друзей, напишите для него несколько слов на титульном листе.

Чем больше мы знаем, тем больше Бог хочет, чтобы мы делились этими знаниями с другими. Иаков писал: «*Тот, кто зна-*

ет, что должен делать добро, но не делает, повинен в грехе» (Иак. 4:17 [РВ]). Знания умножают ответственность. Но передать другим людям знание о смысле жизни — это не просто обязанность, но и великая честь. Подумайте только, как преобразился бы весь мир, если бы все живущие в нём люди осознавали своё предназначение. Павел говорил: *«Внушая сие братиям, будешь добрый служитель Иисуса Христа»* (1 Тим. 4:6).

Всё это — ради славы Божьей

Мы передаём другим то, что узнали сами, ради Божьей славы и возрастания Его Царства. Накануне распятия Иисус сказал Отцу: *«Я прославил Тебя на земле, дело исполнив, которое Ты поручил Мне»* (Ин. 17:4 [РВ]). Когда Иисус произносил эти слова молитвы, Он ещё не принял смерть за наши грехи. Так что же это было за «дело», которое Он исполнил? В данном случае Он говорил не об искуплении. Ответ на этот вопрос заключается в последующих двадцати стихах Его молитвы (Ин. 17:6-26).

Иисус говорил о том, чем занимался предыдущие три года: Он подготавливал Своих учеников к жизни ради свершения Божьих замыслов. Он помогал им познавать и любить Бога (поклонение), учил их любить друг друга (общение), дал им Слово, чтобы они могли возрастать, достигая духовной зрелости (ученичество), показывал им, как помогать людям (служение), и посылал их проповедовать Божье Царство (благовестие). Иисус Своим примером показал, что такое целеустремлённая жизнь, и научил этому других. Именно этим «делом» Он прославил Своего Отца.

Сейчас Бог призывает нас делать то же самое. Он хочет, чтобы мы не только жили ради свершения Его целей и замыслов, но и помогали в этом другим. Бог хочет знакомить новых людей с

Христом, приводить их в общение церкви, помогать им возрастать, достигать зрелости и открывать своё место в служении, а потом — послать их в мир, чтобы привести к Нему других.

Вот в чём заключается сущность целеустремлённой жизни. И сколько бы вам ни было лет, оставшиеся годы жизни могут стать для вас поистине золотым временем, потому что теперь вы можете начать жить с полным осознанием своего подлинного предназначения.

День тридцать девятый
Размышляя о своём жизненном предназначении

Истина для обдумывания: Блаженны уравновешенные.

Стих для заучивания наизусть: *«Следите внимательно за своим поведением! Ведите себя не как люди, у которых нет ума, а как люди разумные»* (Еф. 5:15 [РВ]).

Вопрос для размышления: Какую из четырёх перечисленных привычек я начну в себе развивать для того, чтобы не сойти с избранного пути и удерживать в равновесии Божьи цели для моей жизни?

Целеустремлённая жизнь

«Много замыслов в сердце человека, но состоится только определённое Господом»

Прит. 19:21

«Давид в своё время послужил изволению Божию...»

Деян. 13:36

Жить целеустремлённо — это единственный способ жить *по-настоящему*. Любая другая жизнь — это просто существование.

Большинству людей нелегко найти ответ на три фундаментальных жизненных вопроса. Первый — это вопрос *своего «я»*: «Кто я такой?» Второй — это вопрос *значимости*: «Имею ли я хоть какое-то подлинное значение?» Третий — это вопрос *влияния* на окружающий мир: «Где моё место в жизни?» Ответы на все эти вопросы можно отыскать в Божьих целях для нашей жизни.

Сидя за пасхальной трапезой и завершая последний день Своего земного служения, в качестве наглядного примера Иисус омыл ноги Своим ученикам и сказал: *«Теперь, раз вы знаете это, вы будете счастливы, если станете поступать так же»* (Ин. 13:17 [РВ]). Если мы понимаем, чего хочет от нас Бог, благословение приходит лишь тогда, когда мы начинаем действовать. Теперь, подходя к концу нашего сорокадневного путешествия, вы уже знаете Божьи цели для своей жизни, а значит будете счастливы, когда начнёте их *исполнять!*

Возможно, для этого вам придётся кое от чего отказаться. В жизни можно заниматься огромным множеством «благих» дел, но пять Божьих целей являются главными её составляющими, которые мы просто *обязаны* выполнять. К сожалению, мы легко отвлекаемся и забываем самое важное. Мы отходим в сторону от самого существенного в жизни и уклоняемся с пути. Чтобы этого не случилось, нам нужно сформулировать и записать для себя главную цель и предназначение нашей жизни и регулярно к ним возвращаться.

Что входит в эту формулировку своей главной цели и предназначения?

В неё входят Божьи цели для нашей жизни. Своими собственными словами выразите ваше твёрдое решение исполнять пять Божьих целей. Сейчас мы составляем *не* список целей на ближайшее время, потому что они носят временный характер, а главная жизненная цель и предназначение даны нам навсегда. В Библии сказано: «*Совет... Господень стоит вовек; помышления сердца Его — в род и род*» (Пс. 32:11).

Она обозначает направление нашей жизни. Записывая на бумаге своё предназначение, вы просто вынуждены будете подумать о том, в каком конкретном направлении движется ваша жизнь. В Библии говорится: «*Обдумай стезю для ноги твоей, и все пути твои да будут тверды*» (Прит. 4:26). Формулируя предназначение своей жизни, вы не только чётко указываете, во что собираетесь вкладывать своё время, деньги и таланты, но и понимаете, на что вы *не будете* их тратить. В Книге Притчей сказано: «*Проницательный взор обращён к Премудрости, а взгляд глупца — во все концы земли*» (Прит. 17:24 [РБО]).

Эта формулировка определяет для вас «успех». В ней записано, что считаете важным вы сами, а не то, что считает важным мир. В ней ясно представлены ваши ценности. Павел говорил: «*Я молюсь о том, чтобы любовь... наделяла вас истинным познанием и здравомыслием, а также умением выбирать то, что истинно важно*» (Фил. 1:9-10 [РВ]).

Эта формулировка поясняет ваше место в жизни. На разных этапах земного существования вы будете играть разные роли, однако предназначение ваше останется неизменным, потому что оно — больше, чем любая жизненная роль.

Эта формулировка выражает вашу уникальность. В ней отражается то, какими именно Бог сотворил и сформировал вас для служения.

Чтобы составить формулировку главной жизненной цели и предназначения, требуется время. Не пытайтесь написать её в один присест и не думайте, что всё получится идеально с первого же раза. Для начала просто записывайте подряд все мысли, которые приходят вам в голову, когда вы обо всём этом размышляете. Редактировать всегда легче, чем творить из ничего. Вот пять вопросов, о которых вам следует подумать при составлении такой формулировки.

Пять главных жизненных вопросов

Что будет стоять *в центре* моей жизни? Это вопрос о *поклонении*. Ради кого вы будете жить? Вокруг чего будете строить свою жизнь? Можно построить её вокруг карьеры, вокруг семьи, вокруг любимого вида спорта или какого-то другого увлечения, вокруг денег или развлечений, и так далее. Все эти занятия неплохи сами по себе, но не они должны находиться в центре нашей жизни. Ни одно из них не способно удержать вас на плаву во время свирепого шторма. В центре нашей жизни должно стоять нечто непоколебимое.

Царь Аса призвал израильтян *«взыскать Господа Бога отцов своих»* и поставить Его в центр своей жизни (2 Пар. 14:4). Более того, любое занятие или существо, занимающее центральное место в вашем мире, по сути дела, оказывается для вас богом. Когда мы посвятили себя Христу, Он занял главное место в нашей жизни, но удерживать Его там мы сможем только через поклонение. Павел молился о том, чтобы *«благодаря вере Христос поселился в вашем сердце»* (Еф. 3:17 [РВ]).

Если Бог занимает центральное место в нашей жизни, мы поклоняемся. Если нет — мы беспокоимся.

Как узнать, занимает ли Бог центральное место в нашей жизни? Если Он действительно стоит в центре всего, мы поклоняемся. Если нет — мы беспокоимся. Беспокойство — это предупреждение, тревожный сигнал о том, что Бог оказался отодвинутым в сторону. Как только мы опять ставим Его на первое, главное место, душа снова наполняется покоем. В Библии написано: *«Мир Божий, который превыше всякого ума, соблюдёт сердца ваши и помышления ваши во Христе Иисусе»* (Фил. 4:7).

Какой *характер* будет носить моя жизнь? Это вопрос *ученичества*. Каким вы будете человеком? Богу гораздо важнее, *что мы за люди*, нежели то, чем именно мы *занимаемся*. Помните, земную карьеру на Небеса захватить невозможно, а вот характер — пожалуйста! Составьте список тех качеств, которые вы намереваетесь в себе развивать. Можно начать с описания плода Святого Духа (Гал. 5:22-23) или с Заповедей блаженства (Мф. 5:3-12).

Пётр говорил: «*Приложите все старания, чтобы укрепить свою веру добродетелью, добродетель — знанием, знание — выдержкой, выдержку — стойкостью, стойкость — благочестием, благочестие — братской дружбой, дружбу — любовью*» (2 Пет. 1:5-7 [РВ]). Не отчаивайтесь и не унывайте, когда будете спотыкаться. Чтобы воспитать христоподобный характер, потребуется целая жизнь. Павел писал Тимофею: «*Вникай в себя и в учение; занимайся сим постоянно*» (1 Тим. 4:16а).

Какой *след* оставит моя жизнь? Это вопрос *служения*. В чём будет состоять ваше служение в Теле Христа? Принимая во внимание ваше уникальное сочетание даров, интересов, прошлого опыта, способностей и особенностей личности, какое место в Божьей семье подойдёт вам лучше всего? Что вы могли бы сделать для созидания Божьего Царства? Быть может, в Теле Христовом есть какая-то определённая группа людей, которым, благодаря своей уникальности, вы сможете служить плодотворнее

ДЕНЬ СОРОКОВОЙ:
ЦЕЛЕУСТРЕМЛЁННАЯ ЖИЗНЬ

всего? Павел писал, что когда человек выполняет своё служение, это приносит двойную пользу: «*Дело служения сего не только восполняет скудость святых, но и производит во многих обильные благодарения Богу*» (2 Кор. 9:12).

Мы действительно сотворены и сформированы для служения, однако даже Сам Иисус во время Своей земной жизни не удовлетворил потребности абсолютно *всех* людей, живших рядом с Ним. Основываясь на своей уникальности, вам нужно определить, кому вы могли бы помогать наилучшим образом. Спросите себя: «Кому мне больше всего хочется помочь?» Иисус сказал: «*Я предназначил вам в мир идти и плод приносить — непреходящий плод*» (Ин. 15:16а [РВ]). Каждый из нас должен принести свой плод.

Что я буду *говорить* своей жизнью миру? Это вопрос *благовестия* неверующим. Частью главной жизненной цели и предназначения должно стать посвящение нашей *миссии*, а значит посвящение тому, чтобы делиться с другими своим свидетельством и Благой Вестью. Кроме того, вам нужно составить список тех жизненных уроков и благочестивых устремлений, которые дал вам Бог, чтобы вы могли рассказать о них миру. По мере того, как вы возрастаете во Христе, Господь может дать вам особую целевую группу людей, к которым пойдёте с благовестием именно вы. Не забудьте включить всё это в свою формулировку главной жизненной цели и предназначения.

Если у вас есть дети, часть вашего жизненного поприща состоит в том, чтобы воспитать их в познании Христа, помочь им увидеть Божьи замыслы для своей жизни и направить их в мир на исполнение своего поприща и призвания. Можете включить в свою формулировку слова Иисуса Навина: «*Я и дом мой будем служить Господу*» (Нав. 24:15).

И конечно же, наши слова не должны расходиться с делами. Прежде, чем неверующие признают авторитетность и достоверность Библии, они должны знать, что *нам с вами* можно доверять. Вот почему в Библии сказано: «*Живите достойно благовествования Христова*» (Фил. 1:27).

С какими *людьми* я буду жить? Это вопрос *общения*. Как вы будете проявлять свою посвящённость другим верующим и причастность к Божьей семье? Где будете упражняться в заповедях про то, как христиане должны поступать по отношению «друг к другу»? К какой церковной семье присоединитесь в качестве действительного, активного члена? По мере возрастания во Христе ваша любовь к Его Телу и готовность жертвовать ради него будут становиться всё больше и сильнее. В Библии сказано: «*Христос возлюбил Церковь и предал Себя за неё*» (Еф. 5:25). Формулируя свою главную жизненную цель и предназначение, вы должны включить туда и этот аспект своего призвания.

Размышляя над этими вопросами, включите в свои ответы и те отрывки Писания, которые особенно коснулись вашего сердца в связи с каждой из Божьих целей для вашей жизни. В этой книге таких отрывков много. Возможно, вам понадобится несколько недель или месяцев, чтобы выразить свою жизненную цель и предназначение именно так, как вам хочется. Молитесь, размышляйте об этом, говорите с близкими друзьями, думайте над Писанием. Может быть, вам придётся несколько раз переписывать формулировку своей жизненной цели, пока она не приобретёт окончательный вид. Но даже после этого вам, возможно, понадобится с течением времени вносить в неё поправки и небольшие изменения по мере того, как Бог всё больше открывает вам вашу уникальность. Если вам хотелось бы увидеть несколько примеров таких формулировок, составленных разными людьми, напишите мне по электронной почте (см. Приложение 2).

Кроме подробной формулировки главной жизненной цели и предназначения было бы неплохо иметь и краткую её форму — нечто вроде девиза или кредо, где пять Божьих целей были бы выражены ярким, *запоминающимся* и *воодушевля-*

Прежде, чем неверующие признают авторитетность и достоверность Библии, они должны знать, что нам с вами можно доверять.

ющим вас образом. Так вы сможете ежедневно напоминать себе о своей цели. Соломон советовал: *«Утешительно будет, если ты будешь хранить их в сердце твоём, и они будут также в устах твоих»* (Прит. 22:18). Вот несколько примеров:

- «Цель моей жизни — поклоняться Христу всем своим сердцем, служить ему теми уникальными дарами, которые

Он мне дал, общаться с Его семьёй, возрастать и уподобляться Ему и исполнять Его миссию в мире, чтобы Ему была вся слава».

- «Цель моей жизни — быть членом Христовой семьи, отражением Его характера, служителем Его благодати, глашатаем Его Слова и певцом Его славы».

- «Цель моей жизни — любить Христа, расти во Христе, говорить о Христе, служить Христу через Его церковь и во всём этом вести за собой свою семью и других людей».

- «Цель моей жизни — целиком посвятить себя Наибольшей заповеди и Великому поручению».

- «Моя цель — характер Христа, моя семья — церковь, моё служение — ...., моя миссия — ...., мои побуждения — Божья слава».

«А как же Божья воля по поводу моей работы, супружества, места жительства или выбора университета?» — может быть, спрашиваете вы сейчас. Честно говоря, всё это имеет лишь второстепенное значение. Бог предоставляет вам широкий выбор самых разных возможностей, и *все* они могут входить в Его волю для вашей жизни. Самое главное состоит в том, чтобы вы исполняли вечные Божьи цели и своё предназначение вне зависимости от того, где и кем именно вы работаете или кого выбираете себе в супруги. Конечно, эти решения должны приниматься в соответствии с главной целью вашей жизни. В Библии сказано: *«Много замыслов в сердце человека, но состоится только определённое Господом»* (Прит. 19:21). Так что заботьтесь прежде всего не о собственных планах и амбициях, а о Божьем предназначении для вашей жизни, ведь именно оно пребудет в вечности.

Однажды кто-то сказал, что определять свою главную жизненную цель нужно в соответствии с тем, что мы хотели бы услышать о себе на собственных похоронах. Предлагается представить себе идеальный вариант своего надгробного панегирика и на основании этого сформулировать главную цель своей жизни. По-моему, это не слишком удачная мысль. К концу жизни будет совершенно неважно, что говорят и думают о вас люди. Важным будет одно: *что говорит и думает о вас Бог*. В Библии сказано: «*Мы... говорим, угождая не человекам, но Богу*» (1 Фес. 2:4б).

Однажды Бог посмотрит, как вы ответили на эти жизненные вопросы. Занимал ли Иисус центральное место в вашей жизни? Проявился ли в вас Его характер? Посвящали ли вы свою жизнь служению другим людям? Несли ли вы Его Слово, исполняя свою миссию в мире? Насколько вы любили Его семью и были к ней причастны? Именно это и будет самым важным. Как говорил Павел, «*это мера — пределы, которые отмерил нам Бог*» (2 Кор. 10:13 [РВ]).

Бог хочет действовать через вас

Около тридцати лет назад я заметил в Книге Деяний слова, которые полностью изменили направление моей жизни. Всего несколько слов — но подействовали они на меня, как раскалённое железо: «*Давид в своё время послужил изволению Божию...*» (Деян. 13:36а). Внезапно я понял, почему Бог назвал Давида «*мужем по сердцу Своему*» (Деян. 13:22). Давид посвятил свою жизнь исполнению Божьих изволений, Божьего замысла на земле.

Лучше эпитафии и придумать нельзя! Представьте, что эти слова высечены на *вашем* надгробии, свидетельствуя, что в отмеренное вам время *вы* послужили изволению Божьему! Я молюсь о том, чтобы, когда меня не станет, люди смогли сказать то же самое и обо мне. А ещё я молюсь, чтобы то же самое можно было сказать и о вас. Поэтому-то я и написал для вас эту книгу.

В этой короткой фразе содержится идеальное определение хорошо прожитой жизни. Мы совершаем то, что вечно и не подвластно времени («Божье изволение») современными и своевременными способами («в своё время»). В этом-то и состоит сущность *целеустремлённой жизни*. Ни прежние, ни грядущие поколения не могут послужить Божьему изволению в наше время. Сделать это можем только мы. Как когда-то Есфирь, «*не для такого ли времени*» (Есф. 4:14) создал нас Бог?

Бог продолжает искать людей, готовых вершить Его дела. В Библии сказано: «*Очи Господа обозревают всю землю, чтобы поддерживать тех, чьё сердце вполне предано Ему*» (2 Пар. 16:9). Станете ли вы человеком, руками которого Господь сможет творить Свою волю? Готовы ли вы послужить Божьему изволению в *своё* время, в *своём* поколении?

Павел жил целеустремлённой жизнью. Он писал: «*Я бегу не так, как на неверное, бьюсь не так, чтобы только бить воздух*» (1 Кор. 9:26). Единственным смыслом его существования было свершение того поприща, которое предназначил ему Бог. «*Для меня жизнь — Христос,* — говорил он, — *и смерть — приобретение*» (Фил. 1:21). Павел не боялся ни жить, ни умереть, ведь в любом случае это стало бы исполнением Божьих замыслов. В любом случае он достигал своей главной цели.

Вы можете начать жить целеустремлённой жизнью уже сегодня.

Однажды история человечества завершится, но вечность будет продолжаться бесконечно. Уильям Кэри [54] говорил: «Будущее сияет Божьими обетованиями». Когда исполнять своё предназначение становится нелегко, не поддавайтесь унынию.

---

[54] Уильям Кэри (1761 — 1834) — первый миссионер, приехавший на служение в Индию.

Помните ожидающую вас вечную награду. В Библии говорится: «*Кратковременное лёгкое страдание наше производит в безмерном преизбытке вечную славу*» (2 Кор. 4:17).

Представьте себе тот грядущий день, когда все мы предстанем перед Божьим престолом и с глубокой благодарностью и хвалой Христу принесём к Его ногам свои жизни. Вместе мы воскликнем: «*Ты достоин, Господь наш Бог, принять славу, честь и силу, потому что Ты создал всё: Твоей волей всё стало и всё было создано!*» (Откр. 4:11 [РВ]). Мы будем славить Бога за Его великий замысел и жить ради Него во веки и веки!

День сороковой
Размышляя о своём жизненном предназначении

Истина для обдумывания: Жить целеустремлённой жизнью — единственный способ жить по-настоящему.

Стих для заучивания наизусть: «*Давид в своё время послужил изволению Божию...*» (Деян. 13:36).

Вопрос для размышления: Когда я выделю время на то, чтобы записать свои ответы на пять главных жизненных вопросов? Когда составлю для себя формулировку главной жизненной цели и своего предназначения?

Приложение 1:
ВОПРОСЫ ДЛЯ ОБСУЖДЕНИЯ

Вы можете воспользоваться этими вопросами в дополнение к тем, что приведены в конце каждой главы, для обсуждения в маленькой группе или на занятиях воскресной школы.

Зачем я здесь?

- Как вы думаете, какое практическое значение заключено в самом первом предложении этой книги: «Всё дело — совсем не в вас»?

- Как вам кажется, что движет жизнью большинства людей? Что является движущей силой вашей собственной жизни?

- С помощью какого образа вы могли бы лучше всего описать свою жизнь на данный момент? Скоростной забег? Цирк? Что-то ещё?

- Если бы все в мире вдруг поняли, что земная жизнь — это лишь *подготовка к вечности*, что изменилось бы в нашем поведении?

- Какие земные пристрастия и привязанности мешают людям жить ради свершения Божьих замыслов.

- Какие пристрастия и привязанности могут помешать вам лично жить ради Божьих замыслов?

Вы созданы на радость Богу

- Как отличаются наиболее распространённые представления о «поклонении» от мысли о том, что поклоняться — значит *«жить ради Божьего удовольствия»*?

- Чем дружба с Богом похожа на любую другую дружбу и чем она отличается от всех иных взаимоотношений?

- Расскажите, чему вы научились в то время, когда вам казалось, что Бог далеко.

- Когда вам легче поклоняться Богу — вместе с другими людьми или в одиночестве? В какой из этих ситуаций вы обычно ощущаете бо`льшую близость с Богом?

- В каких ситуациях уместно выражать Богу свой гнев?

- Что пугает вас при мысли о полном посвящении своей жизни Христу?

Вы созданы для Божьей семьи

- Как отличаются наиболее распространённые представления об «общении» от мысли о том, что жить в общении — значит *«посвящать себя друг другу как Иисусу Христу»*?

- Что мешает нам любить других верующих и заботиться о них?

- Что могло бы помочь вам делиться с другими людьми своими нуждами, обидами, страхами и надеждами?

- С помощью каких оправданий люди чаще всего объясняют своё нежелание присоединяться к церкви? Что бы вы им ответили?

- Что могла бы сделать наша группа для того, чтобы сохранять и углублять единство в нашей церкви?

- Нет ли в вашей жизни какого-то человека, с которым вам нужно восстановить отношения, чтобы мы вместе могли бы за это помолиться?

Вы созданы для того, чтобы уподобиться Христу

- Как отличаются наиболее распространённые представления об «ученичестве» от мысли о том, что его суть состоит в *«уподоблении Иисусу Христу»*?

- Какие изменения произошли в вашей жизни с тех пор, как вы стали христианином? Какие перемены заметили в вас другие люди?

- Какие качества Христова характера вам хочется увидеть в себе через год? Что вы могли бы сделать для этого уже сегодня?

- По отношению к каким аспектам своего духовного возрастания вам приходится быть особенно терпеливым, потому что перемены происходят очень медленно?

- Каким образом Бог помогал вам расти посредством страданий или трудностей?

- Когда вы ощущаете себя наиболее податливым к искушению? Какие шаги по преодолению искушения могли бы помочь вам больше всего?

Вы созданы для служения Богу

- Как отличаются наиболее распространённые представления о «служении» от мысли о том, что суть служения — *«помогать другим людям, опираясь на свою уникальность»*?

- Назовите занятия, которые вам *очень нравятся* и которые можно было бы использовать для служения другим членам Божьей семьи.

- Вспомните пережитое вами страдание, благодаря которому Бог мог бы помочь другим людям, проходящим через те же самые трудности.

- Каким образом привычка сравнивать себя с другими мешает нам достичь полного потенциала своей уникальности?

- Каким образом Бог являл через вас Свою силу в моменты слабости?

- Как мы могли бы помочь каждому члену нашей группы или нашего класса отыскать своё место в служении? Что могла бы сделать наша группа для служения всей церковной семье нашей общины?

Мы созданы для свершения своего поприща

- Назовите типичные страхи и стереотипы, возникающие у людей, когда они слышат о «благовестии». Что мешает *вам самим* делиться с другими людьми Благой Вестью?

- Что, по-вашему, может включать в себя то Слово жизни, которое дал вам Бог, чтобы вы несли его в мир?

- Назовите имя одного из своих неверующих друзей или знакомых, чтобы вся группа могла начать за него молиться.

- Что мы как группа могли бы сделать вместе для того, чтобы участвовать в исполнении Великого поручения?

- Каким образом совместное чтение и обсуждение этой книги помогло вам чётче понять или заново определить главную цель своей жизни? Какие мысли оказались для вас самыми полезными?

- Кого из ваших друзей или знакомых Бог кладёт вам на сердце, когда вы думаете о том, с кем ещё можно было бы поделиться содержанием этой книги?

- Какую книгу мы будем читать теперь?

Пришлите нам историю своей маленькой группы по адресу stories@purposedrivenlife.com

Приложение 2:
ДОПОЛНИТЕЛЬНЫЕ КНИГИ И МАТЕРИАЛЫ

Материалы по теме «Целеустремлённая жизнь» («Purpose-Driven ® Life»)

1. *«Целеустремлённая церковь»* (изд-во «Агапе», 2003 г.) — эта книга, уже получившая несколько наград и премий в США, наглядно показывает, как ваша церковь может помогать людям совершать в своей жизни Божье предназначение и жить согласно Его целям. Заказать книгу можно по электронному адресу publishing@agape.ru или по адресу: Россия, 603006, Нижний Новгород, ул. Ошарская, д. 15 кв. 214, издательство «Агапе»

2. DVD *«Целеустремлённая церковь»* (изд-во «Агапе», 2003 г.). Этот двусторонний цифровой диск (8 полуторачасовых уроков) содержит восемь языковых версий, включая свободный выбор титров на любом из восьми языков. В зависимости от ситуации и сферы применения вы можете услышать Рика Уоррена на семи языках, выбрав при этом титры на любом другом языке. Цифровой диск прекрасно подходит для занятий и обучения, позволяет работать над отдельно взятыми темами, будь то в узком кругу руководства церкви или в рамках более обширной обучающей программы. Для просмотра диска необходим DVD-плеер. Заказать диск можно по электронному адресу publishing@agape.ru или по адресу: Россия, 603006, Нижний Новгород, ул. Ошарская, д. 15 кв. 214, издательство «Агапе»

3. Семинар *«Церковь, движимая видением и целью»*. На веб-сайте издательства «Центр Агапе» www.agape.ru вы можете бесплатно скачать тексты семинаров Рика Уоррена (1,5 Мб). Для удобства распространения текст издан в формате MS-Word 8.0

4. На веб-сайтах церкви «Сэддлбэк» www.purposedrivenlife.com и www.saddleback.com вы можете бесплатно просмотреть и скачать циклы проповедей Рика Уоррена и других пасторов церкви на русском языке по самым различным темам (включая, например, такие, как *«Радостная весть о благодати»*, *«Пять основных жизненных потребностей»*, *«50 дней веры»*, *«Путь к выздоровлению»*, *«Как справиться с жизненными стрессами»* и т. п.). Каждый цикл состоит из 8-10 проповедей с приложенным к ним пособием для лидеров маленьких групп. Пособие содержит рекомендации по ведению обсуждения и подробные вопросы для применения материала проповедей в жизни верующих

5. *Если вы читаете по-английски и имеете доступ к интернету*, загляните на веб-сайт www.purposedrivenlife.com. Там вы найдёте и другие материалы по теме «Целеустремлённая церковь» и «Целеустремлённая жизнь». Пасторы могут подписаться на еженедельную рассылку от церкви «Сэддлбэк», предназначенную для служителей, написав по адресу toolbox@pastors.com. По адресу devotional@purposedrivenlife.com вы можете подписаться на еженедельную бесплатную рассылку молитвенно-духовных материалов по теме «Целеустремлённая жизнь». Чтобы узнать о других бесплатных материалах и заказать их, напишите по адресу free@purposedrivenlife.com

При желании вы можете связаться с церковью «Сэддлбэк» по адресу:

1 Saddleback Parkway, Lake Forest, CA 92630, Tel: (800) 633-8876

Приложение 3:

ЗАЧЕМ ПОЛЬЗОВАТЬСЯ СРАЗУ НЕСКОЛЬКИМИ ПЕРЕВОДАМИ БИБЛИИ?

В книге содержится почти тысяча цитат Писания. Я сознательно пользовался сразу несколькими переводами Библии по двум важным причинам. Во-первых, каким бы замечательным ни был каждый отдельный перевод, у него тоже есть свои недостатки. В оригинале Библия содержит более 11 280 еврейских, арамейских и греческих слов, а, например, типичный английский перевод использует лишь порядка 6000 слов. Понятно, что смысловые оттенки и некоторые нюансы при этом упускаются, так что сравнивать разные переводы очень и очень полезно.

Во-вторых, — и, кстати, это кажется мне ещё более важным, — мы часто упускаем всю полноту смысла знакомых нам библейских стихов *вовсе* не из-за перевода, а просто потому, что они стали для нас слишком привычными! Тот или иной стих *кажется* нам вполне понятным, потому что мы читали и слышали его великое множество раз, и, натыкаясь на него в тексте книги, мы мельком пробегаем его глазами и не вникаем в его полный смысл и содержание. Поэтому я сознательно прибегал к разным переводам и парафразам Библии, чтобы помочь читателю по-новому увидеть истину Божьего Слова и освежить её для себя.

Поскольку разделение Писания на стихи и главы было введено лишь в 1560 году, я не всегда цитировал весь стих целиком, а приводил лишь ту его часть, которая казалась мне наиболее важной в данном контексте. В этом я следовал тому, как цитировали Ветхий Завет апостолы и Сам Иисус. Они порой упоминали лишь часть того или иного стиха, чтобы подчеркнуть или доказать свою мысль.

Условные обозначения:

Все цитаты Писания без специального указания перепечатаны с Синодального перевода Библии.

РВ	«Радостная Весть», Новый Завет в переводе с древнегреческого. — М.: Российское библейское общество, 2001.

РБО	«Российское Библейское Общество», переводы текстов Ветхого Завета с древнееврейского. Ответственный редактор серии — М. Г. Селезнёв.

Книга Бытия — М.: Российское библейское общество, 1999

Книга Исход — М.: Российское библейское общество, 2000

Книга Иисуса Навина — М.: Российское библейское общество, 2002

Притчи, Книга Экклезиаста, Книга Иова – М.: Российское библейское общество, 2001

Книга Иеремии – М.: Российское библейское общество, 2001

Книга Даниила – М.: Российское библейское общество, 2002

Информацию об имеющихся и новых изданиях РБО, каталог и прейскурант можно получить на сайте www.biblia.ru, по адресу: 109017, Москва, а/я 405, или по электронной почте: katalog@bsr.ru.

В некоторых случаях стихи Писания были переведены на русский язык прямо с приведённого в книге текста парафраз и переводов Библии на современном английском языке.

Рик Уоррен

ЦЕЛЕУСТРЕМЛЁННАЯ ЖИЗНЬ

Редактор: А. Борчевская
Корректор: А. Чернышов
Оригинал-макет и вёрстка: А. Чернышов
Компьютерный дизайн обложки: С. Поликин
Технический редактор: С. Поликин

«Центр Агапе»
603 006, Россия г. Нижний Новгород, ул. Ошарская, 15-214
e-mail: publishing@agape.ru
www.agape.ru
www.books.agape.ru